市立横浜サイエンスフロンティア 高等学校附属中学校

〈 収 録 内 容 〉

2024 年度 ……………………………… 適性検査 Ⅰ・Ⅱ

2023 年度 ……………………………… 適性検査 Ⅰ・Ⅱ

2022 年度 ……………………………… 適性検査 Ⅰ・Ⅱ

2021 年度 ……………………………… 適性検査 Ⅰ・Ⅱ

2020 年度 ……………………………… 適性検査 Ⅰ・Ⅱ

2019 年度 ……………………………… 適性検査 Ⅰ・Ⅱ

平成 30 年度 ……………………………… 適性検査 Ⅰ・Ⅱ
※適性検査Ⅰの大問 2 は、問題に使用された作品の著作権者が二次使用の許可を出して
いないため、問題の一部を掲載しておりません。

平成 29 年度 ……………………………… 適性検査 Ⅰ・Ⅱ

試　　　　問 ……………………………… 適性検査 Ⅰ・Ⅱ
※開校前に公開された出題例です。

JN101270

便利な DL コンテンツは右の QR コードから

解答用紙　　過去年度　　問題は 紙面に掲載

⇒

※データのダウンロードは 2025 年 3 月末日まで。
※データへのアクセスには、右記のパスワードの入力が必要となります。　⇒　046320

本書の特長

実戦力がつく入試過去問題集

▶ 問題 ………… 実際の入試問題を見やすく再編集。

▶ 解答用紙 …… 実戦対応仕様で収録。

▶ 解答解説 …… 解答例は全問掲載。詳しくわかりやすい解説には、難易度の目安がわかる「基本・重要・やや難」の分類マークつき（下記参照）。各科末尾には合格へと導く「ワンポイントアドバイス」を配置。

入試に役立つ分類マーク

基本▶ 確実な得点源！
受験生の90％以上が正解できるような基礎的、かつ平易な問題。
何度もくり返して学習し、ケアレスミスも防げるようにしておこう。

重要▶ 受験生なら何としても正解したい！
入試では典型的な問題で、長年にわたり、多くの学校でよく出題される問題。
各単元の内容理解を深めるのにも役立てよう。

やや難▶ これが解ければ合格に近づく！
受験生にとっては、かなり手ごたえのある問題。
合格者の正解率が低い場合もあるので、あきらめずにじっくりと取り組んでみよう。

合格への対策、実力錬成のための内容が充実

▶ 各科目の出題傾向の分析、最新年度の出題状況の確認で、入試対策を強化！

▶ その他、学校紹介、過去問の効果的な使い方など、学習意欲を高める要素が満載！

解答用紙ダウンロード 解答用紙はプリントアウトしてご利用いただけます。弊社ＨＰの商品詳細ページよりダウンロードしてください。トビラのＱＲコードからアクセス可。

 FONT 見やすく読みまちがえにくいユニバーサルデザインフォントを採用しています。

● ● ● 公立中高一貫校の
入学者選抜 ● ● ●

ここでは，全国の公立中高一貫校で実施されている入学者選抜の内容について，
その概要を紹介いたします。

　公立中高一貫校の入学者選抜の試験には，適性検査や作文の問題が出題されます。

　多くの学校では，「適性検査Ⅰ」として教科横断型の総合的な問題が，「適性検査Ⅱ」として作文が出題されます。しかし，その他にも「適性検査」と「作文」に分かれている場合など，さまざまな形式が存在します。

　出題形式が異なっていても，ほとんどの場合，教科横断的な総合問題（ここでは，これを「適性検査」と呼びます）と，作文の両方が出題されています。

　それぞれに45分ほどの時間をかけていますが，そのほかに，適性検査がもう45分ある場合や，リスニング問題やグループ活動などが行われる場合もあります。

　例として，東京都立小石川中等教育学校を挙げてみます。

①　文章の内容を的確に読み取ったり，自分の考えを論理的かつ適切に表現したりする力をみる。

②　資料から情報を読み取り，課題に対して思考・判断する力，論理的に考察・処理する力，的確に表現する力などをみる。

③　身近な事象を通して，分析力や思考力，判断力などを生かして，課題を総合的に解決できる力をみる。

　この例からも「国語」や「算数」といった教科ごとの出題ではなく，「適性検査」は，私立中学の入試問題とは大きく異なることがわかります。

　東京都立小石川中等教育学校の募集要項には「適性検査により思考力や判断力，表現力等，小学校での教育で身に付けた総合的な力をみる。」と書かれています。

　教科知識だけではない総合的な力をはかるための検査をするということです。

　実際に行われている検査では，会話文が多く登場します。このことからもわかるように，身近な生活の場面で起こるような設定で問題が出されます。

　これらの課題を，これまで学んできたさまざまな教科の力を，知識としてだけではなく活用して，自分で考え，文章で表現することが求められます。

　実際の生活で，考えて，問題を解決していくことができるかどうかを学校側は知りたいということです。

　問題にはグラフや図，新聞なども多く用いられているので，情報を的確につかむ力も必要となります。

　算数や国語・理科・社会の学力を問うことを中心にした問題もありますが，出題の形式が教科のテストとはかなり違っています。一問のなかに社会と算数の問題が混在しているような場合もあります。

　少数ではありますが，家庭科や図画工作・音楽の知識が必要な問題も出題されることがあります。

作文は，文章を読んで自分の考えを述べるものが多く出題されています。

　文章の長さや種類もさまざまです。筆者の意見が述べられた意見文がもっとも多く採用されていますが，物語文，詩などもあります。作文を書く力だけでなく，文章の内容を読み取る力も必要です。

　調査結果などの資料から自分の意見をまとめるものもあります。

　問題がいくつかに分かれているものも多く，最終の１問は400字程度，それ以外は短文でまとめるものが主流です。

　ただし，こちらも，さまざまに工夫された出題形式がとられています。

　それぞれの検査の結果は合否にどのように反映するのでしょうか。

　東京都立小石川中等教育学校の場合は，適性検査Ⅰ・Ⅱ・Ⅲと報告書（調査書）で判定されます。

　報告書は，400点満点のものを200点満点に換算します。

　適性検査は，それぞれが100点満点の合計300点満点を，600点満点に換算します。

　それらを合計した800点満点の総合成績を比べます。

　このように，形式がさまざまな公立中高一貫校の試験ですが，文部科学省の方針に基づいて行われるため，方向性として求められている力は共通しています。

　これまでに出題された各学校の問題を解いて傾向をつかみ，自分に足りない力を補う学習を進めるとよいでしょう。

　また，環境問題や国際感覚のような出題されやすい話題も存在するので，多くの過去問を解くことで基礎的な知識を蓄えておくこともできるでしょう。

　適性検査に特有の出題方法や解答方法に慣れておくことも重要です。

　また，各学校間で異なる形式で出題される適性検査ですが，それぞれの学校では，例年，同じような形式がとられることがほとんどです。

　目指す学校の過去問に取り組んで，形式をつかんでおくことも重要です。

　時間をはかって，過去問を解いてみて，それぞれの問題にどのくらいの時間をかけることができるか，シミュレーションをしておきましょう。

　検査項目や時間に大きな変更のある場合は，事前に発表がありますので，各自治体の教育委員会が発表する情報にも注意しましょう。

横浜市立 横浜サイエンスフロンティア高等学校附属中学校

よこはま

〒230-0046　横浜市鶴見区小野町6
☎ 045-511-3654
交通　ＪＲ鶴見線鶴見小野駅　徒歩3分
　　　京浜急行線花月総持寺駅　徒歩17分
　　　ＪＲ京浜東北線・根岸線鶴見駅　徒歩20分

https://www.edu.city.yokohama.lg.jp/school/jhs/hs-sf/

[カリキュラム] ◇三学期制◇

・教科の特性により**100分授業と50分授業**を組み合わせる（1日7時間授業に相当）。

・授業時間数は標準よりも中学3年間で国語・数学が140時間、英語が105時間、理科が35時間多い。そこで生じる時間的余裕により、単なる先取り学習ではなく、内容を深く掘り下げ、「考察・討議」「実験」「体験」「発表」を取り入れた**DEEP学習**が行われる。

・総合的な学習の時間「**サイエンススタディーズ**」において課題探究型の学習を進めることにより、「読解力」「情報活用力」「課題設定力」「課題解決力」「発表力」の伸長をめざす。

・週1コマ（95分）の「**フロンティアタイム**」では自主研究や進路探究など、生徒が自分で決めたテーマに基づいて主体的な活動を行う。

[部活動]

・18の部活動で高校生と共に活動している。

・令和5年度は、本校チーム（中高合同）がモデルロケット甲子園2023で優勝し、世界大会の出場権を得た。またグローバルサイエンスアワード2023で協賛企業賞を受賞した。

・令和4年度には、本校生徒がモデルロケット全国大会でロッキードマーティン賞を、情報処理学会全国大会併催中高生情報学研究コンテストで最優秀賞・文部科学大臣賞を、日本植物生理学会の高校生生物研究発表会で特別賞をそれぞれ受賞した。

[行　事]

・校外研修は「日本を知る」を共通のテーマとして実施される。中学2年の宿泊研修は「エコアイランド」宮古島で、3年の研修旅行は長い歴史や文化を誇る関西方面で行う。

・行事の一部は高校生と合同で行われる予定。

4月　宿泊研修（1年）、宮古島研修（2年）
5月　体育祭
9月　蒼煌祭（文化祭）
10月　東京散策（2年）、研修旅行（3年）

[進　路]

・横浜市立横浜サイエンスフロンティア高校（単位制理数科）に無試験で進学することができる。

・**横浜市立大学チャレンジプログラム**として、高校には国際総合科学部に7名程度の**特別入学枠**が設置されている。

★卒業生の主な進学先
東京大、北海道大、東北大、名古屋大、九州大、群馬大、千葉大、筑波大、東京海洋大、東京工業大、東京農工大、一橋大、横浜国立大、東京都立大、横浜市立大、防衛医科大学校、早稲田大、慶應義塾大

[トピックス]

・平成29年4月開校。「『**サイエンスの考え方**』を身に付けた生徒」「**豊かな社会性や人間性**を身に付けた生徒」「**次代を担うグローバルリーダーの素養**を身に付けた生徒」の育成をめざす。母体校の横浜市立横浜サイエンスフロンティア高校では、研究機関や大学、企業の研究者などの方々を**スーパーアドバイザー**や**科学技術顧問**に迎え、講義や実験・研究指導を直接受けることができ、学習環境に恵まれている。

・横浜サイエンスフロンティア高校は文部科学省から**スーパーサイエンスハイスクール（ＳＳＨ）**に指定され、カナダでの交流やシンガポール、英国、米国での研修を行い、**高校生バイオサミット**で平成26・27年度に文部科学大臣賞、28年度に科学技術振興機構賞、令和3年度に審査員特別賞などを受賞し、**SSH生徒研究発表会**では2年連続文部科学大臣賞（令和4・5年）、**FLL challenge**（国際的なロボット競技会）では4年連続で全国大会に出場するなど、多くの成果を得ている。

・志願資格は保護者と共に横浜市内に住所を有すること。学区は横浜市内全域。ただし、他の公立の中等教育学校または併設型の中高一貫教育校の中学校との併願はできない。

・合否に関しては、適性検査（Ⅰ・Ⅱ各100点満点）による評価を点数化した値（A値）と調査書（180点満点）の評定を点数化した値（B値）を利用して算出した数値（A値÷180×100×1＋B値÷200×100×3）による選考を行う（令和6年度）。

[学校見学] （令和5年度実施内容）

★オープンスクール　6月・11月各1回
★学校説明会　7月2回
★志願説明会　11月1回
★蒼煌祭（文化祭）　9月

■ 入試！インフォメーション ■

※本欄の内容は令和6年度入試のものです。

受検状況

募集定員	志願者数	受験者数	合格者数	倍　率
80	450	429	80	5.36

出題傾向の分析と合格への対策

●出題傾向と内容

本年度の適性検査は，Ⅰ・Ⅱの2種の検査が実施された。いずれも検査時間は45分，100点満点である。

2018年度までは，適性検査Ⅰは，大問2題からなる，大問1では国語と社会，大問2では国語と算数中心の出題であった。あるテーマに沿った複数の資料や会話文，図版が与えられ，それらの資料を読み取って，資料の内容について解答する問題や自分の考えを説明する問題などが出題された。全体を通して短時間で非常に多くの文章や資料を読み，解答しなくてはならない。また大問2では資料の内容の要約及び自分が考えたことをまとめる200~300字程度の記述問題がそれぞれ1題ずつ出題されており，論理的思考力，表現力も必要とされる出題である。

2019年度以降は，小問7~8題からなる国語，社会分野からの出題に変更された。いずれの問題も，問われる能力は変わらないが，長めの資料が与えられ，それを150字や300~350（360）字で要約する問題も出題される。

適性検査Ⅱでは，大問3題からなる，理科・算数・社会分野中心の出題である。目立った記述問題はないが，グラフや資料を読み取って答える問題が多く，それと関連付けられた計算問題も出題されているので，グラフに関する知識，計算力も必須である。全体を通して，情報量の多い資料から，解答に必要な情報がどれなのかを見極める力が必要である。こちらも短時間で非常に多くの文章や資料を読み，解答する必要があるため難易度が高く，作業量も多い。

● 2025年度の予想と対策

全体の傾向として，適性検査Ⅰが記述中心，適性検査Ⅱが推理・計算中心の出題という傾向は今後も続くと思われる。どちらにおいても理数的な思考力が必要とされる。

適性検査Ⅰは，資料の要約と資料に対する自分の考えを述べる記述問題が出題される。与えられた題材文に対して考えを述べる形式についてはもちろん準備しておくべきであるが，さまざまな資料が融合的に出題に利用される傾向があるので，他の出題形式（題材文＋題材文，題材文とグラフなどの資料といった組合せ）も視野に入れ，さまざまな形式の検査に触れておくとよい。また記述問題は制限字数が増加あるいは減少することも考えられるので，さまざまな字数制限に対応して文章を書く練習をするとよいだろう。さらに，短時間で非常に多くの文章や資料の内容把握を行わなくてはいけないので，高度な読解力が必要とされている。

適性検査Ⅱについては，社会・算数・理科分野からの出題が続くと思われる。いずれもグラフや資料が多く用いられるので，そういった形式の問題に慣れ，早く正確に問題を処理する力を身に着けておこう。算数であれば平面図形・立体図形，理科であれば実験問題に特に注意したい。

✔ 学習のポイント

大量の文章・資料・グラフなどを伴って出題されるので，まずその出題形式に慣れよう。記述問題や実験問題も頻出なので，まずは授業で取り組んだ問題について正確な理解をしよう。

2024年度

★★★★★★★★★★★★★★★★★★★★★★

入 試 問 題

2024
年
度

2024年度

横浜サイエンスフロンティア高等学校附属中学校入試問題

【適性検査Ⅰ】 （45分）　＜満点：100点＞

【注意】　解答用紙のマス目は，**句読点などもそれぞれ一字と数え，一マスに一字ずつ書いてください。**

1　りかさんとみなみさんが図書館で社会の授業の話をしています。りかさんとみなみさんの【会話】や【資料】を読み，あとの問題に答えなさい。

【会話１】

> りかさん：今日の社会の授業で，ヨーロッパの国の学習をしましたね。
>
> みなみさん：はい。スペインには【SIESTA（シエスタ・昼の休憩）】という文化があるのですね。
>
> りかさん：スペインといえば，【SOBREMESA（ソブレメサ）】というスペイン語を知っていますか。
>
> みなみさん：いいえ，知りません。それはどういう意味なのですか。
>
> りかさん：「食後に食卓を囲んで，くつろいでおしゃべりをする」という習慣を指す言葉です。
>
> みなみさん：スペインでは，午後２時ごろに昼食をとり，【SIESTA】や【SOBREMESA】をはさみ，また仕事にもどるのですね。
>
> りかさん：はい。その国の言葉にはその国の文化が反映されているのですね。
>
> みなみさん：外国の言葉について興味が出てきました。少し調べてみませんか。
>
> りかさん：そうですね。調べてみましょう。
>
>
> みなみさん：わたしはこのような言葉を調べてきました。【資料１】を見てください。

【資料１】みなみさんが見つけてきた言葉

> SKÁBMA（スカーマ）
> 太陽の出ない季節

（吉岡　乾「なくなりそうな世界のことば」をもとに作成）

> りかさん：【SKÁBMA】で「太陽の出ない季節」を表すのですね。
>
> みなみさん：はい。日本語にはない表現で，特に気になりました。
>
> りかさん：確かに，日本にはない季節ですね。これはどこで使われている言葉なのですか。
>
> みなみさん：これは【資料２】（次ページ）を参考に考えてみると，わかりやすいです。【資料２】は地球儀に，太陽の光に見立てた光を当てているところを表したものです。
>
> りかさん：地球儀を，【資料２】中の「地球儀を固定している軸」を中心に回すと，一周しても太陽の光が当たらない地域がありますね。
>
> みなみさん：はい。そこが①「太陽の出ない季節」という言葉が使われている地域です。

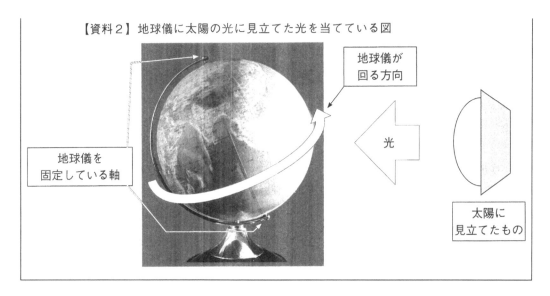

【資料２】 地球儀に太陽の光に見立てた光を当てている図

問題1 　**【会話１】**中の①「太陽の出ない季節」という言葉が使われている地域として最も適切な地域を次の**【地図】**中の１～４から一つ選び，番号を書きなさい。

【地図】

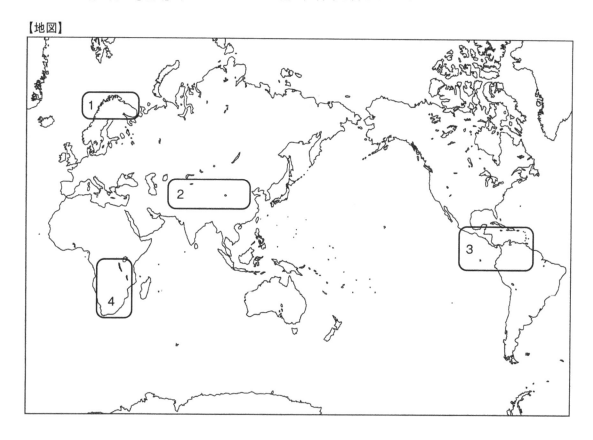

【会話２】

> **りかさん**：わたしは少し変わった言葉を見つけました。【資料３】の言葉を見てください。
>
> **【資料３】りかさんが見つけてきた言葉**
>
> | PISAN ZAPRA（ピサンザプラ）
バナナを食べるときの所要時間 |
> |---|
>
> （エラ・フランシス・サンダース「翻訳できない世界のことば」をもとに作成）
>
> **みなみさん**：「バナナを食べるときの所要時間」を表す言葉があるのですね。30秒くらいですか。
>
> **りかさん**：人やバナナによりますが，約２分らしいです。どこで使われている言葉だと思いますか。
>
> **みなみさん**：バナナが栽培されている地域で使われていると思うのですが…。
>
> **りかさん**：はい。バナナの栽培条件について調べた【資料４】を見てください。
>
> **【資料４】りかさんが調べたバナナの栽培条件**
>
> | ・高温多湿な土地に育つ
・気温２７〜３１℃くらいがいちばん元気に育つ
・暑い季節は毎日しっかり水やりをする |
> |---|
>
> （農山漁村文化協会「知りたい 食べたい 熱帯の作物 バナナ」をもとに作成）
>
> **みなみさん**：条件に当てはめると，【PISAN ZAPRA】が使われている地域の気温と降水量を表しているグラフは ② ですね。
>
> **りかさん**：はい。【PISAN ZAPRA】は，マレーシアやシンガポールなどで話されているマレー語の言葉です。同じ気候の地域で【資料５】の ③ が育てられていますね。

【資料５】コーヒー、オリーブ、小麦の生産量の上位５か国（２０２０年　単位：千ｔ）

コーヒー		オリーブ		小麦	
ブラジル	3700	スペイン	8138	中国	134250
ベトナム	1763	イタリア	2207	インド	107590
コロンビア	833	チュニジア	2000	ロシア	85896
インドネシア	773	モロッコ	1409	アメリカ	49691
エチオピア	585	トルコ	1317	カナダ	35183

（「世界国勢図会　２０２２／２３」をもとに作成）

【資料６】世界の気候について表した地図

■	熱帯
▨	乾燥帯
□	温帯
▥	亜寒帯（冷帯）
▦	寒帯

（明治図書「よくわかる社会の学習　地理Ⅰ」をもとに作成）

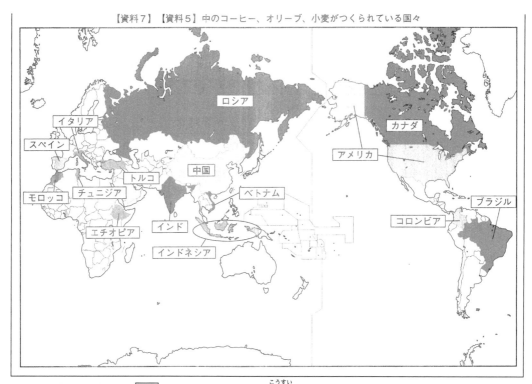

【資料7】【資料5】中のコーヒー、オリーブ、小麦がつくられている国々

問題2　【会話2】中の ② にあてはまる気温と降水量のグラフを次のAとBから選び，【会話2】
　　　　中の ③ にあてはまる作物との組み合わせとして最も適切なものを，【資料5】～【資料7】
　　　　を参考にしてあとの1～6から一つ選び，番号を書きなさい。

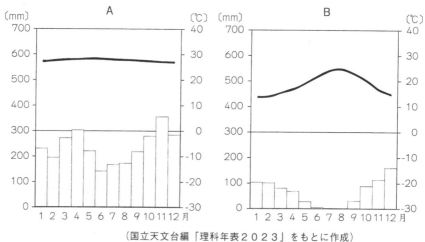

（国立天文台編「理科年表2023」をもとに作成）

　　1　Aとコーヒー　　2　Bとコーヒー　　3　Aとオリーブ
　　4　Bとオリーブ　　5　Aと小麦　　　　6　Bと小麦

【会話3】

みなみさん：日本にバナナが広まったのは1900年ごろに行われた台湾からの輸入がきっかけです。

りかさん：そうなのですね。台湾は日清戦争の結果，④下関条約によって，日本の領土になっていましたね。

みなみさん：日清戦争は甲午農民戦争という争いがきっかけで起こったと本で読んだことがあります。

りかさん：はい。この「甲午」というのは，十干十二支からきています。【資料8】を見てください。

みなみさん：これで歴史上のできごとが起こった年を算出することもできますね。

りかさん：この時期に台湾からバナナが輸入されていた主要な港はどこだったのですか。

みなみさん：⑤門司港だと言われています。この当時，同じ県内に八幡製鉄所もでき，台湾にも地理的に近いことで，ずいぶんにぎわっていたようです。

りかさん：【資料9】にある県ですね。筑豊炭田などの地理的な条件を生かして，のちに工業地帯ができていきますね。

【資料8】十干十二支と西暦を利用して十干十二支を算出するときの手順

十干

	甲	乙	丙	丁	戊	己	庚	辛	壬	癸
読み方	こう	おつ	へい	てい	ぼ	き	こう	しん	じん	き
	きのえ	きのと	ひのえ	ひのと	つちのえ	つちのと	かのえ	かのと	みずのえ	みずのと
	4	5	6	7	8	9	0	1	2	3

十二支

	子	丑	寅	卯	辰	巳	午	未	申	酉	戌	亥
読み方	ね	うし	とら	う	たつ	み	うま	ひつじ	さる	とり	いぬ	い
	し	ちゅう	いん	ぼう	しん	し	ご	び	しん	ゆう	じゅつ	がい
	4	5	6	7	8	9	10	11	0	1	2	3

計算したときのあまりの数

手順1　西暦年を10でわる。そのあまりの数から十干を特定する。

手順2　西暦年を12でわる。そのあまりの数から十二支を特定する。

例）甲子園球場の建設（1924年）

1924÷10＝192あまり4（十干　甲）

1924÷12＝160あまり4（十二支　子）

【資料9】【会話3】中の④下関条約が結ばれたところがある県、⑤門司港がある県

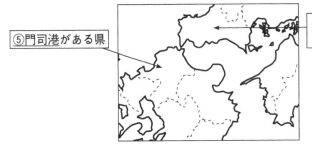

⑤門司港がある県

④下関条約が結ばれたところがある県

問題3　【資料8】を参考にして、672年と1868年に起こったできごとを次の1～6からそれぞれ一つずつ選び、番号を書きなさい。

1　高野長英が幕府の外国船への対応について「戊戌夢物語」を書いた。
2　豊臣秀吉が朝鮮への出兵を命じ、文禄の役（壬辰倭乱）が起こった。
3　中大兄皇子と中臣鎌足が蘇我氏をほろぼした乙巳の変が起こった。
4　新政府軍と旧幕府軍が戦った戊辰戦争が起こった。
5　大海人皇子と大友皇子が次の天皇の位をめぐって争った壬申の乱が起こった。
6　清をたおし、近代国家をつくろうとした辛亥革命が起こった。

問題4　【資料9】中の④下関条約が結ばれたところがある県と⑤門司港がある県の2つの県以外で起こったことを次の1～4から一つ選び、番号を書きなさい。

1　中国（漢）の皇帝から与えられた金印が発見された。
2　源氏が壇ノ浦の戦いで平氏をほろぼした。
3　元との戦いに備えて防塁がつくられた。
4　ポルトガル人が漂着し、鉄砲が伝わった。

【会話4】

みなみさん：1900年といえば、明治時代ですね。この時代にはいろいろな改革が行われました。

りかさん：はい。【資料10】はこの時代の改革についての資料です。　これは　⑥　を表しています。

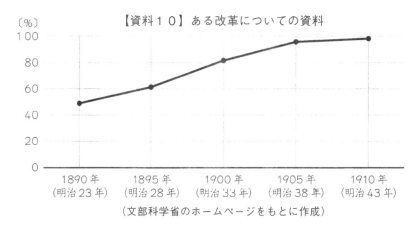

【資料１０】ある改革についての資料

（文部科学省のホームページをもとに作成）

みなみさん：今では当たり前のように思えることも、昔はちがったのですね。

りかさん：わたしたちが何気なく食べているものも、歴史的な背景があるのですね。

みなみさん：言葉の話から始まり、ずいぶんと大きなスケールの話になりましたね。

りかさん：これからは知らない言葉や外国の言葉を聞いたらいろいろ考えてみたいと思います。

みなみさん：そうですね。探究に終わりはありませんね。

問題5　【会話4】中の　⑥　にあてはまる言葉として最も適切なものを次の1～4から一つ選び、

番号を書きなさい。

1 徴兵制にもとづいて兵役についた人の割合の変化

2 学制にもとづいて小学校に通った子どもの割合の変化

3 殖産興業の政策にもとづいて工場で働いた人の割合の変化

4 古い身分制度の廃止にもとづいて平民とされた人の割合の変化

問題6 りかさんは日本や外国の言葉に興味をもち，さらにくわしく調べることにしました。その際に大切だと考えられることはどのようなことですか。次の【条件】にしたがって書きなさい。

【条件】

1 本文中の【会話1】〜【会話4】の内容をふまえて書きなさい。

2 「その国の言葉を調べるときには」に続けて「が大切です。」へつながる一文になるように書きなさい。

3 10字以上，20字以内で書きなさい。（読点も字数に数えます。）

2 りかさんは，キリンの研究をしている郡司さんの本を見つけました。【資料1】はその本の一部です。【資料1】を読んで，あとの問題に答えなさい。

【資料1】

筋肉の名前

シロの解剖では，ニーナの時とは違うことが2つあった。

まず1つは，今回は1人じゃないということだ。研究室の院生さんに加えて，国立科学博物館の研究員の方が解剖に参加していたのだ。しかもその方は，鳥や爬虫類の首を研究している「首のスペシャリスト」だ。質問できる相手がいるというのは，なんとありがたいことだろうか。

そしてもう1つは，言うまでもないが，「今回が初めての解剖ではない」ということだ。前回の解剖できちんと特定できた筋肉は1つもなかったけれども，ニーナのおかげで，どういう風に筋肉の束が並んでいるか，大雑把な筋肉の構造は頭に入っていた。腱がどのように通っているかもなんとなく記憶しているので，筋膜を外すとき，どこに気をつければいいのか見当をつけることもできそうだ。

大失敗に終わったと思っていたニーナの解剖だったけれど，きちんと自分の中に知識は蓄積している。そう思えたのが本当に嬉しかった。前回の反省を生かし，筋膜と一緒に腱を外してしまわないよう，丁寧に慎重に作業を進めていく。

皮膚を剥がし筋膜を取り除くと，数日前に見たばかりの構造が，前回よりは多少きれいな状態で目の前に広がっていた。今度こそ，どれが何筋かちゃんと特定しよう。気合いを入れ直して，横のテーブルに解剖図のコピーを広げる。

板状筋，頸最長筋，環椎最長筋……教科書に列挙された筋肉を1つずつ確認し，筋肉がどの骨とどの骨を結んでいるかを確認する。教科書に書かれた各筋肉の説明文をじっくり読み，描かれた解剖図と目の前のキリンを見比べながら，どれが何筋なのかの特定を試みてみる。

しかし，やっぱりよくわからない。キリンの首の一番表層には，細く長い紐状の筋肉が多数存在しているのだが，教科書に載っているウシやヤギの筋肉図にはこのような紐状の筋肉が描かれていないのだ。

　自分1人で考えていても埒があかない。今回は1人じゃなく，首の解剖のスペシャリストがいるのだ。わからないなら，教えてもらえばいいじゃないか。そう思い，「これって何筋ですか？　板状筋か頸最長筋だと思うんですが……」と尋ねてみた。

　すると，科博の研究員の方からは予想外の答えが返ってきた。

「うーん，わからないなあ。まあ，<u>筋肉の名前は，とりあえずそんなに気にしなくてもいいんじゃない？</u>」

　相手は，キリンの解剖は初めてとはいえ，私よりもはるかに解剖経験がある，首の構造を専門とする研究者だ。てっきり「これは何とか筋だよ」と答えを教えてもらえると思っていた私は，言われた言葉の意味がすぐには理解できなかった。すると研究員の方は続けてこう言った。

「名前は名前だよ。誰かがつけた名前に振り回されてもしょうがないし，自分で特定できればいいじゃない。次に解剖したときに，これは前回○○筋って名付けたやつだな，って自分でわかるように，どことどこをつなぐ筋肉かきちんと観察して記録しておけばいいでしょ」

ノミナを忘れよ

　解剖には，専門用語が多い。筋肉の名前だけでも，400語以上にもなるそうだ。解剖ができるようになるためには，まずはこれらの名前を正確にしっかりと覚えなければいけないと思っていた。

　なので，この時に言われた「名前は気にしなくていいんじゃない？　もしわからないなら，自分で名付けてしまいなよ」という言葉には心底驚いた。実をいうとその時は，「そんなことでは，いつまでたっても解剖ができるようにならないのでは……」と思った。

　ところがこれ以降も，さまざまな解剖学者の先生方から，これに近い言葉を何度も言われている。2017年，2018年に参加した人体解剖の勉強合宿では，先生から幾度も「ノミナを忘れよ」と念を押された。ノミナ＝Nominaとは，ネーム，つまり「名前」という意味をもつラテン語である。筋肉や神経の名前を忘れ，目の前にあるものを純粋な気持ちで観察しなさい，という教えだ。

　筋肉の名前は，その形や構造を反映していることが多い。例えば，首にある板状筋は文字通り板状の平べったい筋肉だし，お尻にある梨状筋はヒトでは梨のような形をしている。腹鋸筋はおなか側にあるノコギリのようにギザギザした形をもつ筋肉で，上腕頭筋は上腕と頭を結ぶ筋肉だ。

　こうした筋肉の名前は，基本的にヒトの筋肉の形や構造を基準に名付けられている。そのため，ほかの動物でも「その名の通り」の見た目をしているとは限らない。多くの動物では梨状筋は梨っぽい形をしていないし，キリンの上腕頭筋は上腕から首の根本部分に向かう筋肉であり，頭部には到達しない。

　解剖用語は「名は体を表す」ケースが多いがゆえに，名前を意識し過ぎてしまうと先入観にとらわれ，目の前にあるものをありのまま観察することができなくなってしまうのだ。頭と腕をつなぐ筋肉を探していたら，いつまでたってもキリンの上腕頭筋は見つけられない。

優れた観察者になるために

　筋肉や骨の名前は，理解するためにあるのではない。目の前にあるものを理解した後，誰かに説明する際に使う「道具」である。そして解剖の目的は，名前を特定することではない。生き物の体の構造を理解することにある。ノミナを忘れ，まずは純粋な目で観察することこそが，体の構造を

理解する上で何より大事なことである。

　当時の私はこのことに気がついておらず，名前を特定することが目的化し，まさに名前に振り回されていた。上腕頭筋を見つけようと上腕と頭を結ぶ筋肉を探していたし，教科書に「この筋肉は2層に分かれ」と書かれていたら，2層に分かれている筋肉を見つけようとしていた。目の前にあるキリンの構造を理解するために観察するのではなく，横に置いた教科書に描かれた構造を，キリンの中に探し求めてしまっていたのだ。

　「自ら理論立てて考える人でなければ，優れた観察者にはなれない」というのは，かの有名な※10 チャールズ・ダーウィンの言葉だ。この時の私は，理論立てて考えながら解剖をしていなかった。

　名前の特定にこだわることを一旦やめてみよう。そう思い，気を取り直してシロの遺体に向き直る。目の前の筋肉がどの骨とどの骨をつないでいるのか。その筋肉が収縮したら，キリンの体はどんな風に動くのか。大きい筋肉なのか，小さい筋肉なのか。長いか，短いか。筋肉の名前を1つも知らなくても，目の前に実際にキリンの遺体があるのならば，考えることはいくらでもある。

　そうしてみて初めて，自分が教科書ばかり眺めて，キリンの方をあまり見ていなかったことに気がついた。せっかくキリンの遺体が目の前にあるのに，きちんと向き合っていなかったような気がした。

　解剖台の横にノートを開き，名前もわからぬ「謎筋A」の付着する場所，走行※11，大きさ，長さを丁寧に観察し，記録していく。次の解剖でも「謎筋A」であることがわかるよう，筋肉の特徴をなるべく細かく描き込んでいく。名前を特定しようとしていた時はずっと真っ白だったノートが，文章やスケッチで埋められていく。

　ようやく頭を使って解剖することができるようになった瞬間だった。

　　　　　（郡司　芽久「キリン解剖記」より。一部省略やふりがなをつけるなどの変更があります。）

※1　シロ……………………筆者が解剖した2体目のキリン。

※2　ニーナ…………………筆者が数日前に初めて解剖したキリン。

※3　研究室…………………東京大学の遠藤秀紀研究室。遠藤秀紀（一九六五年－）は動物の解剖研究で有名な研究者。

※4　院生……………………この場合は大学院生の略称。

※5　腱………………………筋肉と骨をつないでいる繊維状の丈夫な組織。

※6　筋膜……………………筋肉を包む伸縮性のある薄い膜。

※7　埒があかない…………ものごとのきまりがつかなくて，先へすすまない。

※8　科博……………………国立科学博物館の略称。

※9　心底……………………心のそこから。

※10　チャールズ・ダーウィン……一八〇九－八二年。イギリスの博物学者。「種の起源」で進化論を説いた。

※11　走行……………………筋肉の連なりやその向き。

問題1　「科博の研究員」が――線「筋肉の名前は，とりあえずそんなに気にしなくてもいいんじゃない？」と言ったことをきっかけに，**筆者が気づいたこととして最も適切なもの**を，次の1〜4から一つ選び，番号を書きなさい。

　1　生き物の解剖では，体の構造を理解することを通して，神経の名前を特定することが重要だということ。

　2　科博の研究員にとってキリンは専門外の分野であるので，体の構造の観察は重要ではな

いということ。

3　生き物の体の構造を理解するには，目の前にあるものをありのままに観察することが重要だということ。

4　「名は体を表す」というように，筋肉の名前は体の構造を表していると理解することが重要だということ。

りかさんが見つけた【資料１】を読んだみなみさんは共通する考えがあると思い【資料２】を持ってきました。【資料２】を読んで，あとの問題に答えなさい。

【資料２】

　突然ですが，最近，美術館に行かれましたか？

　よく行っている人もいれば，もう何年も行っていないという人もいるかもしれませんが，みなさんは美術館に行ったとき（あるいは本などでアート作品をみるとき），作品をどのように「鑑賞」しているでしょうか。

　美術館の学芸員として，来館者が鑑賞する姿を日々目にしている中で，明らかに多くの人に共通する傾向があります。

　作品の横や下に添えられた解説文を，まず熱心に読むことです。

　作品のタイトル，作者名，そしてどのような背景のもと，どんな意図をもって制作した作品なのか。何がどのように描かれていて，世間でどう評価されているのか。作品にまつわる情報を，一つ一つ丁寧に読まれる方がとても多いのです。

　もちろん，読んでもらうために用意しているので，読んでいただけるのはよいのですが，中には，作品そのものをみている時間よりも，解説を読んでいる時間のほうが長いのでは？　と感じる鑑賞者もいます。みなさんは，いかがでしょうか？

　MOMAの調査でもこうして得た知識のほとんどが美術館を後にする時には人々の頭の中から消えている，つまり，定着していないことがわかっています。作品をみるよりも解説文を読むことを，悪いとか，間違いだとか言うつもりはありません。が，展示を企画する側としては，作品に関する「情報」を提供すること以上に，豊かな「鑑賞」の体験を提供したい……そんな思いがあります。

　それでは，豊かな鑑賞の体験は，どうすれば可能なのでしょうか。そもそも豊かな鑑賞とは，どのようなものなのでしょうか。

　以前，あるテレビ番組で，エドヴァルド・ムンクという画家の《叫び》という作品の画像を，東京の街頭でみせて，道行く人に「どう思いますか？」と感想を聞いている場面をみたことがあります。インタビューに答えていたのは日本人でしたが，「あ，ムンク」と画家の名前を答える人，「《叫び》ですね」と作品名を答える人，あるいは自分の頬に手を当てて，おもしろおかしく叫ぶ姿を真似てみせる人がほとんどでした。

　番組を続けてみていると，今度は場面が東京からムンクの故郷，ノルウェーのオスロの街に移りました。そして同じようにムンクの《叫び》についてインタビューが始まったのですが，私は驚きました。オスロの街の人たちからは，「ムンク」という画家名も《叫び》という作品名もあまり出てきませんでした（時折，忘れている人もいました）。しかし，その代わり，老若男女を問わず，いろんな感想が出てきたのです。

　美術館で作品をみた後（あるいは映画を観たり小説を読んだりした後），私たちはその作品についてどれくらいのことに気づいたり考えたりできるでしょうか。そして，どれくらい自分の言葉で語れるでしょうか——豊かな鑑賞ができるかどうかは，どうやらここに関わっているように思います。

　ところが，私たちは美術館で作品をみるとき，解説文を読み，作品を「知る」ことにまず意識を向けていることが多いようです。自分の心に耳を澄ませるよりも，書かれてある情報を得ることを優先しがちなのです。

　解説文は，作品への理解を深める手掛かりになるでしょう。しかし，情報を「知る」ことを意識し過ぎるために，作品をまず自分の目で「みる」ことができなくなってしまう面があるのではないでしょうか。

　中学生や高校生の頃の美術の時間を憶えているでしょうか？

　学校によってまちまちかもしれませんが，私は，美術作品について「□□□という画家が，△△△時代に制作したもので，○○○という技法が使われている」といった解説を先生から聞かされ，それがテストに出題されたことを憶えています。実際に作品を創る時間は楽しかったのに，情報を記憶したかどうかを問われるテストがあるために，美術の時間の魅力が少し損なわれたような気もします。作品の「鑑賞」について何か学んだことがあったかと自問すると，何も答えられません。

　日本の学校教育はこれまで「知識偏重」で，ものごとを暗記することばかり重視しているという批判がありました。歴史の年号を覚えたりする類のことがよく例に挙げられますが，美術という本質的に「正解」がないような分野でさえ，知識を得ることを重視する授業が行われてきたのが実状ではないでしょうか。

　私たちがアート作品そのものを眺める以上に，その解説文を熱心に読んでしまいがちなのは，そのことに関係しているのかもしれません。

（鈴木　有紀「教えない授業　美術館発，「正解のない問い」に挑む力の育て方」より。
一部省略やふりがなをつけるなどの変更があります。）

※１　学芸員………博物館資料の収集，保管，展示，調査研究を行う博物館職員。

※２　MOMA……ニューヨーク近代美術館のこと。マンハッタンにある。

※３　エドヴァルド・ムンク……十九世紀－二十世紀のノルウェー出身の画家。

※４　《叫び》………エドヴァルド・ムンクが制作した油彩絵画作品。

問題２　**【資料１】【資料２】に共通する考えを，次の【条件】【書き方の注意】にしたがって説明しなさい。**

【条件】

１　三つの段落で構成し，三百四十字以上四百字以内で書くこと。

２　三つの段落それぞれの内容は次のようにすること。

第一段落	【資料１】【資料２】に共通する考え
第二段落	共通する考えが【資料１】では具体的にどのように述べられているか
第三段落	共通する考えが【資料２】では具体的にどのように述べられているか

【書き方の注意】

１　題名，名前は書かずに一行目，一マス下げたところから，書くこと。

２　段落を作るときは改行し，一マス下げたところから，書くこと。

【適性検査Ⅱ】（45分）　　＜満点：100点＞

1　たろうさんは，深海が地球最後のフロンティアと言われていることに興味をもち，調べ学習を進めていました。そこで科学者たちが深海探査をどのように進めてきたのかについてまとめました。次の【資料1】～【資料7】をみて，あとの問題に答えなさい。

【資料1】深海の面積と深海探査の歴史

陸海の面積とその比

面積〔万km²〕		百分率〔％〕	
陸地	海洋	陸地	海洋
14724.4	36282.2	28.9	71.1

海洋の深さの面積比

深さの範囲〔m〕	全海洋〔％〕
0以上～　200未満	7.5
200以上～1000未満	4.4
1000以上～2000未満	4.4
2000以上～3000未満	8.5
3000以上～4000未満	20.9
4000以上～5000未満	31.7
5000以上～6000未満	21.2
6000以上～7000未満	1.2
7000以上	0.1

　　海の深さが200mを超えるところは太陽の光が全く届かない世界で深海とよばれています。また、深さが6000m以上の深い海の面積はとても小さいことが分かりました。

（「理科年表2016」をもとに作成）

問題1　6000m以上の深さの海の面積は何km²か答えなさい。

深海探査の歴史

いつ	出来事	誰が
	方法と結果	
1521年	太平洋の深さを測定しようとした。	フェルディナンド・マゼラン
	おもり付きの731.5mの紐を船から下ろしたが海底に届かなかった。	
1934年	鋼鉄製の球形の潜水装置で潜水した。【図1】	ウィリアム・ビービ オーティス・バートン
	中に人が入った鉄の球をケーブルで海中につり下ろして、深さ923mの潜水の世界記録を作った。	
1960年	深海探査艇トリエステ号がチャレンジャー海溝の海底に向けて潜水した。【図2】	ジャック・ピカール ドン・ウォルシュ
	球状の搭乗球の上に大きなガソリンタンクがあり、重さを調節できるおもりを積んで潜水し、深さ10900mよりも深い海底に到達した。	

【図1】球形の潜水装置

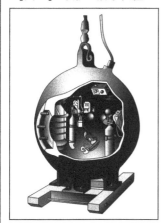

【図2】深海探査艇トリエステ号

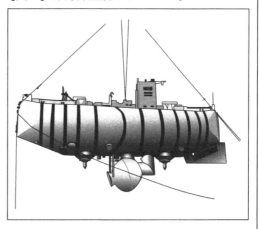

（ウェブページ「命がけの深海探査。　世界初の有人潜水球『バチスフィア』」、
「ワールドアトラス」と　堀元美　「海に潜る」をもとに作成）

　たろうさんは，深海探査艇が浮き上がる力を得るための材料としてガソリンを使用したことに興味をもち，液体を袋につめて海水中でおもりをつるす実験を行おうと考えました。ガソリンは燃えやすく実験室で使用するのは危ないので，代わりにサラダ油を用いて次のページのような実験を行いました。

【資料2】たろうさんが行った実験

〔目的〕海水中でサラダ油をつめた袋がおもりを浮き上がらせる力を調べる。

〔実験の様子〕

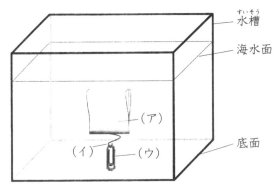

水槽

海水面

（ア）

（イ）　（ウ）

底面

〔実験〕

1　何も入っていないファスナー付きポリエチレン袋（ア）に針金で作ったフック（イ）をつけた。海水が入っている水槽に静かに入れると，沈んでフックが水槽の底面についた。【図3】

【図3】沈んでいる状態

海水面

底面

2　サラダ油を袋の中に注射器を使って下から注入し，袋の上端が海水面から出ないぎりぎりのところで浮いているように調節した。【図4】

【図4】浮いている状態

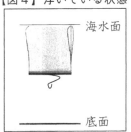

海水面

底面

3　サラダ油をメスシリンダーで300mLはかり取り，（ア），（イ）を海水から取り出して，（ア）に追加して入れた。

4　（ア）が浮き上がっていることを確認し，（イ）に【図5】のような金属製のクリップ（ウ）をおもりとしてひとつずつかけていき，（ア）が海水面から沈んだときのおもり（ウ）の合計の重さをばねはかりを使い水中ではかった。

【図5】クリップ

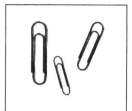

5　1から4までの手順を繰り返し10回行った。

〔結果〕

実験	（ウ）の合計の重さ〔g〕	実験	（ウ）の合計の重さ〔g〕
1回目	33.0	6回目	32.9
2回目	32.8	7回目	33.0
3回目	33.0	8回目	32.6
4回目	32.9	9回目	33.1
5回目	32.7	10回目	33.0

問題2　実験データを適切に扱い，海水1mLが1.03gとするとき，サラダ油1mLは何g答えなさい。答えがわりきれないときは，小数第三位を四捨五入して，小数第二位まで答えなさい。ただし，おもりの体積については考えないこととします。

　たろうさんは，深海探査艇トリエステ号の構造についての資料を見つけました。

【資料3】深海探査艇トリエステ号の構造

　球状の搭乗球の上部は大きなタンク（容器）からできており，タンクの上部からガソリンを入れて浮く力を得ていました。また，そのタンクは潜航して深海で大きな力がかかると下部から海水が入り，つぶれないように作られていました。探査艇の下側にある容器におもりを入れて潜航して，浮く力を調節するときや浮上するときには，おもりを捨てていました。

【図6】深海探査艇トリエステ号の構造

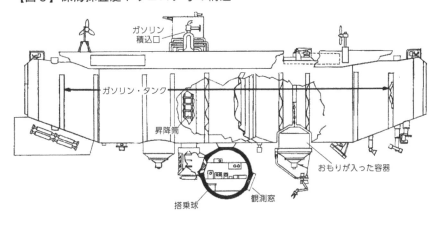

（堀元美　「海に潜る」をもとに作成）

問題3　トリエステ号がタンクに入れたガソリンの体積は133m³でした。この探査艇が海面にあるとき，ガソリンの浮き上がろうとする力で支えられる重さは何kgか答えなさい。ただし，海

水１mLは1.03ｇ，ガソリン１mLは0.75ｇであるとして計算しなさい。答えがわりきれない
ときは，小数第一位を四捨五入して，整数で答えなさい。

たろうさんは，「しんかい6500」が浮く力を得るための材料について調べてまとめました。

【資料４】水の重さと浮力材

１㎠の板を板の上面から１㎝の深さに沈めるとその上に水が１㎤乗っていることになり
ます。１㎤の海水は1.03ｇであるとして，10000ｍの深さに１㎠の板を沈めたと考えると
[　あ　] kgの水が乗っていることになります。この水の重さに耐えるために，トリエステ
号の乗員が乗る部分は厚い金属で精密な球形に作られていました。

日本では1981年に「しんかい2000」が完成し，1986年には「しんかい6500」が完成しました。
繰り返し探査を行うために，浮き上がる力を得るために用いる浮力材には特別な素材が使われ
ています。例えば，発泡ポリスチレン製のカップ麺の容器に6500ｍの深海と同じ水の重さが加
わると容器はすっかり小さくなってしまいます。そのため深海では【図7】の発泡ポリスチレ
ンの一つひとつの小さな空間が [　　　い　　　] しまい，元に戻らなくなります。そのた
め，発泡ポリスチレンは浮力材として使うことができません。それに対して深海用浮力材は
【図8】のようなガラスの丈夫な微小中空球体であるマイクロバルーンをプラスチックでまと
めたものを使っているので，深海の海水の重さに耐える仕組みになっています。

【図7】発泡ポリスチレンの断面図　【図8】「しんかい６５００」用浮力材の模式図

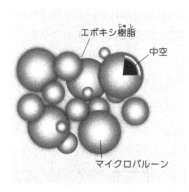

（ウェブページ「発泡スチレンシート工業会」，JST「シンタクチックフォーム」と
読売新聞社　ＮＨＫプロモーション「特別展 『深海』」をもとに作成）

問題4 [　あ　]，[　い　] にあてはまる数やことばを答えなさい。

たろうさんは「しんかい6500」の潜航スケジュールについて調べ，下の表のようにまとめました。

【資料5】「しんかい6500」の潜航スケジュール

時刻	内容	説明
7時00分	作業開始	潜航開始地点まで運ぶ母船の上で潜航するための準備をする。
8時30分	着水作業	「しんかい6500」を母船から海面に降ろす。
9時00分	潜航開始	バラストタンクという空洞のタンクに海水を注入し毎分約45mで降下する。
	海底到着、調査開始	潜航開始から海面浮上までを日中の8時間で行うことにしているので、降下・上昇時間を差し引いた残りが調査時間となる。
	離底（上昇開始）	「しんかい6500」の底に付けた鉄板のおもりを捨てて毎分約45mで上昇する。
17時00分	海面浮上、揚収作業	翌日の調査に備えて、電池の充電や保守整備などの準備を行う。

（ウェブページ　JAMSTEC「有人潜水調査船『しんかい6500』」をもとに作成）

問題5　9時00分に潜水を開始して，毎分45mで潜航，浮上するとき，水深6480mで行う調査時間は最大で何時間何分か答えなさい。

たろうさんは，「しんかい6500」の通信について資料を見つけました。

【資料6】「しんかい6500」の音響伝送装置について

　「しんかい6500」は，ただ深くに潜るだけでなく，海底の調査も行っています。調査の結果を素早く地上に送るためには，地上との通信が必要となります。しかし，海中では電波が吸収されてしまうため，音声通信や※測位通信には音波（音）が用いられています。【図9】のように，音波の伝わる速さは，空気中では秒速約340mに対し，水中では秒速約1500mです。水は空気に比べ振動が伝わりやすく，音波を伝えやすい性質をもっています。【図10】～【図12】は，日本近海における水深と水温，塩分濃度，音の速さに関するグラフです。海水中での音波の伝わる速さは，水温と塩分濃度と深さに関係していることが分かっており，グラフのように面白い性質を示します。

　「しんかい6500」のような探査艇が調査を行う水深100mを超えるような場所では，通信距離を対象に考えると，ケーブル等で探査艇と繋ぐことはできないので，現在のところ唯一の実用的な通信方式が音波なのです。

※測位通信…探査艇の位置を確かめるために母船や観測機器と行う通信

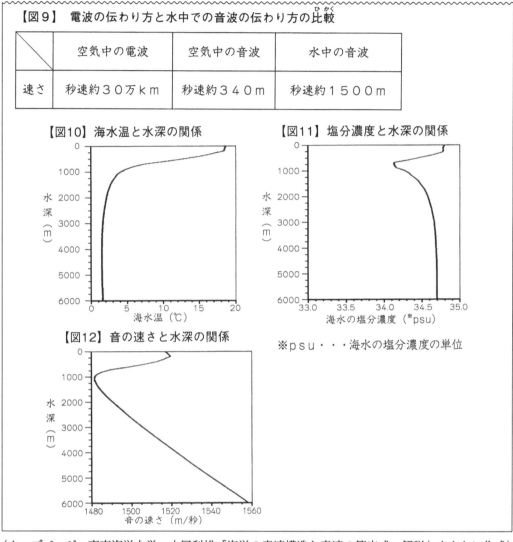

【図9】　電波の伝わり方と水中での音波の伝わり方の比較

	空気中の電波	空気中の音波	水中の音波
速さ	秒速約３０万ｋｍ	秒速約３４０ｍ	秒速約１５００ｍ

【図10】海水温と水深の関係

【図11】塩分濃度と水深の関係

【図12】音の速さと水深の関係

※ｐｓｕ・・・海水の塩分濃度の単位

（ウェブページ　東京海洋大学　土屋利雄「海洋の音速構造と音速の算出式　解説」をもとに作成）

問題6　【図10】〜【図12】から読み取れることとして，次の１〜９からあてはまるものをすべて
選び，番号を書きなさい。

1　水深と海水温は比例の関係になっている。

2　水深1000ｍでの海水温が最も高い。

3　水深1000ｍから水面までが最も海水温の変動が大きい。

4　水深1000ｍ付近の塩分濃度が最も高い。

5　水深が深くなればなるほど塩分濃度は上がっていく。

6　水深が０ｍに近いときの塩分濃度が最も高い。

7　水深が浅いほど音の伝わる速さは遅い。

8　水深1000ｍ付近の音の伝わる速さが最も遅い。

9　水深と音の速さは比例の関係になっている。

【資料7】「しんかい6500」の音響画像伝送装置について

　「しんかい6500」には深海で撮影したカラー画像を音波によって地上に転送する音響画像伝送装置が搭載されています。音響画像伝送装置は【図13】，【図14】の通り，性能はどんどん良くなっています。

　また，【図15】は「しんかい6500」から送られてきた画像です。上の列が初号機の画像，下の列が新型機（2018年）のものです。初号機は画像を10秒に1枚しか送ることができなかったり，転送がうまくいかずに画像が欠けてしまったりするものもありました。一方，新型機（2018年）では，初号機と比べて同じ距離でも通信速度が（　う　）倍になったので画像を（　え　）秒に1枚送ることができるようになるまで改良され，画像が欠けるなどのエラーが起こることもほとんどなく，コマ送りのように画像が転送されてきます。このような音響画像伝送装置の改良により，珍しい魚を見失ったり，新たな発見を見落としたりする心配がなくなりました。

【図13】音響画像伝送装置の性能比較①

	通信速度（※kbps）	距離（km）
初号機	16	6.5
新型機（2017年）	70	3.6
新型機（2018年）	80	6.5

※kbps…1秒間に送ることのできる情報数

【図14】音響画像伝送装置の性能比較②

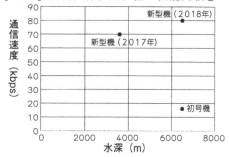

【図15】「しんかい6500」から実際に送られてきた画像

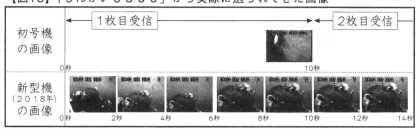

（ウェブページ　JAMSTEC「水中音響通信の研究」をもとに作成）

問題7　【資料7】の（う）（え）にあてはまる数を答えなさい。

2　たろうさんとはなこさんは，【図1】について考えています。次の【会話文】を読み，あとの問題に答えなさい。ただし，図は正確とは限りません。

【会話文】

　たろうさん：はなこさん，【図1】（次ページ）を見てください。
　はなこさん：これは雪の結晶ですか。

たろうさん：そうです。折り紙でつくった雪の結晶です。この雪の結晶は，折り紙を適当に何度か折って，ハサミで1回だけ，まっすぐに切ったらできました。

はなこさん：1回だけですか。

たろうさん：はい。これを**一刀切り**というそうですよ。この**一刀切り**は，折り方と切り方が重要になります。折り方は，【図2】の①のように，必ずしも頂点や辺同士が重ならなくてもよく，切り方は，1本のまっすぐな線で切っていれば，【図2】の②のように切ってもよいです。

【図1】折り紙でつくった雪の結晶

【図2】

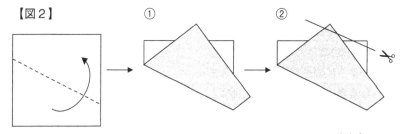

はなこさん：そうなんですね。ところで，**たろうさん**は【図1】の雪の結晶をつくるために，どのように折ったんですか。

たろうさん：それが，適当に折ったので全く覚えていないんです。試しに1辺が15cmの正方形の折り紙があるので，一緒に**一刀切り**をやってみませんか。

はなこさん：いいですね。

たろうさん：まずは【図3】のように折って，切ってみましょう。

【図3】たろうさんの折り紙の折り方

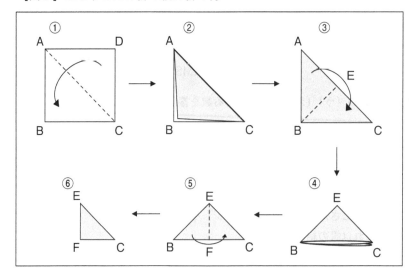

【図4】 たろうさんが一刀切りした折り紙

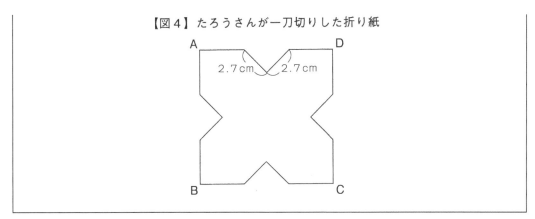

問題1 【図3】の⑥のように折られた折り紙EFCを，ハサミで切って，折り紙を①の状態まで開くと，【図4】のようになりました。どのように切ったか，最も適切なものを，次の1～8から一つ選び，番号を書きなさい。

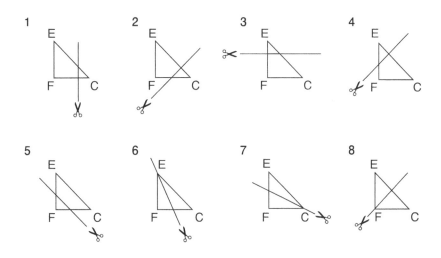

問題2 【図3】の⑥のように折られた折り紙EFCから切り取られた4つの三角形を開いたところ，すべて合同な直角二等辺三角形でした。このとき，【図4】の面積は何cm²になるか答えなさい。

【会話文】の続き

> **たろうさん：**折り方を工夫すれば，ハサミで1回まっすぐな線を切るだけでも，このような模様がつくれるんですね。
>
> **はなこさん：**でも，【図1】の雪の結晶はどうやって真ん中に穴をあけたのでしょうか。
>
> **たろうさん：**ハサミで1回しか切ることができないという条件であれば，ハサミで切るまっすぐな線の上に切りたい部分が重なるように，もう一度折るしかなさそうですね。
>
> **はなこさん：**確かにそうですね。また【図3】の⑥のように折った折り紙EFCを使って，それぞれ試してみましょう。
>
> **たろうさん：**はなこさん，【図5】を見てください。真ん中に穴をあけることができましたよ。

【図5】たろうさんが一刀切り
　　　した折り紙

【図6】はなこさんが一刀切り
　　　した折り紙

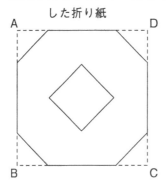

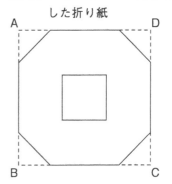

はなこさん：本当ですね。どのように**一刀切り**をしたんですか。

たろうさん：【図3】の⑥をさらに，【図7】のように，EとCが重なるように折って，FGに平
　　　　　　行な直線で切ったらできました。

【図7】たろうさんが一刀切りした方法

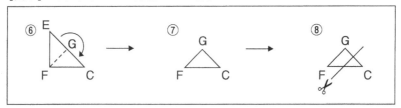

はなこさん：つまり，たろうさんは【図8】のように，EとCの真ん中の点をGとしたとき，
　　　　　　GとFをつなぐ直線で折ったということですか。

【図8】たろうさんが入れた折り目

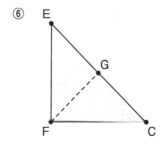

たろうさん：その通りです。

はなこさん：たろうさんとは違（ちが）う折り方をしましたが，真ん中に穴をあけることができました
　　　　　　（【図6】）。たろうさんが**一刀切り**したものにとても似ていますが，違う模様が
　　　　　　できました。

問題3　はなこさんは，【図3】の⑥のように折られた折り紙EFCを，たろうさんとは別の折り方で，
　　　　あと1回だけ折ってから，**一刀切り**をし，折り紙を【図3】の①の状態まで開くと，【図6】
　　　　のようになりました。折り目となる直線を解答用紙の図にかき入れなさい。ただし，解答用
　　　　紙の図にある点C，E，F，G，H，I，J，K，L，M，N，Oから，最も適切な2点を

選び，まっすぐにつなぐこと。また，G，I，
Lはそれぞれ辺EC，EF，FCの真ん中の点と
する。

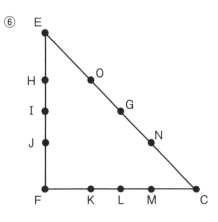

⑥

【会話文】の続き

はなこさん：何となく仕組みがわかりましたね。

たろうさん：ところで，はなこさんがつくった【図6】はまるでアルファベットの「O」のように見えませんか。このようにして模様をつくれるのであれば，他のアルファベットもつくれるのではないでしょうか。

はなこさん：面白いですね。では，つくりやすそうな「E」をつくってみませんか。

【図9】アルファベット「E」の予想図

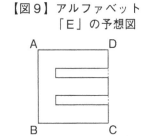

【図10】アルファベット「E」のつくり方

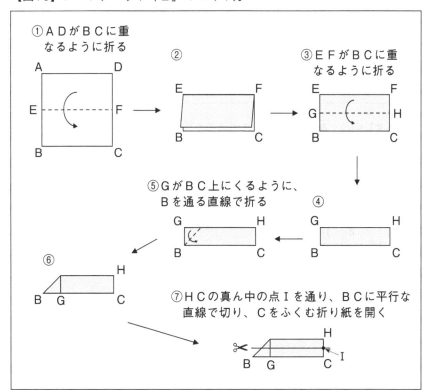

① ADがBCに重なるように折る

②

③ EFがBCに重なるように折る

④

⑤ GがBC上にくるように、Bを通る直線で折る

⑥

⑦ HCの真ん中の点Iを通り、BCに平行な直線で切り、Cをふくむ折り紙を開く

たろうさん：いいですね。「E」ということは，折り紙ABCDが【図9】のようになればよいということですね。さっそくやってみましょう。

はなこさん：切れましたよ。さっそく開いてみましょう。

たろうさん：予想していた【図9】とは違い，3本の横線の太さがそろいませんでしたね。

はなこさん：そうですね。【図12】のように，DP：PQ：QR：RS：SC＝2：1：2：1：2となるようにしたいですね。【図10】のどこの操作を変えれば良いでしょうか。

たろうさん：まずは【図10】の③の操作ではないでしょうか。【図10】のときは，EG：GB＝1：1となるように，GHとBCが平行に折られていましたが，これをEG：GB＝ あ　 にする必要がありますね。

はなこさん：そのあとの操作は【図10】の④⑤⑥⑦の操作と同じようにすればいいですね。

たろうさん：いや，最後の⑦の切るところも変えなければなりません。【図10】のときは，HI：IC＝1：1となるようなIを通り，BCに平行な直線で切りましたが，これをHI：IC＝ い　 に変えましょう。

はなこさん：最後に【図13】のCをふくむ折り紙を開くと…。【図12】と同じものができましたね。

【図11】アルファベット「E」の完成図

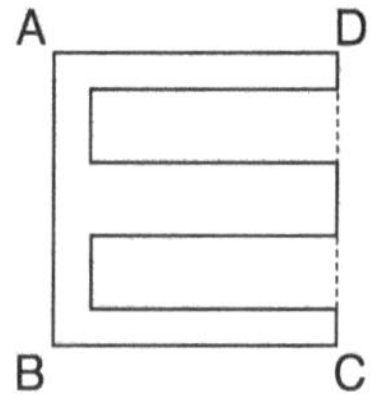

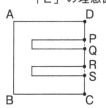

【図12】アルファベット「E」の理想図

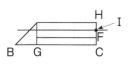

【図13】

問題4 　【会話文】中の　あ　，　い　にあてはまる比を，それぞれ最も簡単な整数の比で表しなさい。

問題5 　25，26のページの折り方（う），（え）について，一刀切りをしたとき，どのアルファベットになるか，最も適切なものを，次の1～18からそれぞれ一つずつ選び，番号を書きなさい。

1	A	7	H	13	Q
2	B	8	J	14	R
3	C	9	K	15	S
4	D	10	L	16	T
5	F	11	M	17	V
6	G	12	P	18	Y

折り方（う）

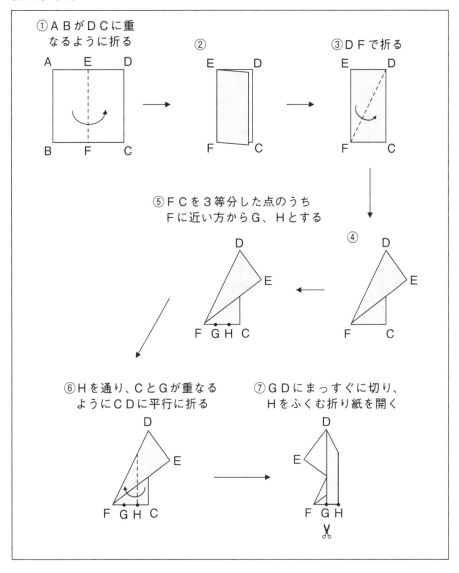

①ＡＢがＤＣに重なるように折る

②

③ＤＦで折る

④

⑤ＦＣを3等分した点のうちＦに近い方からＧ、Ｈとする

⑥Ｈを通り、ＣとＧが重なるようにＣＤに平行に折る

⑦ＧＤにまっすぐに切り、Ｈをふくむ折り紙を開く

折り方（え）

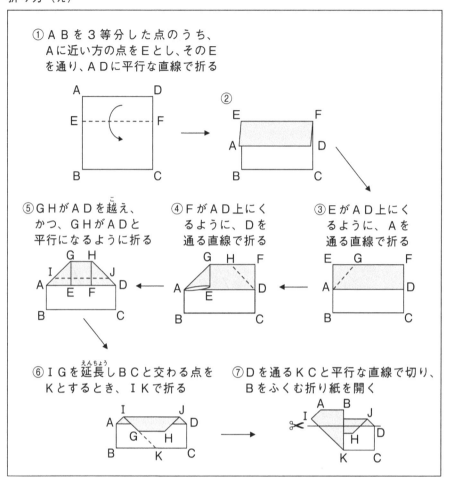

① ＡＢを３等分した点のうち、Ａに近い方の点をＥとし、そのＥを通り、ＡＤに平行な直線で折る

②

⑤ ＧＨがＡＤを越え、かつ、ＧＨがＡＤと平行になるように折る

④ ＦがＡＤ上にくるように、Ｄを通る直線で折る

③ ＥがＡＤ上にくるように、Ａを通る直線で折る

⑥ ＩＧを延長しＢＣと交わる点をＫとするとき、ＩＫで折る

⑦ Ｄを通るＫＣと平行な直線で切り、Ｂをふくむ折り紙を開く

2024 年 度

解 答 と 解 説

《2024年度の配点は解答欄に掲載してあります。》

＜適性検査Ⅰ解答例＞

① 問題1　1
　　問題2　1
　　問題3　672年：5　　　1868年：4
　　問題4　4
　　問題5　2
　　問題6　（その国の言葉を調べるときには）その国の文化，習慣や気候を学ぶこと（が大切です。）

② 問題1　3
　　問題2　資料1と資料2に共通する考えは，すでにある情報や知識にとらわれてしまうと，本質に気がつくことができないということです。

　　　　　資料1では，キリンの研究者が解ぼうを行う際に，解ぼうした筋肉の名前を特定することにとらわれてしまっていました。解ぼうで体の構造を理解するためには，目の前にあるものを純すいな目で観察することが最も重要です。このことに気がつかなかった筆者は，当時キリンの遺体にきちんと向き合っていなかったと述べられています。

　　　　　資料2では，多くの日本人が美術作品をかん賞する際に，作品にそえられた解説文を読み，情報を得ることを優先していると述べられています。筆者は，自分の心に耳をすませ，作品について気づいたり考えたりする豊かなかん賞の体験を提供したいが，日本人の多くは，書かれている情報を知ることを優先してしまい，自分の目でみる豊かなかん賞が行われなくなっていると考えています。

○配点○
① 問題1・2・4・5・6　各6点×5　　　問題3　各5点×2
② 問題1　10点　　　問題2　50点
計100点

＜適性検査Ⅰ解説＞

① （社会：世界の気候，世界の農業，十干十二支，日本の歴史，明治時代の改革）

　問題1　【会話1】によると，「太陽の出ない季節」という言葉が使われている地域は，【資料2】で地球儀を一周させても，一度も太陽の光が当たらない地域であることがわかる。【資料2】と【地図】を照らし合わせると，太陽の光が当たらないのは，北半球のい度が高い地域であることがわかる。よって，最も適切な地域は【地図】中の1である。

　問題2　まず，【PISAN ZAPRA（ピサンザプラ）】が使われている地域の気温と降水量を表してい

るグラフについて考える。【会話2】のみなみさんの発言から,【PISAN ZAPRA】はバナナが栽培されている地域で使われていることがわかる。【資料4】のバナナの栽培条件を見ると,「高温多湿な土地に育つ」,「気温27〜31℃くらいがいちばん元気に育つ」とあるので,これらの条件に合うグラフを選ぶ。Aのグラフは,一年を通して気温が25〜30℃と高く,降水量もBのグラフより多い。よって,条件にあてはまるグラフはAである。

　　続いて,【会話2】中の　③　にあてはまる作物を考える。【会話2】のりかさんの発言から,【PISAN ZAPRA】は,マレーシアやシンガポールなどで話されているマレー語の言葉だとわかる。【資料6】によると,マレーシアは熱帯の地域である。【資料6】と【資料7】を照らし合わせると,ブラジルやベトナム,コロンビア,インドネシア,エチオピアなども熱帯の地域であるとわかる。【資料5】より,これらの地域で生産量が多いのは,コーヒーである。

　　したがって,【PISAN ZAPRA】が使われている地域と同じ気候の地域で育てられているのは,コーヒーなので,適切な組み合わせは1である。

問題3　【資料8】の手順にしたがい,西暦を利用して十干十二支を求める。まず,672年に起こったできごとについて考える。手順1より,672を10でわると,672÷10=67あまり2となる。十干の表より,あまりが2である年の十干は,「壬（みずのえ）」だとわかる。手順2より,672を12でわると,672÷12=56(あまりは0)となる。十二支の表より,あまりが0である年の十二支は,「申（さる）」だとわかる。よって,672年の十干十二支は「壬申」であり,672年に起こったできごととして正しいのは,5の壬申（じんしん）の乱である。

　　同じように,1868年に起こったできごとについて考える。手順1より,1868を10でわると,1868÷10=186あまり8となり,十干は「戊（つちのえ）」だとわかる。手順2より,1868を12でわると,1868÷12=155あまり8となり,十二支は「辰（たつ）」だとわかる。よって,1868年の十干十二支は「戊辰」であるため,1868年に起こったできごととして正しいのは,4の戊辰（ぼしん）戦争である。

重要　問題4　【資料9】を見ると,下関（しものせき）条約が結ばれたところがあるのは山口県で,門司港（もじこう）があるのは福岡県であるとわかる。選たくしを読み,山口県と福岡県以外で起こったことを選ぶ。
　　1　中国(漢)の皇帝（こうてい）から与（あた）えられた金印が発見されたのは,福岡県の志賀島（しかのしま）である。
　　2　源氏（げんじ）が平氏（へいし）をほろぼした壇ノ浦（だんのうら）の戦いは,山口県下関市で起こった。
　　3　鎌倉（かまくら）時代に,元（げん）との戦いに備えて現在の福岡県福岡市にあたる場所に防塁（ぼうるい）がつくられた。
　　4　1543年に,種子島（たねがしま）に漂着（ひょうちゃく）したポルトガル人によって鉄砲（てっぽう）が伝えられた。種子島は,現在の鹿児島県にある島である。
　　よって,答えは4である。

問題5　【資料10】によると,1890年には約50%だったのが,1910年には約100%になっている。【会話4】の中でみなみさんは,グラフを見て「今では当たり前のように思えることも,昔はちがった」と話している。明治時代には,身分や性別の区別なくだれもが学校に通えるよう学制（しゅうがく）が発布され,子どもの就学率がほぼ100%になったため,適切な選たくしは2である。

問題6　3つの【条件】を満たすように解答する。【条件】より,【会話1】〜【会話4】の内容をふまえて書く必要がある。りかさんとみなみさんが,日本や外国の言葉を調べるときに,どのような点に注目しているかを読み取り,まとめる。
　　【会話1】からは,【SOBREMESA(ソブレメサ)】というスペイン語が「食後に食卓（しょくたく）を囲ん

で，くつろいでおしゃべりをする」という習慣を指すことがわかる。また，**りかさん**は，**【会話1】**の中で，「その国の言葉にはその国の文化が反映されているのですね。」と発言している。**【会話2】**では，「バナナを食べるときの所要時間」を表す**【PISAN ZAPRA（ピサンザプラ）】**という言葉について調べるときに，バナナが栽培されている地域の気候を調べている。これらのことから，日本や外国の言葉を調べるときには，その国の文化や習慣，気候などを学ぶことが重要であるとわかる。

　字数や前後の言葉とのつながりにも気をつけて解答する。

② （国語：文章の読み取り，条件作文）

問題1　——線「筋肉の名前は，とりあえずそんなに気にしなくてもいいんじゃない？」の後の文章を読み，筆者が気づいたことを読み取る。筆者は，ノミナを忘れよ の二段落目で，「名前は気にしなくていいんじゃない？」と言われたことをふり返り，「心底驚いた」と述べている。さらに，続く三段落目では，このできごとの後も，「これに近い言葉を何度も言われている」と述べられており，先生から幾度も「ノミナを忘れよ」と言われたという。「ノミナを忘れよ」とは，「筋肉や神経の名前を忘れ，目の前にあるものを純粋な気持ちで観察しなさい，という教え」である。

　優れた観察者になるために の一段落目でも，解剖の目的は生き物の体の構造を理解することにあり，そのために，まずは純粋な目で観察することが重要であると述べられている。したがって，適切な選たくしは**3**である。

問題2　**【条件】**をふまえて作文を書く。第一段落では，**【資料1】【資料2】**に共通する考えを書く。**【資料1】**，**【資料2】**を読むと，どちらも，筋肉の名前や美術の解説文などの知識や情報にとらわれてしまうと，本質を見失ってしまうという考えが共通していることがわかる。

　第二段落と第三段落では，それぞれの資料で，知識にとらわれて物事の本質を見失ってしまった筆者の体験や，具体例を述べているところをぬき出してまとめればよい。

　【書き方の注意】にしたがって書くことを忘れないようにしよう。

★ワンポイントアドバイス★

複数の会話文や資料を読み取る問題が多いが，必要な情報をぬき出して，適切な選たくしを選ぼう。十干十二支の計算のように，見たことのない問題が出てもあせらず，問題文や手順のとおりに丁ねいに解くことで答えることができる。

作文問題は，条件や本文の要点に注目して読み取り，文と文のつながりを考えながら書くようにしよう。

＜適性検査Ⅱ解答例＞

1. **問題1** 4716686(km²)
   問題2 0.92(g)
   問題3 37240(kg)
   問題4 あ　1030　　い　つぶれて
   問題5 3(時間)12(分)
   問題6 3　　6　　8
   問題7 (う)5　　(え)2

2. **問題1** 5
   問題2 210.42(cm²)
   問題3

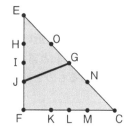

   問題4 あ　3：5　　い　1：4
   問題5 (う)11　　(え)12

○配点○
1. 問題1・問題6　各5点×2　　問題2・問題3・問題5　各10点×3
   問題4・問題7　各完答5点×2
2. 問題1・問題2　各5点×2　　問題3　10点　　問題4・問題5　各完答15点×2
計100点

＜適性検査Ⅱ解説＞

1. （算数・理科：割合（わりあい），単位，グラフの読み取り，浮（う）き上がらせる力）

　問題1 【資料1】の海洋の深さの面積比より，6000m以上の深さの海の面積の割合は全体の1.2＋0.1＝1.3(％)とわかる。陸海の面積とその比より，全海洋の面積は36282.2万km²であるから，求める面積は，

$$36282.2 \times 0.013 = 471.6686(万km²) = 4716686(km²)$$

やや難　**問題2** 【図4】の状態（①とする）と，サラダ油300mLを追加して入れたポリエチレン袋（ア），フック（イ），おもり（ウ）が海水面から沈（しず）んだときの状態（②とする）で，同じ大きさの浮（う）き上がらせる力がはたらいていることに注目する。おもりの体積を考えないので，浮き上がらせる力は，①では海水300mLの重さに対して，②では「サラダ油300mLの重さ＋おもりの重さ」に対してはたらく。したがって，サラダ油300mLの重さは，（海水300mLの重さ）－（おもりの重さ）で求められる。

　　ここで，【資料2】の[結果]のデータを適切に扱（あつか）うため，10回の測定データの平均を計算する。水中ではかったおもりの重さの平均は，

$$(33.0 + 32.8 + 33.0 + 32.9 + 32.7 + 32.9 + 33.0 + 32.6 + 33.1 + 33.0) \div 10 = 32.9(g)$$

と求められる。

以上から，サラダ油300mLの重さは，海水1mLが1.03gであることを用いて，

1.03×300−32.9＝309−32.9＝276.1（g）

と求められる。したがって，サラダ油1mLの重さは，276.1÷300＝0.920…，小数第三位を四捨五入して，0.92gである。

問題3 問題2と同様の考え方から，ガソリンの浮き上がろうとする力で支えられる重さは，海水133m³の重さとガソリン133m³の重さの差で求められる。ここで，1 m³＝1000000cm³＝1000000mL，1 kg＝1000gであることを用いると，求める重さは，

$$1.03×133000000−0.75×133000000＝(1.03−0.75)×133000000$$
$$＝0.28×133000000$$
$$＝37240000（g）$$
$$＝37240（kg）$$

と求められる。

問題4 **あ：** 1 cm²の板を10000m＝1000000cmの深さに沈めたと考えると，その上には1000000cm³の水が乗っていることになる。したがって，求める重さは

1.03×1000000＝1030000（g）＝1030（kg）

い： 深海では水の重さの分，大きな力が加わり，発泡ポリスチレンのすき間がつぶれてしまうため，空気をふくむことができず，浮力材として使うことができなくなると考えられる。

問題5 毎分45mで水深6480mの地点まで降下するのにかかる時間は，6480÷45＝144（分）と求められる。上昇にも同じだけの時間がかかるため，降下・上昇時間の合計は144×2＝288（分）となる。ここで，【資料5】より，調査時間は9時00分から17時00分までの8時間から降下・上昇時間を差し引いた残りの時間であることがわかる。8時間は，60×8＝480（分）であるから，最大の調査時間は，480−288＝192（分）＝3（時間）12（分）と求められる。

問題6 **1：** 【図10】より，水深と海水温は比例の関係ではないため，誤り。

2： 【図10】より，水深1000mから水面までの範囲で1000mのときよりも海水温が上がっているため，誤り。

3： 【図10】より，水深1000m～6000mの範囲では海水温が3℃程度しか変動していないが，1000mから水面までの範囲では15℃程度変動しているため，正しい。

4： 【図11】より，水深1000m付近で塩分濃度は最も低くなっているため，誤り。

5： 【図11】より，水深1000mから水面までの範囲では，水深が深くなるほど塩分濃度が下がっているため，誤り。また，水深2000mより深くなると，塩分濃度の変化はほとんどみられない。

6： 【図11】より，水深が0mに近いとき，塩分濃度は最も高くなっているため，正しい。

7： 【図12】より，水深1000mから水深約250mまでの範囲では，水深が浅いほど音の伝わる速さは速くなっているため，誤り。

8： 【図12】より，水深1000m付近で音の伝わる速さは最も遅くなっているため，正しい。

9： 【図12】より，水深と音の速さは比例の関係ではないため，誤り。

基本 **問題7** **う：** 【図13】より，初号機の通信速度は16kbps，新型機（2018年）の通信速度は80kbpsであるとわかる。したがって，通信速度は80÷16＝5（倍）になっている。

え： 通信速度が5倍になると，画像を1枚送るために必要な時間は5分の1になる。【資料7】より，初号機は画像を10秒に1枚送ることができたとわかるので，新型機（2018年）ではその5分の1である2秒に1枚送ることができるようになったと考えられる。【図15】から，新型機（2018年）では2秒に1枚の写真が送られてきていることが読み取れるため，これをもとに答えてもよい。

2 （算数：図形の面積，切り紙）

問題1 【図3】の折り目や頂点の位置を【図4】にかきこむと，図aのようになる。この図から，5のように切ればよいとわかる。

問題2 切り取られた4つの三角形は直角二等辺三角形であるため，1つの面積は，

$$2.7×2.7÷2＝3.645（cm^2）$$

である。この三角形4つ分なので，

$$3.645×4＝14.58（cm^2）$$

となる。

もとの折り紙は1辺が15cmであるから，求める面積は，

$$15×15－14.58＝210.42（cm^2）$$

（別解） 切り取られた部分については，1辺の長さが2.7cmの正方形2つ分として，2.7×2.7×2＝14.58（cm²）と求めてもよい。

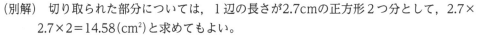

図a

問題3 問題1と同様に，折り目などの情報を【図6】にかきこむと，図bのようになる。この図から，**一刀切り**で【図6】の状態にするためには，【図3】の⑥のように折られた折り紙EFCを，切れ目HOとLNが重なるように折ってから**一刀切り**をすればよいとわかる。HOとLNが重なるように折ったとき，その折り目はO，Nを結んだ線の中心とH，Lを結んだ線の中心を通る（図c）ので，折り目となる直線はGJとなる。

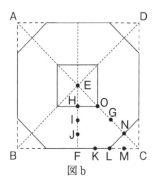

図b

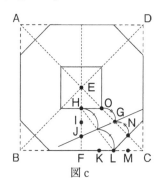

図c

問題4 【図10】の折り目などの情報を，【図11】（完成図）と【図12】（理想図）にかきこむと，それぞれ図dと図eのようになる。

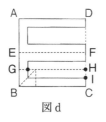
図d

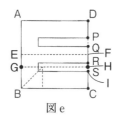
図e

図eとＤＰ：ＰＱ：ＱＲ：ＲＳ：ＳＣ＝２：１：２：１：２から，求めたい比を計算する。図eは理想図であるため，点Ｉは点Ｓと重なる。

あ：　ＥＧ：ＧＢ＝（ＦＲ＋ＲＨ）：（ＨＳ＋ＳＣ）

　　　　　＝（１＋０.５）：（０.５＋２）

　　　　　＝１.５：２.５

　　　　　＝３：５

い：　ＨＩ：ＩＣ＝０.５：２＝１：４

問題5　（う），（え）それぞれの折り方について，折り目などの情報をかきこみ，切り取られた部分をかげで表すと，図f，図gのようになる。ただし，**折り方（う）**では①で半分に折っているため，完成する図形は中心で線対称になっているとわかるから，図fでは，⑤～⑦の折り目は右半分のみを示している。したがって，（う）はＭ，（え）はＰとなる。

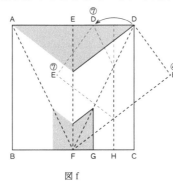
図f

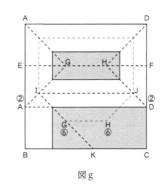
図g

★ワンポイントアドバイス★

長い文章の中から必要な情報を見つけ，整理して考える力が求められている。図形の問題では，問題文からわかる情報を図にかきこみながら考えるとよい。

大切なことはメモしておこうネ！

2023年度

★★★★★★★★★★★★★★★★★★★★

入 試 問 題

2023年度

横浜市立横浜サイエンスフロンティア高等学校
附属中学校入試問題

【適性検査Ⅰ】（45分）　　＜満点：100点＞

[1]　【資料１】は，みなみさんが図書館で見つけた本の一部分です。【資料１】を読んで，あとの問題に答えなさい。

【資料１】

　都市がどういうものかをごく図式的に書いてみますと，大陸はどこでも同じですが，四角の中に人が住むところです。日本ですとご存じのように最も古い形で都市ができてくるのは吉野ヶ里のような堀で囲まれた空間ですが，それがきちんと成立いたしますのは平城京，平安京です。日本は不思議なことに※1城郭を置いていませんが，大陸諸国では必ず周辺を城郭で囲う。その内部が都市です。

　ヨーロッパの中世ですと，典型的な城郭都市になりまして，現在でもこれはたくさん残っています。ヨーロッパへ行かれますと，こういう町を訪問される方が非常に多い。そこへ行かれた方が，非常に古い，中世にできた町であるのに，道路が全部舗装してあると言って感心しておられる。コンクリートで舗装しているわけじゃないんで，敷石です。これはじつは都市のルールであると私は考えています。一体どういうルールかというと，都市という四角の中には自然のものは置かないというルールです。自然はいわば排除されます。たとえ木が植わっていてもそれは人が植えたものである，そこに※2しつらえて置いたものです。都市という空間をそういうふうに考えますと非常によく理解できるような気がします。

　日本の場合には城郭を置きませんので，はっきりわからないんですが，近代日本の場合はおそらくこの島全体を都市と見なすような傾向になってきたんじゃないかという気がいたします。それを中央集権化とか，近代化とか，さまざまに表現いたしますが，要するにこういった四角で囲まれた空間の中に人が住むようになる。

　この中では自然が排除されると申し上げたわけですが，それじゃあ代わりに何があるかというと，この中に置かれるものは基本的に人工物です。人工物とは何かといえば，それは私どもが考えたもの，意識的に，あるいは意図的に置いたものである。そういう世界です。ですから，都市化が進行すると何が起こるかというのは，そういう原理で比較的簡単に読めるわけでして，意識されないものはそこには置いてはいけないということです。

　それを※3端的に示していますのが現在私どものいますこの空間です。横浜も大きな都市でして，そしてこの空間がそうである。この建物がそうでして，ここは人が完全に意識的につくり上げたものです。本来こんな空間はなかったわけで，設計してつくられたものですから，もともとの段階では設計者の頭の中にあって，設計図としてそれが表現されます。

　その設計図に従ってつくられたものですから，皆さん方がお座りの場所は，じつは建築家と※4内装をやった方の脳の中，頭の中です。頭の中ですから，そこではすべてが意識化されていますので，一般に※5予期せざる出来事は起こらないことになっています。

そういうことが起これば、それは※6不祥事と見なされます。先日、私は九州にまいりまして、こういうホールでお話をしていましたら、足元をゴキブリがはっていました。これは典型的な不祥事です。つまりゴキブリはこういう空間には出てきてはいけないのであって、なぜいけないかというとそれは自然のものだからです。

つまり設計者、内装者はそこにゴキブリが出てくるということを全然計算に入れていません。したがってそれはあってはならないものです。ですから、そういうものが出てきますと大の男が目をつり上げて追いかけていって踏みつぶしていますが、それはこういった自然の排除という原則がいかに強く都市空間では※7貫徹されているかということを示すように私には見えるわけです。

こうやってつくり出された人工空間は世界中どこでもまったく同じ性質を持っています。そういったものを城壁で囲うというのは案外利口な知恵でして、この中だけだよ、という約束事が成り立ちます。ですから、ちょっとでもここから外へ出れば、再び自然の※8浸透が始まる。そしてそこから離れるほど自然が強くなってくる。

つまりこの中はすべてが人の意識でコントロールしうるという世界ですが、この外に行きますと次第に意識でコントロールできない部分がふえてまいりまして、最終的には完全に我々がコントロールできない世界、すなわち自然がそこに出現してまいります。

（養老孟司『ヒトはなぜ、ゴキブリを嫌うのか？』より。一部省略やふりがなをつけるなどの変更があります。）

[注] ※1　城郭……城のまわりの囲い。また、城の全体。

※2　しつらえる……用意する、準備すること。

※3　端的……てっとりばやくはっきりと示すさま。

※4　内装……建物や車などの内部の設備やかざりつけ。

※5　予期せざる……前もって起こるだろうと予想することができないさま。

※6　不祥事……好ましくない、困った事件。

※7　貫徹……考えや行動を最後までつらぬき通すこと。

※8　浸透……しだいに広くいきわたること。

問題1　次のア～オは、【資料1】のなかの言葉です。ア～オから「人が意識的につくり上げたもの」に**分類されるものをすべて選び**、記号を書きなさい。

ア　ホール　イ　ゴキブリ　ウ　都市　エ　自然　オ　敷石

問題2　【資料1】に書かれていることを、「意識」「自然」という言葉を用いて、あとの【条件】にしたがって、まとめなさい。

【条件】

○　複数の段落をつくり、二百六十字以上三百字以内で書くこと。

○　題名は書かずに、一行目、一マス下げたところから、書くこと。

2　りかさんは、夏休みの出来事について、みなみさんと話をしています。次の【会話】や【資料】を読んで、あとの問題に答えなさい。

【会話1】

> りかさん：この前、キャンプに行ってきました。そこは、横浜の私が住んでいる場所と違い、夜は明かりが少なくて、真っ暗でした。

みなみさん：そうなんですね。

りかさん：懐中電灯を持って歩いていたら，「懐中電灯をつけると迷惑になることもあるよ。」と，地元の方に言われました。

みなみさん：えっ。どうしてですか？

りかさん：「すみません。」と言って，その場を去ってしまったからわからなくて…。

みなみさん：どうしてなのでしょう。一緒に調べてみましょう。

【資料１】神津島村（東京都）の美しい星空を守る光害防止条例（令和元年12月４日）の一部

（目的）

第１条　この条例は，光害の防止及び適正な照明に関し，村，村民等及び事業者それぞれの責務を明らかにするとともに必要な事項を定めることにより，村民等の生活及び事業者の事業に必要な夜間照明を確保しつつ，光害から美しい星空を守ることを目的とする。

（適用範囲）

第２条　この条例は，神津島村の全区域内に適用する。

（定義）

第３条　この条例において，光害とは屋外照明の使用が引き起こす以下の事項を指す。

　(1)　夜空が照らされることにより星が見えにくくなること。

　(2)　動植物への悪影響

　(3)　人間生活への支障

　(4)　エネルギーの浪費

２　この条例において，次の各号にあげる用語の意味は，当該各号に定めるところによる。

　(1)　屋内照明とは，屋根及び壁面によって囲まれた建物の内部の照明をいう。

　(2)　屋外照明とは，屋内照明以外のすべての照明をいい，照明そのものを目的とするもののほか，広告，装飾等を目的とする発光物を含むものとする。

　(3)　上方光束とは，屋外照明から発光する光のうち水平より上方向に向かう光をいう。ただし，近接する地面や壁面等による反射光は含まない。

　(4)　村民等とは，村民，旅行者及び滞在者をいう。

　(5)　事業者とは，神津島村の区域内で公共事業又は営利事業を行っている者をいう。

【資料２】美しい星空を守る井原市（岡山県）光害防止条例（平成16年12月17日）の一部

（前文）

　井原市美星町には，流れ星の伝説と，その名にふさわしい美しい星空がある。天球には星座が雄大な象形文字を描き，その中を天の川が流れている。更に，地平線から天の川と競うように黄道光が伸び，頻繁に流れ星がみられる。また，夜空の宝石ともいえる星雲や星団は，何千年，何万年以上もかかってその姿を地上に届けている。これら宇宙の神秘をかいま見ることができる環境は，井原市民のみならず全人類にとってかけがえのない財産となっている。

　しかし，宇宙は今，光害によってさえぎられ，視界から遠ざかって行こうとしている。人工光による光害の影響は，半径100キロメートル以上にも及び，人々から星空の美と神秘に触れる

機会を奪うだけでなく，過剰な照明は資源エネルギーの浪費を伴い，そのことが地球をとりまく環境にも影響を与えている。また，過剰な照明により，夜の安全を守るという照明本来の目的に反するのみならず，動植物の生態系にも悪影響を与えることも指摘されている。

　近隣には主要な天文台が設置されているとおり，井原市美星町の周辺は天体観測に最も適した環境にあり，これまで『星の郷づくり』に取り組み，天文台も建設してきた。そして，今後も多くの人々がそれぞれに感動をもって遥かなる星空に親しむよう宇宙探索の機会と交流の場を提供することが井原市及び井原市民へ与えられた使命と考える。

　このため，我が井原市民は，井原市美星町の名に象徴される美しい星空を誇りとして，これを守る権利を有し，義務を負うことをここに宣言し，この条例を制定する。

【資料3】高山村（群馬県）の美しい星空を守る光環境条例（平成10年3月20日）の一部

（目的）
第1条　この条例は，高山村における夜間照明等の光環境に関し，村民の夜間の安全性や生産活動等の社会的活動に必要な照明を確保しつつ，人工光の増加を抑制することによって，高山村の美しい星空と光環境を維持することを目的に必要な事項を定めるものとする。

（村の責務）
第2条　村は，夜間照明等の人工光による夜空の明るさの増加を抑制し，光環境の維持を図ることを目的に，これに必要な施策の策定及び実施を行うものとする。
2　村は，前項に定める施策の実施に関し，村民及び事業者等に対し普及啓発活動や技術的支援等を行うものとする。

（村民及び事業者等の責務）
第3条　村民及び事業者等は，夜間照明等の人工光による夜空の明るさの増加抑制に努めるとともに，村の施策に協力するものとする。

【資料4】鳥取県星空保全条例（平成29年12月26日）の一部

（前文）
　鳥取県は，鳥取市さじアストロパークなどの観測拠点が星空の美しさで我が国随一とされており，全ての市町村で天の川を観測できるなど，後世まで永く伝えるべき「星空」という大切な誇るべき「宝」を有している。

　しかしながら，美しい星空が見える環境は，清浄な大気と人工光の放出の少なさによってもたらされているが，全国各地で過剰な人工光により星空が失われつつあるとされている。

　私たち鳥取県民は，豊かで美しい自然の象徴である星空を守る行動に立ち上がり，私たちの星空を，ふるさとの重要な景観と位置付けるとともに，観光や地域経済の振興，そして環境教育等に生かしていくこととし，鳥取県の美しい星空が見える環境を県民の貴重な財産として保全し，次世代に引き継いでいくため，この条例を制定する。

問題1　【資料1】〜【資料4】のどの条例からも読み取れないものをあとの1〜6からすべて選び，番号を書きなさい。
1　過剰な照明は，資源エネルギーの浪費があることで，資源価格の上昇を引き起こし，すべて

の人に資源が均等に配分されなくなる。

2　過剰な照明は，夜の安全を守るという照明本来の目的に反するのみならず，動植物の生態系_{けい}にも悪影響_{えいきょう}を与_{あた}えることも指摘_{してき}されている。

3　星空を，ふるさとの重要な景観と位置付けるとともに，観光や地域経済の振興，そして環境教育等に生かしていく。

4　全国的に夜間照明を増やすことで，地域の安全性を高めるとともに，経済活動を活発にして，地域の活力を高めていく。

5　星空を見ることのできる環境は，全人類にとってかけがえのない財産である。

6　光害の防止に関して，特定の事業者のみの責務_{せきむ}を明らかにし，村民や旅行者の生活を安全なものにする。

問題2　次の【資料5】は【資料2】～【資料4】の条例が施行_{しこう}されている地方公共団体がある県とりかさんが住む神奈川県のデータです。【資料5】に示された4つの県の人口密度_{みつど}を求め，その人口密度をあとの【記入例】に従_{したが}って，解答用紙の白地図にかきあらわしなさい。

【資料5】

	群馬県	鳥取県	岡山県	神奈川県
人口（万人）	198	56	191	918
面積（k㎡）	6362	3507	7114	2416

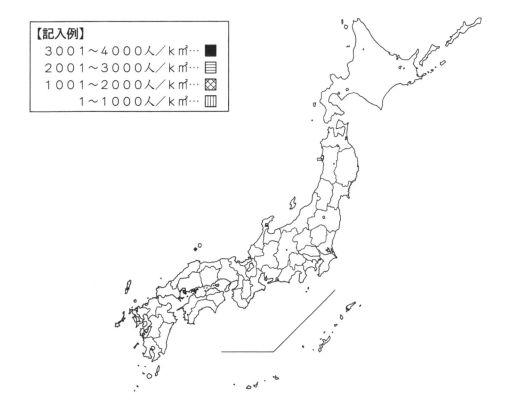

【記入例】
3001～4000人／k㎡…■
2001～3000人／k㎡…▤
1001～2000人／k㎡…▨
1～1000人／k㎡…▥

問題3　次の図1～図3は夜間の街灯の様子を表しています。**りかさん**の訪<ruby>訪<rt>おとず</rt></ruby>れた町は，図1の街灯を図2のように消すのではなく，図3の街灯のように変えました。**街灯を消すのではなく，街灯を変えた理由**として考えられることを，**【資料1】～【資料4】**の条例の内容をふまえて，「～ため。」とつながるように<u>10字以上20字以内</u>で書きなさい。なお，一マス目から書き始めること。

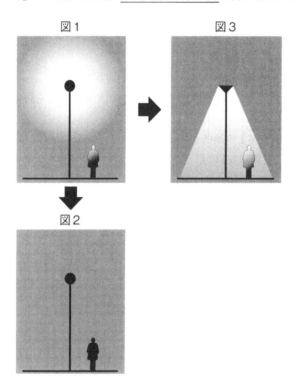

図1　図3

図2

問題4　次の【**会話2**】を読んで，（**ア**），（**イ**）に入る語句の組み合わせとして適切なものを，次のページの1～4から一つ選び，番号を書きなさい。

【**会話2**】

> **りか さん**：「光害」のように「光」にもよくない点があるのですね。
>
> **みなみさん**：でも，「光」をうまく活用した例もあります。例えば，秋菊<ruby>秋菊<rt>あきぎく</rt></ruby>は，秋になって日照時間が短くなると花芽が付き，つぼみがふくらんで開花する性質があります。【**資料6**】は，その性質を利用して，秋菊を栽培<ruby>栽培<rt>さいばい</rt></ruby>している様子です。ビニルハウス内を明るくすることによって，人工的に日照時間を（　**ア**　）し，開花時期を（　**イ**　）いるのです。
>
> 【資料6】
>
>
>
> **りか さん**：菊の開花時期を調節して，菊の出荷数<ruby>出荷<rt>しゅっか</rt></ruby>が少ない時期に出荷できるということですね。他の分野でも「光」の活用があるか，調べてみましょう。

1　（ア）長く　（イ）遅らせて
2　（ア）長く　（イ）早めて
3　（ア）短く　（イ）遅らせて
4　（ア）短く　（イ）早めて

【資料7】菊のイラスト

問題5　みなみさんとりかさんは，次の【文章】と【資料8】を見つけました。あとの１～４が【文章】と【資料8】の内容に合っていれば〇，合っていなければ×を，解答欄に書きなさい。

【文章】

　　大分県の養殖ヒラメの生産量は，令和元年は643トンで全国トップと，魚の養殖が盛んに行われています。とある養殖業者では，ヒラメを飼育している水槽全体が緑色に見えます。天井からつるされた緑色のＬＥＤライトが日中の12時間点灯され，ヒラメを照らしていました。一般的には水槽の底にへばりつくようにじっとしていることが多いヒラメですが，緑色の光で養殖したヒラメは，ぐるぐると水槽の中を泳ぎまわっています。

　　活発にえさを食べて栄養の吸収と成長が早くなることから，この技術を使って１年間養殖すると，通常の養殖と比べて重さが平均で1.6倍になり，これまで１年近くかかっていた出荷までの期間を９か月に短縮できたといいます。味や食感などの試験も行われ，従来のものと※1遜色がないことも確認されました。ＬＥＤライトの設置費用は数十万円とそれほど高額ではなく，ＬＥＤライトの電気代も安いため，設備のための費用負担は大きくないといいます。一方で，出荷までの期間が短くなるため，その分の※2人件費や燃料代が抑えられ，総合すると，平均して年間300万円以上のコストの削減が見込まれるとしています。

（寺西源太『「光」で魚を育てる　養殖新技術』をもとに作成）

※1　遜色がない……見劣りしない　　※2　人件費……働いている人に払う費用

【資料8】点灯されたＬＥＤライトの色とヒラメの体重増加の関係（６３日間）

色	緑	青	白	赤
体重増加	７３.３ｇ	６３.９ｇ	５６.６ｇ	５２.０ｇ

1　赤色のＬＥＤライトの光を当てると青色のＬＥＤライトの光を当てるよりもヒラメが興奮状態になり，成長が早くなる。

2　白熱電球よりＬＥＤライトの費用は高額であるため，電球を換えることにより，ヒラメの出荷までにかかる総費用が増えてしまう。

3　緑色のＬＥＤライトの光を当てるとヒラメの成長が早くなり，出荷までの期間が短縮され，生産費用が抑えられる。

4　光の魚への成長効果は，他の魚にも同じ傾向がみられるので，全国でこの養殖方法が取り入れられている。

【適性検査Ⅱ】 （45分）　＜満点：100点＞

1　いくつかある２次元コードのうち，【図１】のような２次元コードは高速読み取りを重視したものとして，1994年に日本の会社により開発されました。学校や街中でも，少し探してみるとたくさん見つけることができます。

　最近では，商品を詳しく説明するためのウェブサイトにつながる２次元コードや，アンケートを実施するための２次元コードなどもよく見られます。アルファベットや数字，カタカナや漢字などの情報も，アプリを使って２次元コードにすることができます（【図１】）。

【図１】 ある文字情報を２次元コードにしたもの

　次の【資料１】〜【資料４】をみて問題に答えなさい。

【資料１】【図１】のような２次元コードの構成

> 　【図１】のような２次元コードを構成する最小の単位（白や黒の最も小さな正方形の１マス）をセルといいます。２次元コードは，主に下の４つから構成されています。
> 　1　ファインダパターン：コードの位置を検出するためのもの
> 　2　タイミングパターン：白黒交互に配置されたセル。２次元コードの大きさを検出するためのもの
> 　3　フォーマット情報：※1誤り訂正レベルやマスク番号などの情報をもつもの
> 　4　その他：データおよび誤り訂正符号をもつもの

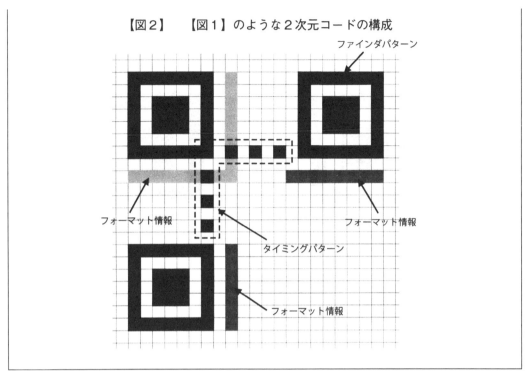

【図2】　【図1】のような2次元コードの構成

ファインダパターン

フォーマット情報

フォーマット情報

フォーマット情報

タイミングパターン

※1　誤り訂正レベル……コードの読み取りミスを訂正する能力のこと。レベルが高いほど2次元コードの
　　　ある部分が読めない状態（隠れる，汚れる）でも正しく読み取りが行える。

【資料2】　ファインダパターン　　　　　　　　　　　　（【図3】は次のページにあります。）

　ファインダパターンは，【図1】のような2次元コードの四隅の内の3つに配置されています
（【図2】）。まずこのパターンを検出することで，文字がある資料や，図や写真がある広告の中
でも【図1】の2次元コードの位置を認識することができ，高速なデータの読み取りを可能に
しています。

　ファインダパターン（【図3】）はア，イ，ウのように，中心を通る直線をどのように引いて
も，白と黒を通過した直線の長さの比が同じになっています。例えば，アの直線上に点をA，
B，C，D，E，Fとおいた場合では直線AB，直線BC，直線CD，直線DE，直線EFの
直線の長さの比がイ，ウと同じになっており，2次元コードが平面上でどのように回転してい
てもファインダパターンの位置関係から回転角度を認識できます。360度どの方向からでも読
み取ることができるため，読み取り作業の効率化を実現しています。

【図3】 ファインダパターン

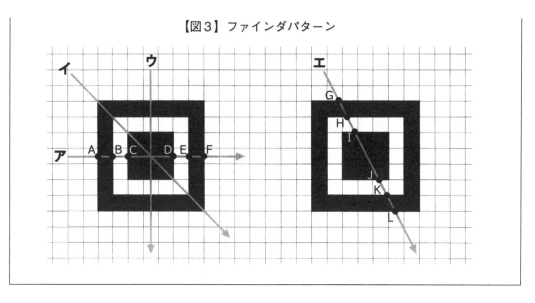

問題1　【図3】の**エ**の直線上に点を**G，H，I，J，K，L**とおいた場合，通過した直線の長さの比を（GH）：（HI）：（IJ）：（JK）：（KL）の順に数で書きなさい。

GH	HI	IJ	JK	KL

【資料3】　フォーマット情報　　　　　　　　　　　（【図4】は次のページにあります。）

　　フォーマット情報は，【図1】の2次元コードに使用されている誤り訂正レベルとマスクパターンに関する情報をもっています。15セルを使い，2か所に同じデータが書き込まれています。※2デコードを行う際には，始めにフォーマット情報を読み取っています（【図4】）。

【図4】 フォーマット情報

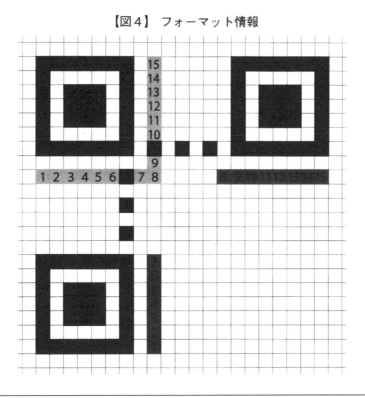

問題2　【図1】のフォーマット情報について，白いセルを0，黒いセルを1と読み取り，15個の数を書きなさい。ただし，【図4】のセルにかかれている番号1～15の順に0か1で答えること。

※2　デコード……文字や数字が一定の規則や方式で，コードの集まりに変換されたものを，元のデータに復元すること。

【資料4】　マスク処理　　　　　　　　　　　　（【表1】，【図5】は次のページにあります。）

　フォーマット情報の3，4，5セル目には，マスク番号が書かれています。

　【図1】の2次元コードに情報を書き込んだとき，【図1】の2次元コードの白か黒の片方が多かったり，ファインダパターンに似た模様があったりすると，読み取りに支障がでる恐れがあります。これを防ぐために白を黒に，黒を白に色を反転させることで，全体の色のバランスをとります。これをマスク処理といいます。マスク処理をするために，8つの条件から作られた8種類のマスクパターンが使われています。そのうちの4種類を例にあげます（【表1】）。条件にある□mod△の出力が☆とは，□を△で割った余りが☆ということを表しています。

　マスク処理を5×5のセル（【図5】）で考えてみましょう。横の行をi，縦の列をjとします。セルの表し方を（i，j）とすると左上のセルは（0，0）であり，黒いセルは（1，2）と表します。

　セル（i，j）の数字を条件のiやjに入力して，その出力が0になった場合だけ，そのセルの白，黒の色を反転させます。

【表1】　マスクパターン

マスク番号	白黒反転する条件
０００	（ｉ＋ｊ）ｍｏｄ２の出力が０のとき
００１	ｉｍｏｄ２の出力が０のとき
０１０	ｊｍｏｄ３の出力が０のとき
０１１	（ｉ＋ｊ）ｍｏｄ３の出力が０のとき

【図5】　5×5のセル

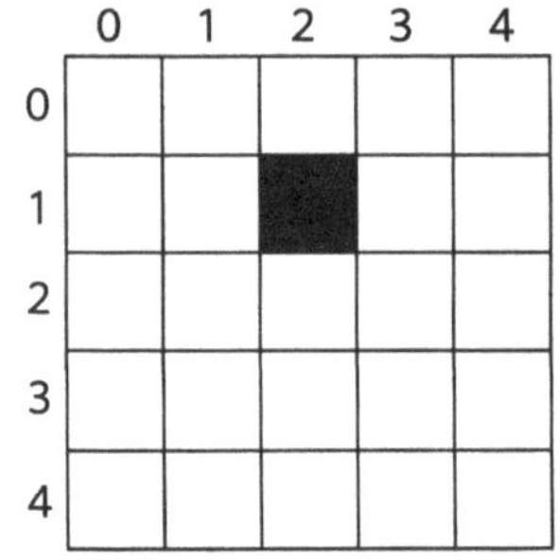

例えば，ｉｍｏｄ２のｉに０～２を入力した場合

０ｍｏｄ２の出力は０
１ｍｏｄ２の出力は１
２ｍｏｄ２の出力は０

例えば，ｊｍｏｄ３のｊに０～２を入力した場合

０ｍｏｄ３の出力は０
１ｍｏｄ３の出力は１
２ｍｏｄ３の出力は２

このように出力されます。

【図5】を使ってマスク番号０００のマスク処理の仕組みをみてみます。
マスク番号０００のパターンの条件は（ｉ＋ｊ）ｍｏｄ２の出力は０のときです。

左上のセル（０，０）の場合，条件のｉとｊに０と０を入力します。
（０＋０）ｍｏｄ２となります。
０ｍｏｄ２の出力は０になり，条件に当てはまります。
左上のセル（０，０）は白いセルなので，反転して黒になります。

黒いセル（１，２）の場合，条件のｉとｊに１と２を入力します。
（１＋２）ｍｏｄ２となります。
３ｍｏｄ２の出力は１になり，条件に当てはまりません。
黒いセル（１，２）は黒いセルなので，反転せず黒いままになります。

（「ＫＥＹＥＮＣＥ　よくわかる２次元コードの基本」をもとに作成）

問題3 すべてが白い５×５のセルに，**【資料４】**を参考にして，マスク処理をしなさい。白いセルはそのままで，黒いセルを鉛筆で塗りつぶしなさい。

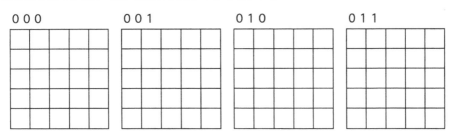

000   001   010   011

2 はなこさんとたろうさんは２人でリバーシ（オセロ）というゲームを，次のようなルールで遊んでいました。

《リバーシのルール》

① 使う道具は８×８の正方形のマス目がかかれた板と，表裏を黒と白に塗り分けた平たい円形のコマです。

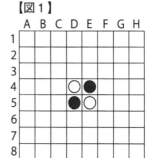

【図１】

② ２人のプレイヤーが黒いコマと白いコマのどちらを担当するか決めます。**【図１】**のように，４Ｄに白いコマ，４Ｅに黒いコマ，５Ｄに黒いコマ，５Ｅに白いコマを置いた状態から，ゲームをスタートします。黒いコマを担当したプレイヤーが先手です。

③ プレイヤーは自分の担当する色のコマ１つを，コマの置いていないマスに，順番に打ちます。打ったコマと他の自分の色のコマで，縦・横・斜めのいずれかの方向ではさんだ相手の色のコマは，必ず裏返して自分の色に変えます。

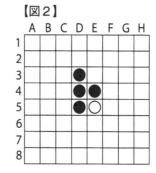

【図２】

例えば**【図１】**の状態で３Ｄに黒いコマを打つと，４Ｄの白いコマが５Ｄの黒いコマと３Ｄの黒いコマにはさまれるため，**【図２】**のようになります。

④ コマを打つときは，必ず相手の色のコマを１つ以上裏返すことができるように打たなければなりません。もし，裏返せるように打てるマスがない場合は，コマは打たずにパスとなり，相手の番となります。また，コマを打てるマスがあるときは，必ずコマを打たなければいけません。

⑤ はさまれた相手の色のコマが複数個の場合は，はさまれているすべてのコマを必ず裏返します。

　例えば【図3】の状態で6Eに白いコマを打つと，4Eの黒いコマと5Eの黒いコマが3E
の白いコマと6Eの白いコマにはさまれます。同じように5Fの黒いコマも4Gの白いコマと
6Eの白いコマにはさまれるため，【図4】のようになります。

⑥　【図5】の状態で6Fに白いコマを打とうとすると，3Fの黒いコマと4Fの黒いコマが2
Fの白いコマと6Fの白いコマにはさまれます。しかし，同時に5Fの白いコマも一緒には
さんでしまいます。このような場合は3Fの黒いコマと4Fの黒いコマは裏返すことができ
ないので，6Fに白いコマを打つことはできません。

⑦　お互いに打てるマスがなくなったらゲーム終了とし，マスにある黒いコマと白いコマの数
を数え，多い方の勝ちとします。

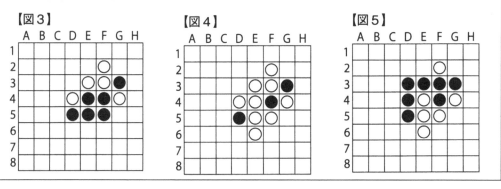

【図3】　　　　　　　　　【図4】　　　　　　　　　【図5】

問題1　はなこさんとたろうさんは，お互いにパスをすることなく，コマを同じ回数打ちました。
　　　コマを打てるマスがまだ半数以上残っています。マスにある黒いコマと白いコマの比が7：8の
　　　とき，はなこさんとたろうさんは何回ずつコマを打ったか答えなさい。

　はなこさんとたろうさんは何度かゲームを繰り返してから，新たにルールを加えてみました。そ
のルールは次の通りです。また，今後はこのルールを加えて遊ぶことにします。

《新たに加えたルール》
①　最初のコマの配置は先手のプレイヤーから見て，【図6】のようにします。

②　8×8のマス目がかかれた板を先手のプレイヤーから見て，【図7】のア～エのような
　　4×4の4つの範囲に区切って考えます。

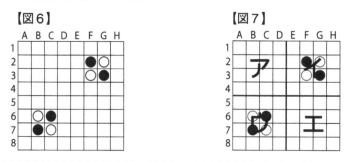

【図6】　　　　　　　　　【図7】

③ 【図7】のアを上から1段目, イを2段目, ウを3段目, エを
4段目として【図8】のように順番に重ねた状態を想像します。
このとき, 区切った範囲を回転させたりひっくり返したりして
重ねるようなことはできません。

④ 《リバーシのルール》のはさみ方に加えて, 打ったコマと他の
自分の色のコマで相手の色のコマを上下ではさんだ場合も, 相
手のコマを裏返して自分の色のコマに変えます。また, 上下の
斜めではさんだ場合も同じように, 相手のコマを裏返して自分
の色のコマに変えます。

例えば【図6】の状態で, 8Hに黒いコマを打つと, 7Cの白
いコマが2Fの黒いコマと8Hの黒いコマに上下の斜めではさ
まれるため, 【図9】のようになります。

⑤ 1段目のコマと4段目のコマで, 2段目のコマと3段目のコ
マをはさんだ場合も, 同じように相手のコマを裏返して自分の
色のコマに変えます。

⑥ 《新たに加えたルール》では, 【図10】の状態で4Dに黒いコ
マを打つことはできません。

【図8】

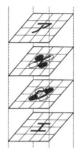

【図9】

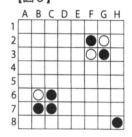

【図10】

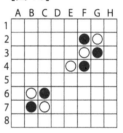

《リバーシのルール》では, 【図10】の状態で4Dに黒いコマを打つと, 4Eの白いコマが4
Dの黒いコマと4Fの黒いコマにはさまれるので, 4Dに黒いコマを打つことができました。
しかし, 《新たに加えたルール》では, 4Dに打つ黒いコマは【図7】のアの範囲にあり, 4
Eの白いコマと4Fの黒いコマは【図7】のイの範囲にあります。このような場合, 4Dに黒
いコマを打つことはできません。

問題2 【図9】の状態で白いコマを打つとき, 白いコマを打てる場所は何ヶ所あるか答えなさい。

問題3 【図11】の状態で4Gに黒いコマを打ちました。このと
き, 裏返して黒いコマにしなければいけない白いコマのある位
置を, 数字とアルファベットを用いて**すべて**書きなさい。

【図11】

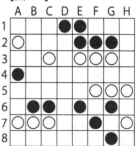

　何度かゲームを繰り返していたはなこさんとたろうさんは，【図7】のア～エの範囲の重ねる順番を【図8】とは変えてゲームを遊んでみました。重ねる順番をいろいろ試しているうちに，①ゲーム終了時にコマが置かれていないマスが必ず32マス以上になってしまう重ねる順番があることに気が付きました。

問題4　【図7】のア～エの範囲の重ねる順番を並べかえたとき，下線部①のような状態になる順番を，次の1～11から**すべて選び**，番号を書きなさい。

	上から1段目	上から2段目	上から3段目	上から4段目
1	ア	イ	エ	ウ
2	ア	ウ	イ	エ
3	ア	ウ	エ	イ
4	ア	エ	イ	ウ
5	ア	エ	ウ	イ
6	イ	ア	ウ	エ
7	イ	ア	エ	ウ
8	イ	ウ	ア	エ
9	イ	エ	ア	ウ
10	ウ	ア	イ	エ
11	ウ	イ	ア	エ

問題5　【図12】の状態で黒いコマを打ったところ，【図13】のようになりました。このときはなこさんとたろうさんは，【図7】のア～エをそれぞれ何段目としてゲームを開始したと考えられますか。適切な順番を1つ書きなさい。

【図12】

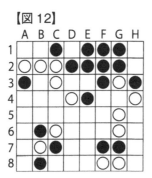

【図13】

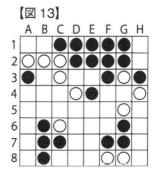

3　はなこさんが学習発表会に向けて作成している，あとの【資料1】〜【資料7】をみて問題に答えなさい。

【資料1】　はなこさんの研究資料1　まとめている途中のポスター

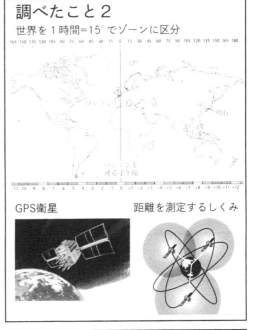

地球上で自分の位置を知る技術の発達について

調べたことの要約
　自分の位置を知ることは航海の技術のひとつとして発達してきました。星を見て位置を調べる方法で緯度は簡単に分かりますが，経度を知るには正確な時刻を知る必要がありました。位置を知る技術は

調べようと思ったきっかけ
　現在では、スマートフォンで地図アプリを使うと、目的地まで迷わずに移動することができます。それは、ＧＰＳを利用していると知りました。その仕組みやＧＰＳがなかった頃、どのようにして自分の位置を知ることできていたのか不思議に思いました。

調べて分かったこと

調べたこと1
位置は緯度と経度で表す

北緯…北極星観測　　　六分儀で太陽高度測定

太陽の最高点を正確に測定

経度測定への挑戦

１７１４年イギリス政府の「経度法」の基準では６週間の航海後で経度誤差０.５度の範囲内

調べたこと2
世界を１時間＝15°でゾーンに区分

GPS衛星　　　距離を測定するしくみ

引用文献・参考文献

【資料2】 はなこさんの研究資料2

　初めての場所でも迷わずに目的地に着けるスマートフォンの地図アプリはとても便利な道具です。調べてみたところ，正確な位置情報を得る仕組みは，大航海時代から始まる工夫や科学技術の発達によって成り立っていることがわかりました。【図1】の地球上にあるA地点の位置を正しく表すには，緯度と経度を測定して示すことが必要です。

【図1】　地球と緯度

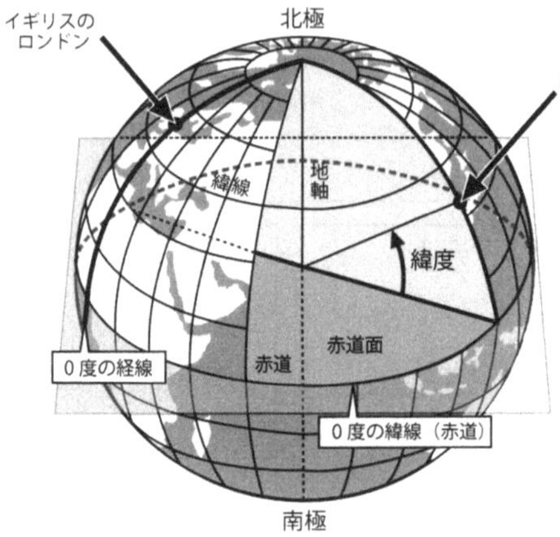

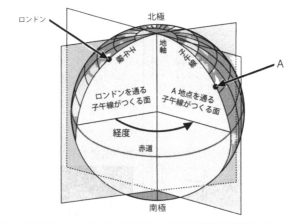

　【図2】でA地点の経度は，グリニッジ天文台のあるロンドンを通る子午線を基準の0度として，地球の中心とA地点を通る子午線が赤道上で作る角度を表しています。

【図2】　ロンドンの子午線からの経度

（国土交通省国土地理院ホームページより作成）

【資料3】 はなこさんの研究資料3　　　（【図3】～【図5】は次のページにあります。）

　緯度を測定するには，北極星を利用する方法が早くから知られていました。地球は北極と南極を結ぶ地軸を中心に1日に1回転しています。北極星は【図3】のように地軸の延長線上の大変遠いところにあります。【図3】を拡大して観測者からの視線で考えてみると，北極点では【図4】のように地平線からの高度90度のところに，赤道上の地点では【図5】のように地平

線と重なって地平線からの高度0度のところに北極星が見えることになります。北半球では北極星の高度がそのまま緯度を示しているのです。

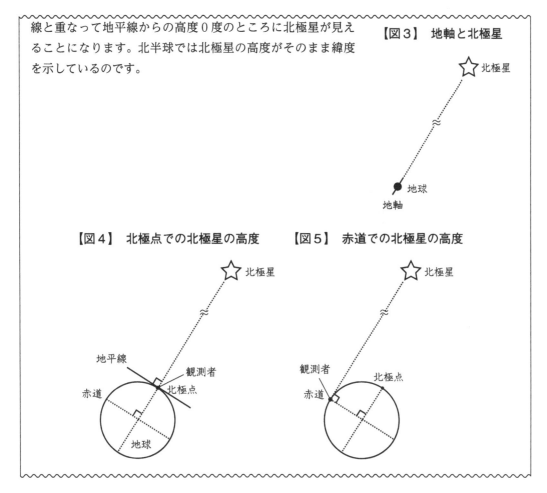

【図3】 地軸と北極星

北極星

地球
地軸

【図4】 北極点での北極星の高度

北極星

地平線
観測者
北極点
赤道
地球

【図5】 赤道での北極星の高度

北極星

観測者
北極点
赤道

問題1 北半球のある地点で，北極星が地平線から24.5度の角度で観測されました。この地点の緯度は北緯何度になるか書きなさい。

【資料4】 はなこさんの研究資料4

　昔は正確な経度測定がなかなかできなかったので，1707年にイギリスの軍艦4隻が嵐の中で浅瀬にぶつかり，沈んでしまうという大事故がおこりました。このことからイギリス政府は，1714年に経度測定のための正確な時計の開発に賞金を出すという「経度法」を公布しました。イギリス政府の公布した経度法の基準は，6週間の航海後で経度誤差が最大0.5度の範囲内の正確さを求めるものでした。その結果，様々な方法が検討され，時計の開発はもちろん天文学は大いに発達しました。

　太陽が真南に来て，太陽と水平線でつくる角度の高度がその日のうちで最も高くなることを南中するといい，その時刻を南中時刻といいます。グリニッジ天文台の経度は0度，南中時刻は正午の12：00と決められていました。観測地点の経度を求めるには，南中時刻を精密な時計を用いて正確に測定し，グリニッジ天文台の南中時刻と比べて計算します。

　この経度法の誤差0.5度とはどのくらいの正確さなのかを考えてみます。例えば，赤道上の

　ある点から出発した船が赤道上を航海して6週間後に観測地点の経度を計測したとき，計測結果と正確な位置との東西方向のずれが　ア　km以内ということになります。また，地球は24時間で1回転，1時間あたりでは360度÷24＝15度回転していることから考えると，経度の0.5度とは時計の誤差が1日あたり　イ　秒以内という大変な精度を求めるものでした。

　イギリスの大工職人ジョン・ハリソンは30年近くにわたって航海用時計の製作に取り組み【図6】のH1が完成し，その後も改良を続け，1761年に最高の作品である【図7】のH4を完成させました。航海テストの結果，基準をはるかに上回る結果を出しました。

【図6】　H1

【図7】　H4

（セイコーミュージアムホームページ，テーヴァ・ソベル「経度への挑戦」をもとに作成）

問題2　赤道の長さを4万kmとして考えたとき，【資料4】の　ア　と　イ　にあてはまる数を書きなさい。答えがわり切れないときは小数第一位を四捨五入して整数で書きなさい。

【資料5】　はなこさんの研究資料5

　太陽の最高点を測る方法を調べてみると，興味深い工夫の例を見つけました。天体の高度を正確に測る道具を六分儀といいます（【図8】）。この道具で太陽をずっと観測していても，太陽がいつ最も高い点に達したかわかりにくいものです。毎日の観測や資料によっておおよその南中時刻は予測できるので，その前後30分の間に複数回の観測を行うと，正確な南中時刻を求めることができます。

　この考え方をボールの運動に例えて説明すると，床に落下した1つのボールがはね上がっているとき，ボールがいつ最も高い点に達したかということを考えるのに似ています。ボールがある高度を上に向かって通りすぎる瞬間の時刻と下に向かって通りすぎる瞬間の時刻が分かれば，ボールが最も高い点に達する瞬間の時刻を計算できることになります。

【図8】　六分儀を使った太陽の高度観測と結果例

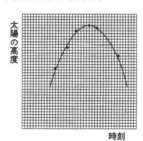

（空畑ホームページ，基礎天文航法より作成）

問題3　ある地点である日に太陽の高度を観測した次の結果から，南中時刻は何時何分かを答えなさい。

時刻	太陽の高度
１１：２９	７７．５５７
１１：３５	７７．８０８
１１：３８	７７．８８５
１１：４１	７７．９２６
１１：４４	７７．９３２
１１：４６	７７．９１６
１１：４８	７７．８８５
１１：５５	７７．６５７
１２：００	７７．３８４
１２：０５	７６．０２６

【資料6】　はなこさんの研究資料6

　現在では，地球の表面を【図9】のように地球の自転の1時間分にあたるおおむね15度ごとに区分して表すことがあります。ロンドンのグリニッジを通る子午線を経度0度として，この区分には−11から＋12まで番号が付けられています。【図9】の世界地図の下の番号は，各区分の時刻とロンドンのグリニッジとの時刻の違いを時間単位で表したものになっています。−1の区分にある地域では，グリニッジが午前3時のときに1時間前の午前2時ということになります。

　【図9】の世界地図の上の数は，東経と西経を表しています。日本では東経135度の明石市で正午に太陽が南中します。

【図9】　世界を経度１５度ごとに区分した地図

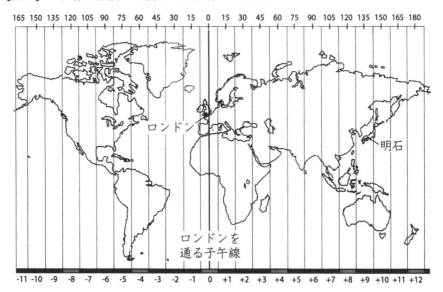

問題4 【図9】の＋9の国の海上で，その国の標準時刻を用いて太陽の南中時刻を計測したところ，12：20でした。この地点は東経何度になるか書きなさい。

【資料7】　はなこさんの研究資料7

　　1963年，米空軍は人工衛星を用いて正確な位置を知る新しい仕組みをまとめました。現在のＧＰＳ，グローバルポジショニングシステムのことです。

　　ＧＰＳは，「電波の発射時刻（はっしゃじこく）と到達時刻（とうたつじこく）が分かると，発信位置と受信位置との距離（きょり）が分かる」という仕組みになっています。電波の速度は通常では秒速約30万㎞で一定なので，地球を周る位置が分かっている衛星から時刻情報の入った電波を受信すれば，発射時刻と到達時刻の時間差から観測地点と衛星との距離が分かります。【図10】のように，3機の衛星から送られた信号を受信すれば，3か所からの距離を使っておおよその現在位置を計算することができるのです。衛星には時刻を正確に測定するための非常に精度の高い原子時計が2台以上積まれています。受信側の機器に原子時計を積むのは，金額や大きさからもできないので内蔵（ないぞう）した時計を利用します。しかし，精度があまりよくないため衛星からの電波で修正しながら測定します。このために，位置が分かっている4機の衛星から電波を同時に受信することで，より正確な自分の位置と時刻を計算で知ることができるようになりました。

　　地球のどの場所でも常に4機以上の衛星からの電波を安定的に受信できるようにするためには，非常に多くの衛星が必要で，最終的にＧＰＳは24機の衛星からなる大きな仕組みとなりました。実際には，故障（こしょう）に備えて地球を周る6つの通り道にそれぞれ1機以上の予備衛星も配置するので，30機以上もの衛星を用いるシステムとなりました。

【図10】　距離を測定する仕組み

（みちびき，衛星測位入門　内閣府（ないかく）ホームページより作成）

問題5 【資料7】の内容を正しく表して，「正確な自分の位置と時刻を計算で知るには，」に続くことばになるようにあとのア，イ，ウから最もよくあてはまるものを1つずつ選び，番号を書きなさい。

ア　1　それぞれの衛星からの電波は伝わる速さが違（ちが）っているので，

　　2　受信側の時計の精度は衛星の時計ほどは正確ではないので，

   3   宇宙空間にある衛星側の時計には大きな誤^ご差^さが生じるので，

   4   観測地からみて地球の裏側にある衛星が何機かわからないので，

   5   1機の衛星から電波を受信すれば正確な位置がわかるので，

イ   6   数多くの情報を平均して誤差を少なくするために

   7   受信機の時計を修正して位置の計算をするために

   8   もう一機の衛星の電波を予備として受信するために

   9   受信機の時計は全く修正する必要がないために

  10   全ての衛星が同じ情報を発信したのを確認するために

ウ 11   1機の衛星から電波を受信するのがよい。

  12   2機の衛星から電波を受信するのがよい。

  13   3機の衛星から電波を受信するのがよい。

  14   4機以上の衛星から電波を受信するのがよい。

  15   全ての衛星から電波を受信する必要がある。

大切なことはメモしておこうネ！

2023 年 度

解 答 と 解 説

《2023年度の配点は解答欄に掲載してあります。》

＜適性検査Ⅰ解答例＞

1　問題1　ア，ウ，オ

問題2　都市とは，四角で囲まれ，自然の排除という原則が貫徹されており，人が意識的に置いた人工物によってつくり上げられた空間である。このような人工空間は，世界中どこでもまったく同じ性質を持っている。

この，すべてが意識化された世界では，意識的に置かれた人工物以外はあってはならないため，予期せずゴキブリのような自然のものが出てくると，それは不祥事として対処される。

人工空間の中はすべてが人の意識でコントロールしうる世界だが，その外に行くと次第にコントロールできない部分が増えていき，最終的には完全に我々がコントロールできない世界，すなわち自然が出現する。

2　問題1　1，4，6

問題2

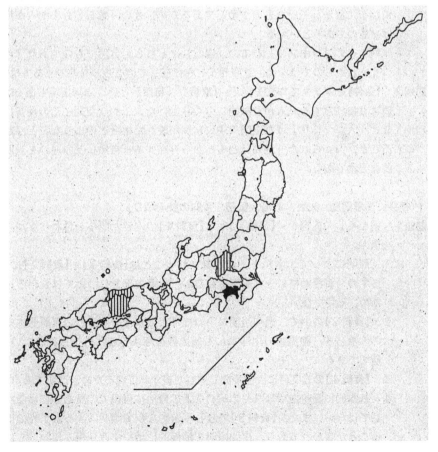

問題3　夜間の人の安全と光害から星空を守る（ため。）
問題4　1
問題5　1×　　2×　　3○　　4×

○配点○
① 問題1　10点　　問題2　50点
② 問題1・問題4・問題5　各5点×3　　問題2　10点　　問題3　15点
計100点

＜適性検査Ⅰ解説＞

① （国語：文章の読み取り，条件作文）

問題1　【資料1】の5段落目を見ると，建物や空間など，設計してつくられたものが「人が完全に意識的につくり上げたもの」であるとわかる。「横浜も大きな都市でして，そしてこの空間がそうである」という部分から，都市という空間自体も人がつくり上げたものだとわかるため，アの「ホール」，ウの「都市」は問いの条件にあてはまる。また，2段落目を見ると，道の舗装に関しての説明があり，「コンクリートで舗装しているわけじゃないんで，敷石です」と書かれている。さらに，4段落目には「この中に置かれるものは基本的に人工物です」と書かれており，この中というのは都市の中を表している。よって，道の舗装をするために都市に置かれていたものが敷石であるため，オの「敷石」もまた人が意識的につくり上げたものであるといえる。

残るイの「ゴキブリ」とエの「自然」はどちらも自然のものであり，人の意識によってつくられるものではなく，意識せずとも存在しているものなので，あてはまらない。

問題2　【条件】をふまえて作文を書く。「意識」，「自然」という語句指定もあるため，入れ忘れないように注意する。人が意識的につくり上げた人工的な空間とその性質について説明すること，人がつくり上げた空間の中に自然が現れた場合どのようなことが起こるかを説明すること，つくられた「空間」ともとから存在する「自然」との違いを説明すること，が必要な要素である。

② （社会：環境問題，光害，栽培，養殖，資料の読み取り）

問題1　選たくしの内容を，【資料1】から【資料4】の内容と照らし合わせながら適切でないものを選ぶ。

1　照明によってエネルギーが浪費されることは【資料1】，【資料2】に書かれているが，後半の「資源価格の上昇を引き起こし」以降の部分については資料中に書かれていないため，適切でない。

2　【資料2】の中で，過剰照明について「夜の安全を守るという照明本来の目的に反するのみならず，動植物の生態系にも悪影響を与えることも指摘されている」とあるため，適切である。

3　【資料4】の3文目に，全く同じ内容が書かれているため，適切である。

4　基本的に資料内では県や市町村などの自治体規模での話をしているため，全国規模の話ではない。また，【資料3】でむしろ過剰な夜間照明による人工光の抑制を目指していることが書かれており，夜間照明を積極的に増やす取り組みについてはどの資料にも書

かれていないため，適切でない。

5　【資料2】に，星空をはじめとした宇宙の神秘をかいま見ることができる環境について「全人類にとってかけがえのない財産となっている」とあるため，適切である。

6　【資料1】を見ると，光害の防止に関しては「村，村民等及び事業者それぞれの責務を明らかにする」とあり，特定の事業者だけに光害防止に関する責務があるわけではないため，適切でない。

よって，資料から読み取れないものは1，4，6の3つである。

基本 問題2　それぞれの県の人口密度を求め，【記入例】を参考に白地図にかきこむ。人口密度(人口÷面積)の計算をすると，

　　　群馬県　：1980000÷6362＝311.2…(人/km²)
　　　鳥取県　：560000÷3507＝159.6…(人/km²)
　　　岡山県　：1910000÷7114＝268.4…(人/km²)
　　　神奈川県：9180000÷2416＝3799.6…(人/km²)

となる。よって，群馬県・鳥取県・岡山県は「1～1000人/km²」を示す縦しま模様，神奈川県は「3001～4000人/km²」を示す黒色で，白地図内のそれぞれの県にかきあらわせばよい。

問題3　【資料1】を見ると，(目的)の部分に「村民等の生活及び事業者の事業に必要な夜間照明を確保しつつ，光害から美しい星空を守ることを目的とする」とある。つまり，過剰に照明をつけて星空の景観を害することも，照明を完全に消して村で過ごす人の生活安全がおびやかされることもないようにすることが，最も重要であるといえる。図1～図3を見ると，過剰に明るい照明(図1)を，消す(図2)のではなく，向きを変え最低限の照明(図3)にしたことがわかるため，人の安全も星空の景観も守るという目的がわかるように文章をまとめればよい。

問題4　【会話2】を見ると，秋菊は「日照時間が短くなると花芽が付」くことがわかる。ビニルハウス内を明るくするということは，照明を用いて夜であっても明るい状態をつくりだしているということになるため，人工的に日照時間が長くなるように工夫をしているといえる。そして，日照時間が長くなるということは，花芽が付かないように工夫をしている，つまり菊の出荷数が少ない時期に出荷するために，あえて開花時期が遅れるよう調整をしているといえる。よって，選たくしの中で適切な組み合わせは1である。

問題5　【文章】，【資料8】の内容と選たくしを照らし合わせながら，適切かどうかを考える。

1　【資料8】を見ると，青色のLEDライトを当てたほうが，赤色のLEDライトを当てたほうよりもヒラメの体重が増加しており，短い期間でより成長しているといえるので，これは適切でない。

2　【文章】の中で，LEDライトは設置費用も電気代もそれほど高額ではないこと，出荷までにかかる総費用も削減が見込めることが書かれている。また，白熱電球の金額についてはそもそも文章中に書かれていない。よって，適切でない。

3　【文章】に書かれている内容をまとめた文になっており，内容もすべて適切である。

4　【文章】，【資料8】のどちらを見ても，光がヒラメ以外の魚に与える成長効果については書かれていないため，適切でない。

┌───┐
★ワンポイントアドバイス★

作文問題は，要点を順序立てて並べたうえで，文と文のつながりを意識して書くことが大切である。

資料の読み取り問題については，複数ある資料を適切に読み取り，選たくしが適切かどうかを1つずつ正確に判断できるように注意しよう。
└───┘

＜適性検査Ⅱ解答例＞

1 　**問題1**　GH：1　HI：1　IJ：3　JK：1　KL：1

　　　　問題2　1：1　2：1　3：0　4：1　5：1　6：0　7：0　8：0　9：1

　　　　　　　　10：0　11：0　12：0　13：0　14：0　15：1

　　　　問題3

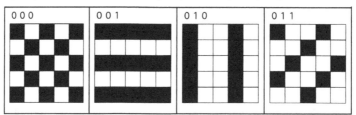

2 　**問題1**　13(回)

　　　　問題2　15(ヶ所)

　　　　問題3　3F，3G，7B，7C

　　　　問題4　1，3，6，7，9，10

　　　　問題5　ア：1(段目)　　イ：4(段目)　　ウ：3(段目)　　エ：2(段目)

3 　**問題1**　(北緯)24.5(度)

　　　　問題2　ア：56(km)　　イ：3(秒間)

　　　　問題3　11(時)43(分)

　　　　問題4　(東経)130(度)

　　　　問題5　ア：2　　イ：7　　ウ：14

○配点○

1　問題1・問題2　各5点×2　　問題3　20点

2　問題1・問題5　各10点×2　　　問題2・問題3・問題4　各5点×3

3　問題1・問題4・問題5　各5点×3　　　問題2・問題3　各10点×2

計100点

＜適性検査Ⅱ解説＞

1 （算数：図形の読み取り，2次元コード）

問題1 【図3】より直線エも中心を通っていることが読み取れるので，白と黒を通過した直線の長さの比は直線アにおける長さの比と同じである。よって，アの直線上におかれている点の間の長さの比を答えればよい。

問題2 【図4】のセル1～15にあたる部分のセルを【図1】から探し，黒いセルならば1，白いセルならば0を答えればよい。

問題3 マスク番号000の場合，【資料4】より白黒反転するのは「$(i+j)$mod2の出力が0のとき」，すなわち縦と横のセル番号の和を2で割った余りが0のときである。つまり，和が偶数のときであるので，0+0，奇数＋奇数，偶数＋偶数のときである。したがって，$(i, j)＝(0, 0)$，（奇数，奇数），（偶数，偶数）のセルが黒いセルとなる。

マスク番号001の場合，白黒反転するのは「$i$mod2の出力が0のとき」，すなわち横の行の数字を2で割った余りが0のときである。したがって，0行目，2行目，4行目のセルがすべて黒いセルとなる。

マスク番号010の場合，白黒反転するのは「$j$mod3の出力が0のとき」，すなわち縦の列の数字を3で割った余りが0のときである。したがって，0列目と3列目のセルがすべて黒いセルとなる。

マスク番号011の場合，白黒反転するのは「$(i+j)$mod3の出力が0のとき」，すなわち縦と横のセル番号の和を3で割った余りが0のときである。i，jは0～4なので，$(i+j)$が0，3，6のいずれかになればよい。したがって，$(i, j)＝(0, 0)$，$(0, 3)$，$(1, 2)$，$(2, 1)$，$(2, 4)$，$(3, 0)$，$(3, 3)$，$(4, 2)$のセルが黒いセルとなる。

2 （算数：場合の数，リバーシ）

問題1 マスは全部で8×8＝64（マス）あり，その半分は32マスであるから，「コマを打てるマスがまだ半分以上残ってい」るとき，マスにあるコマの合計は32個より少ないことがわかる。このとき，マスにある黒いコマと白いコマの比が7：8であることから，（黒いコマの個数，白いコマの個数）＝①（7個，8個），②（14個，16個）の2通りが考えられる。①のとき，コマの合計は15個であるが，初めに4個のコマを置いた状態から始めるため，2人の置いたコマの数は15－4＝11（個）となる。しかし，はなこさんとたろうさんがコマを同じ回数打つとき，マスにあるコマの数は（打った回数）×2で偶数になるため，これは適さない。②のとき，コマの合計は30個であり，2人の置いたコマの数は30－4＝26（個）となる。このとき，2人はコマを同じ回数打ったので，このときの打った回数は，26÷2＝13（回）と求められる。

問題2 《リバーシのルール》のはさみ方にしたがうと，【図7】と同じように区切るときのイの範囲では1F，2E，3H，4Gの4か所に，ウの範囲では6D，8B，8Dの3か所に白いコマを打つことができる。一方，《新たに加えたルール》を考えると，アの範囲では2Bと4Dの2か所に，エの範囲では5H，6G，7F，7H，8E，8Gの6か所に白いコマを打つことができる。よって，4＋3＋2＋6＝15（か所）に白いコマを打てる。アとエの範囲を考えるときには，【図8】を利用して，イとウの範囲にある黒いコマをどのようにはさむかに注目して考えるとよい。

問題3　《リバーシのルール》にしたがって考えると，【図7】のイの範囲において，4G（右の【図A】の×の位置）に黒いコマを打ったとき，裏返して黒いコマにしなければならないのは，3Fと3Gのコマである。一方，《新たに加えたルール》にしたがって考えると，イの範囲とエの範囲にはさまれたウの範囲において，7Bのコマは4Gと6Eのコマに，7Cのコマは4Gと6Gのコマにそれぞれはさまれているから（右の【図B】の×と★），これらも裏返して黒いコマにしなければならない。【図8】を参考に，【図B】のような図をかくと考えやすい。

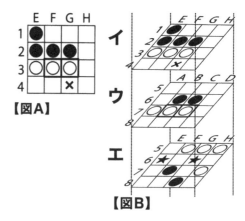

問題4　たとえば1のように重ねたとき，始めにコマが置いてあるのはイとウの範囲だけであるから，上から1段目もしくは3段目の範囲にコマを置いても《新たに加えたルール》でははさめるコマがないため，ここにコマを置くことができない。したがって，少なくとも1段目と3段目の合計32マスの範囲にコマが置かれることがないため，下線部①のような状態になる。同じ理由から，イとウの範囲が1段はなれて重ねられている3，6，10の順番，また，2段はなれて重ねられている7，9の順番も同様に，下線部①のような状態になると考えられる。

 問題5　【図12】と【図13】を比べたときにコマが増えている場所は1Dであることから，1Dに黒いコマを打ったとわかる。また，6Gと7Bのコマが黒に変わったことも読み取れる。コマを打ったのが1Dで，6Gと7Gが黒に変わるということは，4つの範囲を重ねたときに，右上から左下へはさまれていたと予想できる。よって，上から順にア→エ→ウ→イのように重ねれば，6Gと7Bのコマが1Dと4Eの黒いコマによって斜めにはさまれ，裏返ると考えられる。

3　（社会・理科：世界地図，緯度・経度，天体）

問題1　【資料3】の「北半球では北極星の高度がそのまま緯度を示している」という部分から，この地点の緯度は北緯24.5度となる。

問題2　ア：　経度の0.5度が東西方向の距離の何kmにあたるかを考える。

赤道の長さは1周で4万kmなので，40000km：360度＝ ア km：0.5度　より，

$$ア ＝ 40000 × \frac{0.5}{360} ＝ 55.5…$$

小数第1位を四捨五入して，56kmとなる。

イ：　経度の0.5度が時間にすると何秒間にあたるかを考える。

【資料4】から地球は1時間あたり15度回転していることが分かる。1時間＝3600秒なので，3600秒：15度＝□秒：0.5度　より，

$$□ ＝ 3600 × \frac{0.5}{15} ＝ 120（秒）$$

経度を測定するのは6週間後，つまり42日後だから，1日あたりの誤差は，

$$イ ＝ 120 ÷ 42 ＝ 2.8…$$

小数第1位を四捨五入して，3秒となる。

問題3　問題文の表より，77.885度の位置に太陽がある時刻が11：38と11：48の2回あること<ruby>時刻<rt>じこく</rt></ruby>が分かる。【資料5】から，太陽が同じ高度を通過する時刻のちょうど中間の時刻が南中時刻であることが分かるから，(48－38)÷2＝5より11：38の5分後(もしくは11：48の5分前)である11：43が南中時刻であると求められる。

問題4　【資料6】から，東経135度の<ruby>明石<rt>あかし</rt></ruby>市では正午，すなわち12：00に太陽が南中することが分かる。問題の地点は南中時刻が12：20であり，明石市よりも20分<ruby>遅<rt>おく</rt></ruby>れている。地球の自転の1時間＝60分は15度にあたるから，20分はその$\frac{1}{3}$である5度にあたる。ここで，太陽は東からのぼるので，南中時刻が遅れるということは西にずれるということだという点に注目する。地点が西にずれると，東経は小さくなるため，求める地点の東経は135－5＝130(度)となる。

重要 ▶ **問題5**　【資料7】の内容を読み取り，正しく述べている文を選べばよい。すべての内容は2<ruby>段落<rt>だんらく</rt></ruby>目に書かれている。

　　　　ア：　2段落目の第4文「衛星には時刻を正確に測定するための非常に精度の高い原子時計が2台以上積まれています」，第5，6文「受信側の機器に～電波で修正しながら測定します」という記述から，**2**があてはまる。

　　　　イ：　2段落目の第6文「しかし，精度があまりよくないため衛星からの電波で修正しながら測定します」という記述から，**7**があてはまる。

　　　　ウ：　2段落目の第7文「位置が分かっている4機の衛星から電波を同時に受信することで，より正確な自分の位置と時刻を計算で知ることができるようになりました」という記述から，**14**があてはまる。

――★ワンポイントアドバイス★――

長い文章を速く正確に読み，資料から必要な情報を整理して解こう。問題を読みながら自分で図や表をかいたり，問題用紙の図や表に書き込んだりしながら，論理的に考える練習をするとよい。

大切なことはメモしておこうネ！

2022年度

★★★★★★★★★★★★★★★★★★★★★

入 試 問 題

2022年度

横浜市立横浜サイエンスフロンティア高等学校
附属中学校入試問題

【適性検査Ⅰ】（45分）　＜満点：100点＞

　みなみさんとりかさんは，調べ学習で横浜について書かれたある本を見つけました。次の【文章】やあとの【会話】を読み，問題に答えなさい。

【文章】

　都市の一般的な形成過程はなかなか複雑で，それぞれの地理的，歴史的な条件にも大きく左右されます。ここでちょっとおもしろいシミュレーションゲームソフト「シムシティ」というのを紹介しましょう。これはバージョンアップされるに従って複雑になってきましたが，最初のバージョンは，自分が市長になったつもりで，何もない土地に都市を建設するというものなのです。市長にはわずかな資金が渡されますが，その資金でまず発電所をつくります。そして，道路と住宅，その次には働く場である工場や買い物のための商業施設をというように，つぎつぎと都市の生活に必要な施設をつくっていくのです。資金は税金で，工場や商業施設が増えると税収が増えていきます。

　このソフトでおもしろいのは，都市が大きくなるにつれて都市生活に必要な機能の種類や量が増え，それが相互に影響してさまざまな問題を引き起こして，解決を迫られていくことでした。たとえば，人口が増えると交通渋滞も増える，工場が多いと公害が発生する，大きな都市になると港湾，空港，レジャー施設が必要になる，というようにです。

　横浜の場合には，日本経済の発展によって大きな課題を背負うことになりました。それは，東京に政治，経済，文化の機能が急速に集中していったことでした。

　じつは，横浜にとって，高度経済成長による東京一極集中は，関東大震災や災害に匹敵するほどの大きな試練だったのです。戦争直後に横浜の中心部は連合国軍に接収されたのですが，それが解除されたのは1950年代に入ってからでした。1955年ごろから日本の経済成長は年間成長率10パーセントを超えるときもあり，高度経済成長期に移行しましたが，その当時の横浜の中心部は接収解除がようやく行われたものの，「関内牧場」といわれるほどに，何もない荒れた空地状態にあったのです。

　都市機能として，道路や鉄道が十分に整備されていないところに，東京への機能集中がはじまり，横浜は，東京に通勤・通学する人たちのベッドタウンとしての役割が重くなりました。市内のいたるところに，虫食い的に宅地造成が行われるスプロール現象といわれる開発が進み，人口は年間10万人も増える時期もありました。人口が増えることは，都市にとっては活気をもたらし歓迎されることもありますが，当時の横浜市役所は人口増にともなう小中学校の整備，水道や下水の整備，消防やバス路線確保のための道路建設など，多忙をきわめていました。

　仮設のプレハブ校舎で，午前と午後に分けた二部授業，雨が降ればひざまでの水たまりができてしまう道路，1時間に1本しか来ないバスなど，当時は，市民にとって，あこがれのまち「ミナトヨコハマ」のイメージとはほど遠い生活環境でした。人口急増にともなう都市基盤の整備は緊急の課題だったのです。

横浜市役所では，このような状況への対処をすすめる一方で，将来に向けて，バランスのとれた都市の骨格をつくるために，1965年に「六大事業」と呼ばれる大改造計画を発表しました。

それは，横浜駅と関内地区に分断されている都市中心部機能の強化，良好な住宅環境を確保するニュータウン建設，工業団地と住宅を組み合わせた大規模な埋立て，市内の高速道路網，地下鉄建設，ベイブリッジ建設の6つの事業でした。これらの事業は，横浜市全体の中で，住宅，工場，オフィスなどを適切に配置し，高速道路や地下鉄で効果的に結ぶという戦略性をもっていました。埋立てや交通網は30年以上かけてほぼ計画どおりに実現しましたが，ニュータウンの形成は進行中ですし，都市部機能の強化はみなとみらい21計画へと具体化し，計画から約40年を経過した現在も進行中です。多くの人や企業，組織が集まっている都市はそう簡単に計画し，短期間に計画を達成できるものではありません。それでも横浜は，港を軸として発展してきた歴史を大事にすること，無秩序な開発を規制して快適な住みやすい環境を確保すること，そして，時代の変化に対応できるように新しい機能を呼び込むこと，という基本的な戦略を生かしてまちづくりを進めているのです。

とくに，横浜都心を再生するみなとみらい21計画は，大きな注目を集めながら着実に進行しています。この計画は，港の機能と官公庁や企業などのビジネス機能が集まり，都市としての発展の基礎となった関内地区と，東海道線をはじめ，いくつもの私鉄やバス路線のターミナルとなり，交通や商業を中心にした機能が集まっている横浜駅地区の両方を，一体化しようとする計画です。みなとみらい地区には，かつて三菱重工の造船所や，旧国鉄（現在のJR）の貨物ターミナルであった高島ヤードがあり，一般市民が立ち入ることはできませんでした。

関内地区と横浜駅地区が分断されたままでは，横浜市の中心部に，都市にふさわしい業務や商業などの機能を十分に誘致することができません。働き，学び，買い物をする機能はますます東京に流出する可能性がありました。そこで，貨物ターミナルの廃止と造船所の本牧地区への移転を働きかけ，その跡地を中心に大規模な埋立てを行って，関内地区と横浜駅地区を結びつける新しい都市中心部をつくることになりました。「みなとみらい」という名称は，市民からの公募で決まったものです。その名のとおり，港としての歴史を軸にして未来に向かって発展するまちづくりをスタートさせたのです。

横浜ランドマークタワーの地下部分に，石造りのドックを残して活用したことも横浜としてのこだわりでした。みなとみらい地区という新しい都市計画のシンボルが横浜ランドマークタワーなのですが，建設の際にいったんは埋められた石造りのドックを，横浜港の歴史財産として保存するように，横浜市が，土地の所有者であり開発者でもある三菱地所を説得したのです。

この石造りのドックは日本で最初のものです。1号ドックは，日本丸を係留して公園の一部にそのままの形で保存し，2号ドックは，一度解体したあとに，中をレストランにして，再度大きな石を使って復元しました。そして全体をイベント広場「ドックヤードガーデン」として活用したのです。これによって，いつまでもこの場所が日本で最初に開かれた港であり，多くの船を建造した地であるという歴史の記憶が残ることになりました。

みなとみらい地区の先端のパシフィコ横浜は，国際都市として必要な国際会議場，展示場，ホテルを一体化したものです。海に開かれた横浜の伝統を示す国際コンベンション施設として，設計にも大きな工夫をしました。ホテルは帆を，国立横浜国際会議場は貝を，そして展示場は波をイメージしています。

　また，前にお話ししたとおり，ランドマークタワーから海に向かって徐々に低くなるように，ビルの高さを規制して美しいスカイラインをつくりあげています。双眼鏡があったら，海に面して建てられている帆の形のホテルの最上部を見てください。女神像が海を見つめている姿を見ることができます。

　はじめは，企業を集めることを基本に考えられたみなとみらい地区の建設計画でしたが，現在では，企業だけでなく，美術館やコンサートホールを軸に，シネマコンプレックス，映像スタジオなどの文化芸術機能の誘致も計画されています。ホテルやレストランなどの商業施設も集まり，今ではつぎつぎと新しい機能を生み出す横浜の，未来に向けた「顔」として，多くの観光客をも呼び，高層住宅に数千人が生活するまちとなっています。

　2004年2月に開通した地下鉄みなとみらい線は，東京の渋谷駅と横浜駅を結ぶ東急東横線と相互乗り入れで，横浜駅から元町・中華街駅までの横浜都心部をつなぐ便利な路線となりました。各駅のデザインは，その地区の個性や歴史を反映させており，従来の地下鉄の駅のイメージを大幅に変えるユニークなものとなって注目を集めています。

　パシフィコ横浜の横にある大観覧車（コスモクロック21）は，1989年に横浜市政100周年を記念して開催された横浜博覧会のときに造られたものです。博覧会の終了とともに取り壊される予定でしたが，非常に人気があったのと，港周辺の雰囲気に合っていたことから，その周辺の遊園地よこはまコスモワールドと一緒に楽しめるアミューズメント施設として位置を移して残されることになりました。すぐ横にある横浜ワールドポーターズは，輸入品を中心に扱っている商店や，シネマコンプレックス，スーパーマーケットなどの入った複合ビルで，若者に人気のあるスポットになっています。

　1997年に行った横浜市民の意識調査によると，横浜のイメージは港であり，色で表すとブルーと答えた人が7割以上にのぼりました。自分の家から港が見えなくても，港周辺に出かけるのが年に1，2回でも，横浜市民は「ミナトヨコハマ」に住んでいるという意識をもっているというのです。1960年代に，そのミナト周辺に高速道路が高架で建設されるという動きがありました。横浜駅から桜木町，関内を経由して石川町の駅あたりまで，JR根岸線よりも高い位置に高速道路が建設されるという計画でした。経済的に見れば高架のほうが建設費は安いのですが，それでは横浜にとって最も大事なミナト周辺の景観が壊れてしまいます。そこで，国や首都高速道路公団に交渉して，桜木町から石川町にかけては，高速道路を地下に通すことにしたのです。この結果，みなとみらいから関内，石川町の中華街の入り口までは景観が保たれることになりました。

　そして，それぞれの駅から山下公園までは，わかりやすいサイン（道案内標識）を取り付け，歩道には絵タイルを張って，それをたどって歩けば歴史的な建造物を見ながらミナトまで行けるような工夫をしたのです。

　中華街では電信柱を赤く塗って，中華街らしいイメージをかもしだし，山下公園の向かいの狭い歩道は，ゆったりと歩けるように，建物を壁面後退させて広げました。県民ホールに沿ったいちょう並木の広い歩道を歩くときは，歩道の真ん中にある3センチ角くらいの小さな金属板を注意して見てください。道路と建物の敷地の境界線がしるしてあります。また，県民ホールと隣の産業貿易センタービルの広場は，同じようなデザインでペア広場として大きな空間をつくっています。

　（南　学「横浜　交流と発展のまちガイド」より。一部省略や表記を改める，ふりがなをつけるなどの変更があります。）

[注] ※1　接収……権力をもって強制的に取り上げること。

　　※2　官公庁……国や市区町村の仕事をする役所。

　　※3　誘致……学校や工場などの施設をその場所に設けるように誘い寄せること。

　　※4　係留……船などをつなぎ止めること。

　　※5　高架……橋や電線，鉄道などを高く架け渡すこと。

【会話１】

りかさん：横浜は，今も発展し続けている都市であることが分かる文章でした。ところで，横浜はいつから発展したのでしょうか。

みなみさん：歴史の授業で，ペリーが来航したことをきっかけにして，1858年に結ばれた日米修好通商条約によって，横浜が開港したと学習しましたね。では，日米修好通商条約をもっと詳しく見てみましょう。

【資料１】日米修好通商条約の一部

> 第３条
>
> 　下田・箱館に加え、以下の港を開港する。
>
> 　神奈川：１８５９年７月４日
>
> 　長崎　：同上
>
> 　新潟　：１８６０年１月１日
>
> 　兵庫　：１８６３年１月１日

りかさん：あれっ。横浜を開港するとは書かれていません。

みなみさん：そうなんです。この条約には神奈川を開港すると書いてありますが，実際に開港したのは横浜でした。当時，神奈川とは，東海道の宿場である神奈川宿の周辺のことを意味していました。アメリカは神奈川宿を開港場にするように求めてきたのですが，江戸幕府は，開港場を神奈川宿ではなく，まだ小さな漁村だった横浜村にしたのです。

りかさん：そのようなことをしてアメリカと対立しなかったのですか。

みなみさん：もちろん対立しました。しかし幕府は，横浜も神奈川の一部だから条約違反ではないという考えを押し通して，結局開港場は横浜になりました。

りかさん：なぜ幕府はそこまでして，神奈川宿を開港場にしたくなかったのでしょうか。

みなみさん：それは，その当時の地図を見てみるとわかります。次のページの【資料２】は，1855年に描かれた神奈川宿と横浜村周辺の地図です。

みなみさん：この地図を見ると幕府が神奈川宿を開港場にしたくなかった理由がわかってきます。

りかさん：そういえば，ペリーが最初に浦賀に来航したときに，

　　　「泰平の　眠りを覚ます　上喜撰　たった四杯で　夜も眠れず」

　　という歌がはやったというのを聞いたことがあります。たった４隻の蒸気船でペ

【資料2】 1855年に描かれた地図

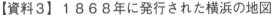

東海道

横浜村

神奈川宿

（岡田直　吉﨑雅規　武田周一郎「地図で楽しむ横浜の近代」
をもとに作成）

リーが来ただけで，幕府はとても混乱したという内容でした。その歌のことを思い
出しました。

みなみさん：幕府が神奈川宿を開港場にしたくなかったのは（　1　）と考えたからなのです。

みなみさん：さらに幕府には開港場を神奈川宿ではなく横浜にしたかった理由があります。次の
【資料3】の地図を見てください。この地図は，1868年に作られた地図なので，日
米修好通商条約から10年後の横浜を描いています。何かに似ていませんか。

りかさん：陸地と川で切り離されているので，まるで長崎の出島みたいに見えますね。

【資料3】 1868年に発行された横浜の地図

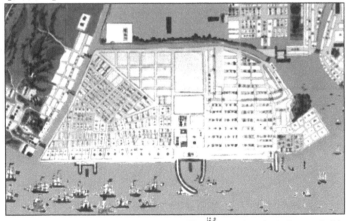

（「横濱明細全図」をもとに作成）

みなみさん：そうなのです。幕府が横浜を開港場にしたかったのは（　2　）と考えたからなのです。

りかさん：明治時代の最初の横浜が前のページの【資料3】のような形をしていたのには驚きました。ところで、①この地図の出島のような部分は現在の地図に当てはめるとどこになるのでしょうか。今もその名残があるのでしょうか。なんだかとても気になります。

みなみさん：「関内」という地名を知っていますか。当時の「関内」には、外国人が住む開港場との間に置かれた関所があったので、開港場を「関内」、開港場の外を「関外」と呼んでいました。その名残が今も地名として残っています。また、横浜を取り囲むようにつくられた運河は、現在も川として残っているところもありますが、埋められて高速道路になっている部分もあります。このようなことをヒントに探してみるといいかもしれませんね。

※6　宿場…街道の拠点。旅行者の宿泊・休憩のための宿屋や茶屋があった。

問題1　【会話1】中の（1）と（2）にあてはまることばとして、最も適切なものを、次の**ア～カ**からそれぞれ一つずつ選び、記号を書きなさい。

　ア　周りを海や川に囲まれた地形のため、外国から入って来る人やものの監視がしやすい

　イ　オランダとだけ貿易するため、キリスト教が国内に広がるのを防ぐことができる

　ウ　川に囲まれている場所だったため、外国の船が攻めてきたときに守るのが難しい

　エ　入り江が多い地形のため、外国から入ってくるものを船に乗せて運びやすい

　オ　東海道の宿場だったため、日本人と外国人とのかかわりが増え、大きな混乱が予想される

　カ　神奈川の海岸沿いは、たくさんの海産物がとれたため、漁民が開港に反対する

問題2　【会話1】中の①＿＿＿線について、次の【地図1】（【資料3】と同じ地図）の太線で囲った地域は、現在の地図に当てはめると、どの地域になるか。解答用紙の地図に当てはまる地域を線で囲いなさい。ただし、次の【地図1】と解答用紙の現在の地図が表している方位は同じとは限らない。

【地図1】

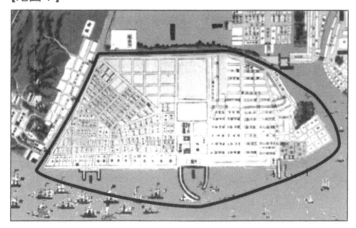

【会話2】

> りかさん：【文章】に書いてあった「みなとみらい地区」は、私も家族と一緒に買い物に行ったことがあります。ランドマークタワーで買い物ができたり、臨港パークの芝生で遊んだりしました。その「みなとみらい地区」がしっかりと考えられた計画に基づいてつくられたとは知りませんでした。
>
> みなみさん：実は、「みなとみらい地区」には、目に見えないところにも工夫が隠されているのですよ。
>
> りかさん：それはいったいどのような工夫なのですか。
>
> みなみさん：「共同溝」という言葉を聞いたことはありますか。「共同溝」とは、電話、電気、ガス、上下水道などの管や線を道路の下にまとめて収容するためにつくられたトンネルのことです。その「共同溝」が「みなとみらい地区」には張り巡らされているのです。
>
> りかさん：ちょっとイメージができないので、教室にあるタブレット端末を使ってインターネットで調べてみます。
>
> りかさん：とあるホームページを調べたところ、イラストが載っていました。なるほど、これが「共同溝」なのですね。

【資料4】 りかさんがみつけた「共同溝」のイラスト

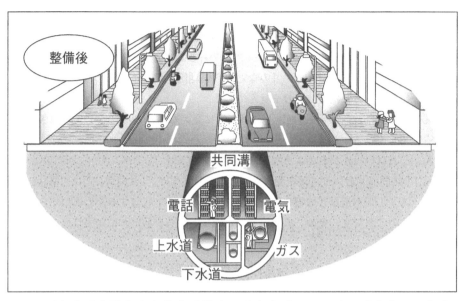

(国土交通省関東地方整備局横浜国道事務所ホームページをもとに作成)

> **みなみさん**：前のページの【資料4】を見て，共同溝にするとどのような利点があると考えられますか。
>
> **りかさん**：【資料4】からは，（　3　）ということが利点として考えられると思います。
>
> **みなみさん**：それ以外にも，地震（じしん）などの災害にも強いという利点があります。
>
> **りかさん**：「みなとみらい地区」は，地面の下という目に見えないところにも工夫がされているのですね。

問題3　【会話2】中の（3）にあてはまるものとして，最も適切なものを，次のア～エから一つ選び，記号を書きなさい。

　ア　整備後は水道水がきれいになって環境（かんきょう）にやさしくなる

　イ　どのような町にでもすぐに整備することができる

　ウ　整備後は水を貯（た）められるので，大雨の時に洪水（こうずい）を防げる

　エ　整備後は道路を掘（ほ）りおこして工事する必要がなくなる

【会話3】

> **りかさん**：私（わたし）は，以前からベイブリッジが大好きだったのですが，【文章】を読んで，はじめて「六大事業」の一つとしてベイブリッジが建設されたことを知りました。
>
> **みなみさん**：なぜベイブリッジが好きなのですか。
>
> **りかさん**：あのアルファベットのHに見えるかたちがとても気に入っているからです。私は，いろいろな場所から撮（と）ったベイブリッジの写真をもっているので，見てください。

【資料5】 りかさんがいろいろな場所から撮ったベイブリッジの写真

みなみさん：どの写真もとてもよく撮れていますね。ベイブリッジは，見る角度によってずいぶん違うように見えるのですね。

り か さ ん：はい。それがベイブリッジの魅力だと思います。

問題4 【資料5】中の1～4の写真は，次のページの【地図2】中のA～Fのそれぞれどの場所で撮ったものですか。写真と場所の組み合わせとして，最も適切なものを，次のア～クから一つ選び，記号を書きなさい。

ア　1とB　　2とA　　3とF　　4とC

イ　1とB　　2とF　　3とA　　4とC

ウ　1とB　　2とA　　3とF　　4とE

エ　1とB　　2とF　　3とA　　4とE

オ　1とD　　2とA　　3とF　　4とC

カ　1とD　　2とF　　3とA　　4とC

キ　1とD　　2とA　　3とF　　4とE

ク　1とD　　2とF　　3とA　　4とE

【地図２】

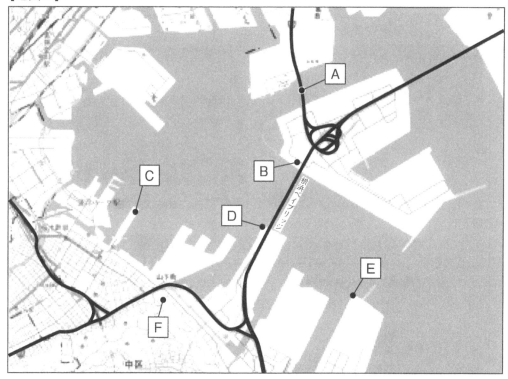

（国土地理院 地理院地図をもとに作成）

【会話４】

りかさん：	私の友だちに，センター南駅の近くに住んでいる人がいます。その人の家に遊びに行ったときに市営地下鉄ブルーラインに乗りました。このことも【文章】に書いてあった「六大事業」に関わりがあることに気がつきました。
みなみさん：	そうですね。そう考えると「六大事業」は，いろいろなところで私たちの生活と関わっていますね。 　「六大事業」を調べていたら，次のページの【資料６】を見つけました。この資料は，「六大事業」の中の（　４　）について，イメージ図を使って説明したものです。
りかさん：	確かに現在は，このイメージ図のように開発が進んでいますね。「六大事業」は，今も続いているのですね。

【資料６】 みなみさんが見つけたイメージ図

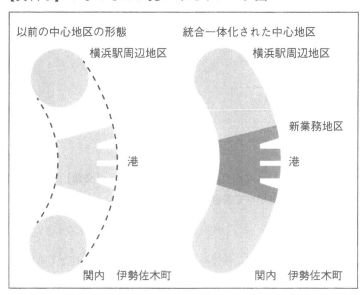

以前の中心地区の形態　　　　統合一体化された中心地区

横浜駅周辺地区　　　　　　　横浜駅周辺地区

新業務地区

港　　　　　　　　　　　港

関内　伊勢佐木町　　　　関内　伊勢佐木町

（横浜市教育委員会編「Yokohama Express 第５版」をもとに作成）

問題５　【会話４】中の（４）にあてはよる言葉を，【文章】の中から26字で見つけ，その最初の３字と最後の３字を書きなさい。

問題６　次の**写真①**，**②**の成り立ちや特徴を，【文章】をもとに，それぞれ横浜のまちづくりの「基本的な戦略」と関連させて，あとの【条件】にしたがって説明しなさい。

写真①
　ドックヤードガーデン

写真②
　桜木町から石川町にかけての高速道路

【条件】

・１枚の写真につき次のページの【語群】からキーワードを２つずつ文中に使うこと。
　ただし一度使ったキーワードは他の写真で使えないこととする。

・それぞれ125字以上150字以内で書くこと。

・段落はつくらずに，１行目，１マス目から書くこと。

【語群】キーワード

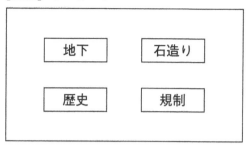

地下	石造り
歴史	規制

問題7　次の【資料7】は，りかさんが見つけた本の一部です。【文章】と【資料7】に共通する考え方を，あとの【条件】にしたがって書きなさい。

【資料7】

　コスタリカは，カリブ海と太平洋に挟まれた，四国と九州を合わせたくらいの中央アメリカの小国ですが，ほかの熱帯林をもつ国（コスタリカには，雨林，乾燥林，雲霧林などのさまざまな熱帯林のバラエティがあるため総称して「熱帯林」という）と同じく1980年代までは，プランテーション[7]やそのほかの開発のために森林をさかんに破壊してきました。しかし90年代に入り，熱帯林やその生物多様性[8]こそ自国の戦略的資源であるとの再認識のもと，保全を重視した政策に転換をはかりました。地球の0.03パーセントという狭い国土ながら，地球上の生物の5パーセント以上を占めるという，きわめて生物多様性の高い自然の貴重さに気づいたからです。

　その施策[9]の一つは，国家事業としてのエコツアー（ツーリズム）の推進でした。エコツアーとはいうまでもなく，すぐれた自然を資源に，自然や生態系に負荷をかけることのない観光事業で旅行客を呼び込み，経済的自立をはかるとともに，その収益[10]を通じて地域の自然や文化の維持に再投資しようとするものです。エコツアーを売り物にしようとすれば，自然を壊してしまっては元も子もありません。国土の25パーセントが保護区に指定され，自然が積極的に保全されています。

　今日では，バナナやコーヒーなどの物産の貿易額を抜いて，外資収入の第一位がエコツアー収入だということです。

　もう一つの国家戦略が，「コスタリカ国立生物多様性研究所」による生物資源の探査[11]です。植物，昆虫，菌類をはじめ，すべての生物を網羅的に収集，分類し，その生物資源としての可能性を探査しているのです。現在，欧米の製薬会社などの数社と契約を結び，化学物質とＤＮＡの探査[12]，スクリーニング[13]を行っています。すでにヘルペスに有効な物質などいくつかの成分がスクリーニングされているということです。

　（豊島　襄「ビジネスマンのためのエコロジー基礎講座　森林入門」より。一部省略やふりがなをつける，表記を改めるなどの変更があります。）

【条件】

・30字以上40字以内で書くこと。
・段落はつくらずに，1行目，1マス目から書くこと。

[注]　※7　プランテーション……熱帯・亜熱帯地域で綿花・ゴム・コーヒーなどの一種だけを大量に栽培する経営形態。

　　　※8　生物多様性……いろいろな生物が存在している様子。

　　　※9　施策……行政機関などが，計画を実行すること。またその計画。

　　　※10　収益……もうけを手に入れること。

　　　※11　網羅……かかわりのあるものすべてを残らず集めて取り入れること。

　　　※12　スクリーニング……ふるいにかけること。選抜。選別。

　　　※13　ヘルペス……皮膚や粘膜に感染して引き起こされる病気。

【適性検査Ⅱ】 （45分）　　＜満点：100点＞

[1]　シマウマの模様に関しては，いろいろな説があります。「サバンナの草原に紛れて敵に見つかりにくい。」という説や，「しま模様は模様が目立ちすぎるため，輪郭が見えにくく，群れを成すと巨大な生物に見え，敵が近寄らなくなる。」という説です。しかし，なぜシマウマがこのように進化し現在に至っているのか，進化のなぞとなっています。そこで，しま模様のできる仕組みがわかれば，進化のなぞも解決できるかもしれないと，動物の模様ができる仕組みの解明が行われています。

　　次の【資料1】，【資料2】を読んで，あとの問題に答えなさい。

【資料1】　2種類の色素細胞の関係

　　動物のしま模様がどのようにできるのか，大型のほ乳類は実験室で実験ができないため，ゼブラフィッシュ（【図1】のA）というしま模様の魚を使って研究が行われています。

　　ゼブラフィッシュの※1細胞を顕微鏡で見ると，黒色と黄色の※2色素細胞の配置が模様になっていることがわかります（【図1】のB）。黒色の色素細胞（以下，黒と記します）がない※3変異体では，黄色の色素細胞（以下，黄と記します）はしま模様を作らず，一様に分布することがわかっています（【図2】）。

　　【図1】　A：ゼブラフィッシュ、B：ゼブラフィッシュの皮ふの顕微鏡画像

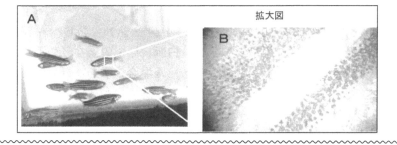

※1　細胞……生物を構成する最小単位の構造。ヒトやその他一般の動植物はたくさんの細胞が集まって体ができている（多細胞生物）が，1個の細胞からなる単細胞生物もある。細胞は分裂によって増える。

※2　色素細胞……色素をもった細胞。

※3　変異体……遺伝子や染色体の異常により，色や形などの性質の一部が変化してしまい，それが子孫に引き継がれていくことがある。こうして新しい性質をもった生物を変異体という。

　　このことから，黄がしま模様を作るには，黒が必要であることがわかります。逆に黄がない変異体の場合も，黒はまばらにではありますが，一様に散らばり，しま模様を作りません（次のページの【図2】）。

【図２】ゼブラフィッシュの色素細胞の模式図

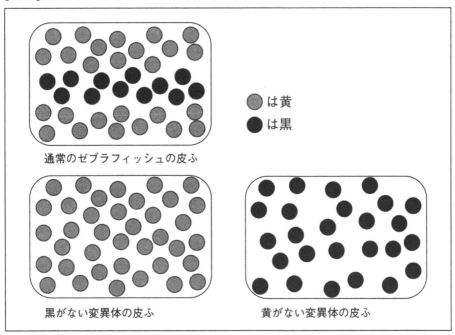

これより，黒と黄のどちらかが先にしま模様を作り，残りがすき間を埋めるというのではなく，おそらく２種類の色素細胞の相互作用で模様ができていることが想像できます。

模様が完成していない若いゼブラフィッシュの皮ふでは，黒と黄が完全に分離しておらず，混ざった状態で存在しています（【図３】）。時間が経つと，黄が優勢な領域では黒がなくなり，黒が優勢な領域では，黄がなくなっていき，色がきれいに分離します（【図３】）。この時間経過をみると，黒と黄が，互いに相手を排除していることが想像できます。

【図３】若いゼブラフィッシュの時間経過に伴う皮ふの変化

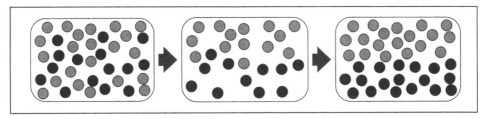

このことは，一部の色素細胞をレーザーで焼くことで簡単に確かめられます。レーザーで焼くと，細胞は死んでしまいます。

次のページの【図４】で，黒と接している黄だけをレーザーで焼くと，黒は生き残ります。ということは，黒が死んでしまうのは，それを取り囲んでいる黄に原因があるといえます。この関係は，黒と黄を逆にした実験でも成り立つので，隣り合った黒と黄は，互いを排除しようとしていることがわかります。

【図4】レーザー実験①

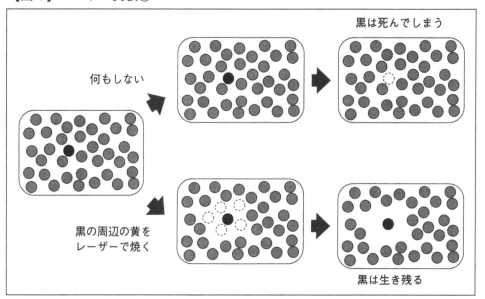

では，遠いところにある色素細胞の影響はどうでしょうか。次の実験では，広い範囲の黒，または黄を全部レーザーで焼いてみました。興味深いことに，この実験の結果は，黒と黄で異なります。

まず，黒を広い範囲で焼いた場合，黄は何の影響も受けません。元気に数を増やしていき，もともと黒がいた領域にも黄が広がっていきます（【図5】）。

一方，黄を広い範囲で焼いたとき，黒の多くは急に小さくなり，20〜30％が死んでしまいます。つまり，黒が元気に生存するためには，黄が必要ということになります（【図6】）。

【図5】レーザー実験②

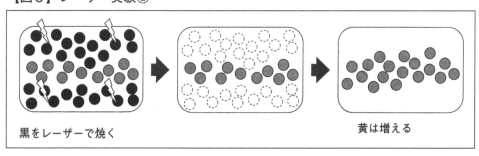

【図6】レーザー実験③

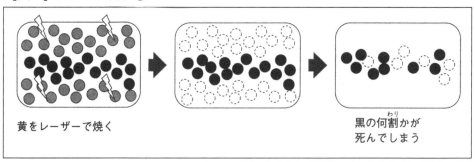

　一つ目の実験と逆のような結果ですが，何が違うのでしょう。違いは，影響が及ぶ距離です。前のページの【図6】で示したように，黄と接していない黒も何割かが死んでしまうということは，黄による黒の生存を促進する（助ける）効果は，少し離れたところで，はたらくということになります。つまり，排除効果は隣接する黄と黒の間で起こり，生存促進効果は遠距離で，はたらくのです（【図7】）。

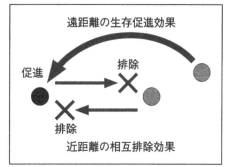

【図7】レーザー実験からわかった色素細胞間の相互作用の模式図

　ある領域で黒が優勢になってしまったり，逆に黄が優勢になってしまったりする場合を考えると，相互作用がお互いに返ってきたり，効果が及ぶ距離が違ったり，複雑になってしまいます。そこで黒から黄，黄から黒へのそれぞれの効果1つずつを1組と考え，【図7】を【図8】の①と②のように2つに分けて考えました。

【図8】色素細胞間の相互作用を2つに分解した模式図

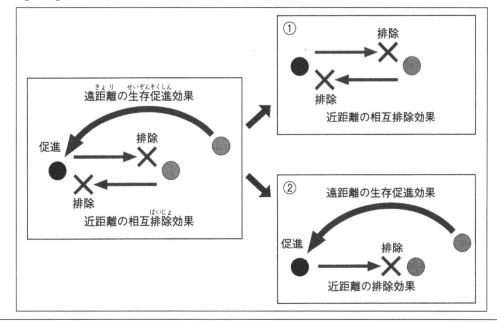

（近藤　滋「波紋と螺旋とフィボナッチ」をもとに作成）

問題1　【図8】の①では，黒が増えると最終的にはどうなると考えられますか。**語群**の中から一つ選び，番号を書きなさい。

語群

1	黄も黒もなくなる
2	黄と黒が同じ数くらいになる
3	黄だけになる
4	黒だけになる

問題2 前のページの【図8】の②について，何らかの原因で黄が減ったとき，その後の流れを考えます。次の（1）～（3）にあてはまることばとして，最も適切なものを**語群**からそれぞれ一つずつ選び，記号を書きなさい。ただし，（1），（3）は**ア～カ**から，（2）は**キ～コ**から選びなさい。

　黄が減る。

　　　↓

　（　1　）ので，（　2　）。

　　　↓

　（　3　）ので，黄が増える。

　　　↓

　黄の数は元に戻る。

語群

ア　黄の，黒への生存を促進する効果が増える
イ　黄の，黒への生存を促進する効果が減る
ウ　黄の，黒を排除する効果が増える
エ　黄の，黒を排除する効果が減る
オ　黒の，黄を排除する効果が増える
カ　黒の，黄を排除する効果が減る
キ　黒が増える
ク　黒が減る
ケ　黄が増える
コ　黄が減る

【資料2】 模様ができる仕組み

　【図8】の①と②は，黒に対して反対にはたらく作用ですが，【図8】の①は近距離ではたらき，【図8】の②は遠距離の効果が含まれているので，広い範囲ではたらくことになります。そのため，【図8】の①と②は共存してはたらくことができます。

　ゼブラフィッシュの実験からわかった2つの作用が模様を作る基礎となることはわかりましたが，模様のパターン（しま模様，まだら模様，格子模様など）はどうやって決まるのでしょう。

　今度は黄と黒がほぼ均等に混ざっている短冊状の皮ふの領域を考えます。横軸を皮ふの位置，縦軸を黄と黒の割合としてグラフにすると，次のページの【図9】の**A**のようになります。この状態から中央付近で黄が増えたとします（【図9】の**B**）。ごく近い場所では，黄による黒への生存促進効果より排除効果のほうが大きいため，黒は減っていき，黄はさらに増えていきます（【図9】の**C**）。中央では黄が圧倒的に多くなりますが，中央から少し離れたところでは黄による排除効果は強く現れず，逆に生存促進効果により黒が増えていきます。遠距離ではたらく生存促進効果と，近距離ではたらく相互排除効果がせめぎ合い，それぞれの色の領域が次第にはっきりとしてきます（【図9】の**D**）。そして，さらに遠くの領域では黒が減り，黄が増

えて，そのさらに遠くでは…　と２つの作用は波のように広がっていくのです。

【図9】　２つの作用による皮ふの模式図と黄と黒の割合のグラフ

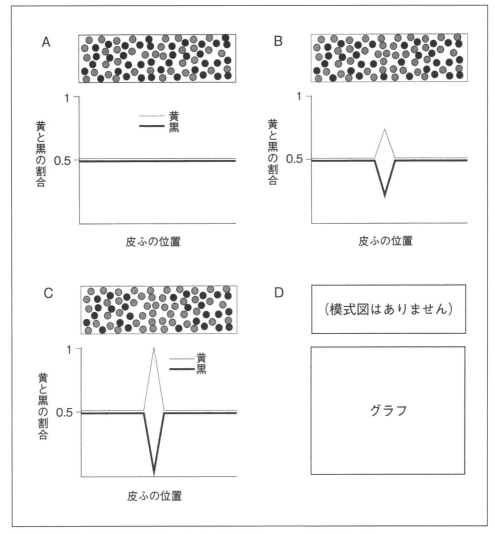

この大胆なアイデアを初めて思いついたのはイギリスの数学者，アラン・チューリング（1912～1954年）です。アラン・チューリングは，計算機科学の創始者であり，生涯に１つだけ書いた生物に関する論文（1952年）で提案したのが，この動物に模様の波を作る原理（チューリング・パターン）なのです。

17ページの【図7】をチューリング・パターンでシミュレートすると，「遠距離ではたらく生存促進効果」の距離をごく短くしたとき，２色が均一に混ざった中間色となり，距離を十分に長くしたとき，２色がくっきりと分離したしま模様になります。シマウマは進化の過程でしま模様を獲得したのではなく，均一な中間色を保つ仕組みが壊れてしまい，現在のような姿になったと考えられるのです。

（近藤　滋「波紋と螺旋とフィボナッチ」をもとに作成）

問題3 前のページの【図9】のDのグラフとして最も適切なものを，次の1～4から一つ選び，番号を書きなさい。

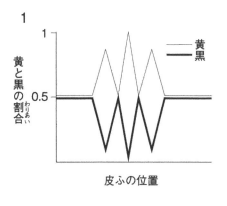

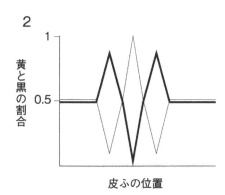

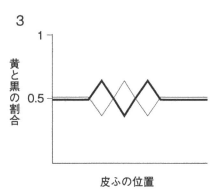

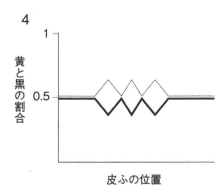

---

2 次の**たろうさん**と**はなこさん**の【会話文】を読んで，あとの問題に答えなさい。

【会話文】

> **たろうさん**：はなこさん，リバーサルミラーを知っていますか。
>
> **はなこさん**：いいえ，初めて聞きました。
>
> **たろうさん**：鏡にうつる自分の顔は，本当の自分の顔とは左右が入れかわってうつってしまいますよね。しかし，2つの鏡を直角に組み合わせると，左右が入れかわっていない自分の顔を見ることができます。そのように2つの鏡を直角に組み合わせた鏡のことを**リバーサルミラー**とよぶそうです。
>
> **はなこさん**：そうなのですね。
>
> **たろうさん**：今日は鏡を2つ持ってきたので，一緒に**リバーサルミラー**をつくってみませんか。
>
> **はなこさん**：いいですね。つくってみましょう。

【図1】 たろうさんとはなこさんがつくったリバーサルミラー

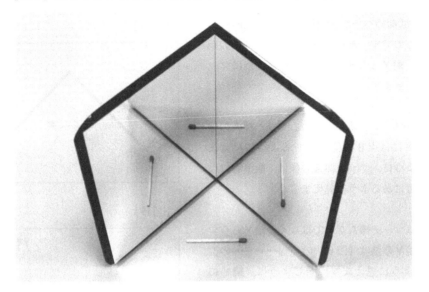

　たろうさんとはなこさんは，つくった**リバーサルミラー**にいろいろなものをうつしてわかったことを【資料1】次のページの【資料2】にまとめました。ただしこれ以降，一般的な鏡を単に「鏡」，2つの鏡を直角に組み合わせてつくった鏡を「**リバーサルミラー**」，鏡やリバーサルミラーにうつったもののことを「像」とよびます。

【資料1】鏡にうつる像とリバーサルミラーにうつる像

　【図2】のように「G」と書かれたものを，鏡にうつすと，観察者には【図3】のように左右が入れかわった像が見えます。

　ところが，【図2】のように「G」と書かれたものを，リバーサルミラーにうつすと，観察者には【図4】のように左右が入れかわっていない像が見えます。

【図2】鏡にうつしている様子

【図3】鏡にうつる像

【図4】リバーサルミラーにうつる像

【資料2】 リバーサルミラーについて考えたこと

　【図5】は前のページの【図1】を模式的にあらわしたものです。また，組み合わせた2つの鏡を，鏡X，鏡Yとします。【図5】のようにマッチ棒Aをおきます。

【図5】

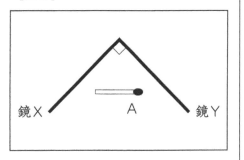

　【図6】のように，鏡Xにうつるマッチ棒Aの像は，観察者には点Bの位置にあるように見えます。同じように，マッチ棒Aの像は，観察者には点Cの位置にあるように見えます。

【図6】

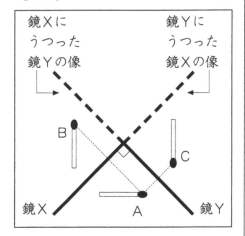

　鏡Xにはマッチ棒Aだけではなく，鏡Yもうつります。鏡Yの像は【図6】の点線━━━━の位置にあるように見えます。同じように，鏡Yには，鏡Xがうつり，【図6】の点線━━━━の位置にあるように見えます。

　Bの位置にあるように見えるマッチ棒Aの像と，Cの位置にあるように見えるマッチ棒Aの像がさらに像をつくって，【図7】のDの位置で重なって見えていると考えられます。　したがって，観察者には左右が入れかわっていない像が見えます。

【図7】

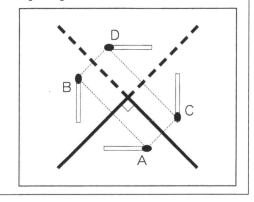

問題1　前のページの【図2】と同じように，今度は「F」と書かれたものを鏡とリバーサルミラーにうつします。観察者に対して正面に見える像の見え方の組み合わせとして最も適切なものを，次のページの1～4から一つ選び，番号を書きなさい。

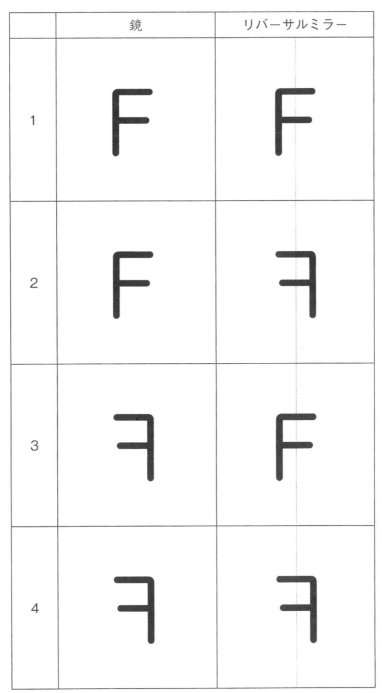

点線は２つの鏡の境目

問題2　リバーサルミラーを【図8】のように90°回転させて置き，問題1と同じように「F」と書
かれたものをうつします。このとき，観察者に対して正面に見える像として最も適切なものを，あ
との1〜8から一つ選び，番号を書きなさい。

【図8】　90°回転させたリバーサルミラー

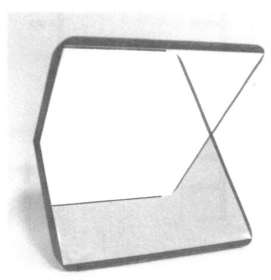

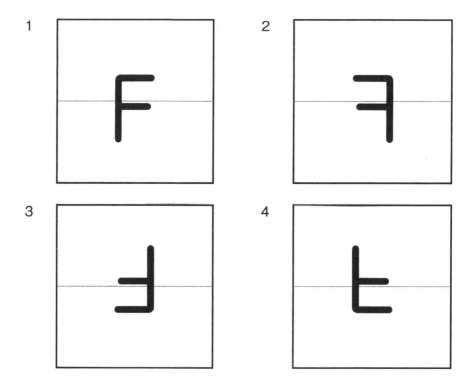

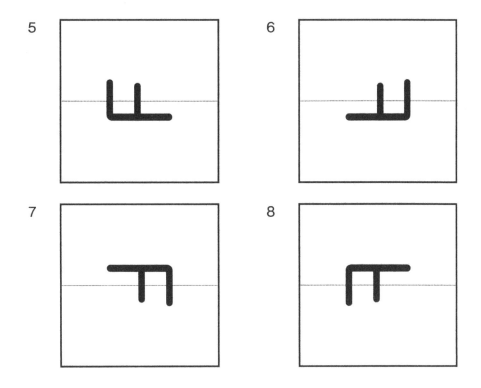

点線は２つの鏡の境目

　観察者が，**リバーサルミラー**を持ち，【**図９**】のように観察者自身の顔をうつしました。　この状態から，**リバーサルミラー**を【**図９**】の矢印の方向に時計回りに**リバーサルミラー**が元のところにもどるまで１回転させました。

　【**図９**】観察者から見た、**リバーサルミラー**にうつった観察者の顔の像

問題3 観察者に見える像の動きとして最も適切なものを，次の１～６から一つ選び，番号を書きなさい。

1 観察者の顔の像が時計回りに半回転※1して見える。

2 観察者の顔の像が反時計回りに半回転※1して見える。

3 観察者の顔の像が時計回りに１回転※1して見える。

4 観察者の顔の像が反時計回りに１回転※1して見える。

5 観察者の顔の像が時計回りに２回転※1して見える。

6 観察者の顔の像が反時計回りに２回転※1して見える。

※1 ここでいう「半回転」とは180°の回転のこと，「１回転」とは360°の回転のこと，「２回転」とは360°の回転が２回分（720°の回転）のことです。

はなこさんは，２つの鏡の組み合わせ方を直角以外にしたときにも，**リバーサルミラー**と同じような像ができるのかが気になりました。そこで，２つの鏡を72°で組み合わせ，22ページの**【資料２】**と同じようにマッチ棒を置きました。すると，**【図10】**のように観察者に対して正面に見える像が一つに定まりませんでした。

【図10】７２°で組み合わせた２つの鏡にうつる像

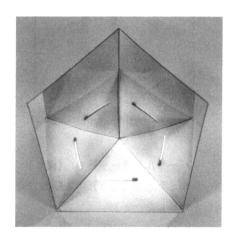

問題4 ２つの鏡を40°，45°，60°で組み合わせたときの，観察者に対して正面に見える像を調べます。このときの像の見え方として最も適切なものを，次の１～３からそれぞれ一つずつ選び，番号を書きなさい。

1 **【図３】**のように左右が入れかわった像ができる。

2 **【図４】**のように左右が入れかわっていない像ができる。

3 **【図10】**のように像が一つに定まらない。

【図３】鏡にうつる像　　　　**【図４】リバーサルミラーにうつる像**

3　たろうさんとはなこさんは，体育の授業で50m走をして，陸上競技に興味をもちました。短距離走についての資料を探し，【資料１】にまとめました。あとの【会話文】を読み，問題に答えなさい。

【資料１】見つけた資料をまとめたもの

　　陸上競技では短距離走などの走る種目において，速度はストライド（１歩で進む距離）とピッチ（１秒間に足が接地する歩数）のかけ算によって決まります。つまり式は

　（ストライド）×（ピッチ）＝（速度）　になります。例えば，ストライドが２メートルで，ピッチが４の場合は，１秒間に８メートル進むということになります。

　　ただし，50mや100mを同じストライドやピッチで走るわけではなく，スタート時から中間にかけて，ストライドは広くなり，ピッチは上がるので，【図１】のように速度が上がっていきます。

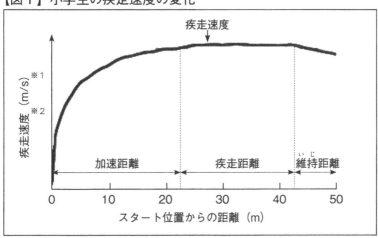

【図１】小学生の疾走速度の変化

（「体育学研究　疾走速度変化から見た小学生の５０ｍ走における局面構成」
をもとに作成）

※１　m／s……１秒間あたり，何m進むかを表している単位。

※２　疾走速度……走ったときの速さ。

さらに調べていくと，陸上男子100mの日本記録を見つけたので，【表1】にまとめました。また，山縣亮太選手が日本新記録を出したときの詳細なデータを見つけたので，【表2】にまとめました。

【表1】陸上男子１００ｍの日本記録の移り変わり

年度	記録	選手名	大会名
1968	10秒34	飯島秀雄	メキシコ五輪
1987	10秒33	不破弘樹	東京国際ナイター陸上
1988	10秒28	青戸慎司	四大学対校
1990	10秒27	宮田英明	国民体育大会
1991	10秒20	井上悟	関東学生
1993	10秒19	朝原宣治	国民体育大会
1996	10秒14	朝原宣治	日本選手権
1997	10秒08	朝原宣治	ローザンヌ・グランプリ
1998	10秒00	伊東浩司	バンコクアジア大会
2017	9秒98	桐生祥秀	陸上競技対校選手権
2019	9秒97	サニブラウン アブデル・ハキーム	全米大学選手権
2021	9秒95	山縣亮太	布勢スプリント

（「ＮＨＫスポーツ」をもとに作成）

【表2】山縣選手の１０ｍごとの区間通過タイムと１０ｍごとの区間スピード

名前	ゴールタイム(秒)	最大スピード(m/s)	最大スピードが出た区間(m)	項目	10m	20m	30m	40m	50m	60m	70m	80m	90m	100m
山縣亮太	9.95	11.63	55	時間(秒)	1.84	2.88	3.81	4.70	5.57	6.43	7.29	8.16	9.05	9.95
				速さ(m/s)	5.43	9.62	10.75	11.24	11.49	11.63	11.63	11.49	11.24	11.11

（「ＪＡＡＦ　日本陸上競技連盟公式サイト」をもとに作成）

【会話文】

はなこさん：前のページの【図1】のグラフを見ると，小学生は50m走の終盤は減速していますが，山縣選手が50m走をしたらどうなるのでしょうか。

たろうさん：実際に50m走をしたデータは見つからなかったので100m走の記録のうちの，50mまでを折れ線グラフにしてみましょう。

はなこさん：想像になってしまいますが，その方法でやってみましょう。まずは10mごとの記録をあらわす点をうってみましょう。

たろうさん：０mのときの速度は０ｍ/ｓなので，ここに点をうつ必要がありますね。

問題1　【表2】のデータをもとに，山縣選手が走った50mまでの記録について，解答用紙の０mにある点にならって，10mごとに点をうちなさい。ただし，**点と点は線で結んではいけません。**

【会話文】の続き

> はなこさん：グラフにしてみると小学生が走ったときと山縣選手が走ったときの違いがよくわかりますね。
>
> たろうさん：前のページの【表2】にあるように，山縣選手の最大スピードが記録されたのは55mのときとなっているから，50mを走り終えたときはまだ最大スピードではないのですね。
>
> はなこさん：それはすごいですね。小学生が減速しているところを，山縣選手は加速しているのですね。それでは，世界記録を出した選手は，どのような経過で100mを走っているのでしょうか。
>
> たろうさん：では，世界記録の詳細なデータを調べてみます。

　次にたろうさんは，陸上男子100mの世界記録が気になったので調べました。調べていくと，ウサイン・ボルト選手とタイソン・ゲイ選手の10mごとの区間通過タイム，区間スピードなどの【表3】を見つけました。また，それぞれの選手の，身長や体重，レースの細かい情報などの【表4】を見つけました。　　　　　　　　　　　　　　　（【表3】と【表4】は次のページにあります。）

問題2　ウサイン・ボルト選手が100mを走る中で，最も速度の変化が大きかったのは何m～何mの間ですか。１～10から一つ選び，番号を書きなさい。

　　1　　0～10m　　　　2　　10～20m
　　3　　20～30m　　　　4　　30～40m
　　5　　40～50m　　　　6　　50～60m
　　7　　60～70m　　　　8　　70～80m
　　9　　80～90m　　　　10　　90～100m

問題3　【表3】中の（あ）にあてはまる数値を答えなさい。答えがわりきれないときは，小数第三位を四捨五入して，小数第二位まで答えなさい。

問題4　次の１～３の文章を読み，文章内の（い）～（え）にあてはまる数値を答えなさい。答えがわりきれないときは，小数第三位を四捨五入して，小数第二位まで答えなさい。

　1　ウサイン・ボルト選手はストライドが広く，身長に対する最大ストライドの割合は（　い　）でした。

　2　ウサイン・ボルト選手の最大速度に対する最終速度の割合は（　う　）でした。

　3　タイソン・ゲイ選手は，ウサイン・ボルト選手よりもピッチの値が大きかったです。しかし，タイソン・ゲイ選手の最大ピッチに対する最終ピッチの割合は（　え　）で，ウサイン・ボルト選手よりも低い数値でした。

【表3】 ウサイン・ボルト選手とタイソン・ゲイ選手の 10mごとの通過タイムと10mごとの区間スピード

名前	ゴールタイム(秒)	最大スピード(m/s)	最大スピードが出た区間(m)	項目	10m	20m	30m	40m	50m	60m	70m	80m	90m	100m
ウサイン・ボルト	9.58	12.35	65	時間(秒)	1.89	2.88	3.78	4.64	5.47	6.29	7.10	7.92	8.75	9.58
				速さ(m/s)	5.29	10.10	11.11	11.63	12.05	12.20	12.35	12.20	12.05	12.05
タイソン・ゲイ	9.71	12.20	65	時間(秒)	1.91	2.93	3.85	4.71	5.55	6.38	7.20	8.03	8.86	9.71
				速さ(m/s)	5.24	9.80	10.87	(あ)	11.90	12.05	12.20	12.05	12.05	11.76

(「日本陸上競技連盟 陸上競技研究紀要」をもとに作成)

【表4】 ウサイン・ボルト選手とタイソン・ゲイ選手のレース時の詳細データ

名前	身長(cm)	体重(kg)	ゴールタイム(秒)	風速(m/s)	速さ(m/s)			ピッチ			ストライド(cm)	
					スタート	最大	最終	スタート	最大	最終	スタート	最大
ウサイン・ボルト	196	95	9.58	0.9	5.29	12.35	11.98	4.29	4.48	4.29	135	275
タイソン・ゲイ	183	73	9.71	0.9	5.24	12.20	11.76	4.57	4.90	4.54	121	248

(「日本陸上競技連盟 陸上競技研究紀要」をもとに作成)

2022 年 度

解 答 と 解 説

《2022年度の配点は解答欄に掲載してあります。》

＜適性検査Ⅰ解答例＞

問題1　(1) オ　(2) ア

問題2

（国土地理院　地理院地図をもとに作成）

問題3　エ

問題4　イ

問題5　(最初の3字)横浜駅～(最後の3字)の強化

問題6　写真①：
ドックヤードガーデンは，「港を軸として発展してきた歴史を大事にする」戦略にもとづいて，日本で最初の石造りのドックを活用して造られたイベント広場である。いったんは埋められたドックを保存することで，横浜が日本で最初に開かれた港であり，多くの船を建造した地であるという歴史の記おくが残ることになった。

写真②：
桜木町から石川町にかけての高速道路は，はじめは建設費の安い高架で建設される予定であった。しかし，「無秩序な開発を規制して快適な住みやすい環境を確保する」戦略にもとづいてこの区間は地下に通されることになり，その結果，横浜にとって最も大事なミナト周辺の景観が保たれることになった。

問題7　特有の資源を保存しつつ，それらを活用して都市や国家を発展させていく考え方。

○配点○

問題1　各7点×2　　問題2　8点　　問題3・問題4・問題5　各6点×3

問題6・問題7　各20点×3　　　計100点

＜適性検査Ⅰ解説＞

（社会：都市開発，横浜の歴史，資料の読み取り，国語：条件作文）

問題1　(1)　幕府が神奈川宿を開港場にしたくなかった理由を選ぶ問題。神奈川宿を開港場にすることでどのようなデメリットがあるかを考える。【会話1】の内容と【資料2】の地図から，神

奈川宿は東海道の宿場であることがわかる。また，(1)の直前に「船が4隻来航しただけで幕府が混乱した」という内容のりかさんの発言があり，開港による混乱を防ぎたかったのではないかと考えられる。

(2) 幕府が横浜村を開港場にしたかった理由を選ぶ問題。横浜を開港場にすることでどのようなメリットがあるかを考える。【会話1】の内容と【資料3】の地図から，横浜は海や川に囲まれ，陸地と切り離されていることがわかる。このことから，開港場にするのに都合の良い地形だったということが考えられる。

問題2 ①＿＿＿＿線の直後のみなみさんの発言をヒントにして考える。「関内駅」周辺の川や高速道路，海の位置を目印にするとよい。

問題3 【資料4】の整備後のイラストでは，共同溝の中に人が入って作業をしているのがポイント。整備前に比べて工事がしやすいということが読み取れる。

問題4 橋の写っている向きに注目する。1の写真は左手前から右奥に向かっているように見えるためBの場所，2の写真はベイブリッジの前に道路が見えるためFの場所，3の写真は手前に建物が写っているためAの場所，4の写真は手前に海があり，奥に建物が見えるためCの場所から撮った，とそれぞれ判断できる。

問題5 【文章】中で，「六大事業」とは「横浜駅と関内地区に分断されている都市中心部機能の強化」，「良好な住宅環境を確保するニュータウン建設」，「工業団地と住宅を組み合わせた大規模な埋立て」，「市内の高速道路網」，「地下鉄建設」，「ベイブリッジ建設」であると述べられている（第8段落）。【資料6】のイメージ図では横浜駅周辺地区と関内を統合一体化しているので，先に挙げた6つのうち，1つ目の事業が当てはまると考えられる。

問題6 【文章】中の第8段落最後の文に，「横浜は，港を軸として発展してきた歴史を大事にすること，無秩序な開発を規制して快適な住みやすい環境を確保すること，そして，時代の変化に対応できるように新しい機能を呼び込むこと，という基本的な戦略を生かしてまちづくりを進めているのです。」とある。問題文中の「『基本的な戦略』と関連させて」という指示から，この文章を見つけられるとよい。【条件】にしたがって，それぞれの成り立ちと特徴についてまとめる。

写真①：【語群】からキーワードとして「石造り」と「歴史」を選び，【文章】中の第11〜12段落の内容をまとめる。関連する「基本的な戦略」は，「港を軸として発展してきた歴史を大事にすること」。

写真②：【語群】からキーワードとして「地下」と「規制」を選び，【文章】中の第18段落の内容をまとめる。関連する「基本的な戦略」は，「無秩序な開発を規制して快適な住みやすい環境を確保すること」。

やや難 **問題7** 【文章】は「港としての歴史を軸にして未来に向かって発展するまちづくり」（第10段落第5文）について，【資料7】は「熱帯林やその生物多様性こそ自国の戦略的資源であるとの再認識のもと，保全を重視した政策」（第1段落第2文）についての文章である。どちらの文章も，開発が進むうちに起こる課題を，もともとあった資源や環境を保存・活用し，将来も見据えた戦略で解決していく方法にまつわる内容であった。共通して使われている「開発」「戦略」「事業」などの言葉に着目し，両者に通ずる考え方を簡潔にまとめる。

★ワンポイントアドバイス★

会話や文章の流れをおさえ，答えのヒントとなる情報を適切に読み取れるようにしよう。記述問題は，できるだけ本文中の言葉を借りながら，文と文のつながりを意識して書くことがポイント。

＜適性検査Ⅱ解答例＞

1　問題1　4
　　問題2　1：イ　　　2：ク　　　3：カ
　　問題3　2

2　問題1　3
　　問題2　3
　　問題3　5
　　問題4　40°：3　　45°：2　　60°：1

3　問題1

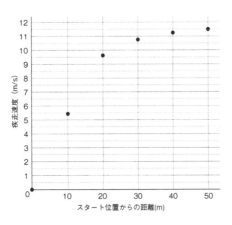

　　問題2　1
　　問題3　11.63
　　問題4　1：1.40　　　2：0.97　　　3：0.93

○配点○
1　問題1・問題2・問題3　各10点×3
2　問題1　5点　　　問題2・問題3・問題4　各10点×3
3　問題1・問題3・問題4　各10点×3　　　問題2　5点　　　計100点

＜適性検査Ⅱ解説＞

1 （理科：資料の読み取り）

問題1 ①で黒が増えると，黒が黄を排除する効果が強くなると考えられる。

問題2 ②では，黒は黄から生存促進効果を受け，黄は黒から排除効果を受けることが書かれている。したがって，「黄が増える＝黒から受ける排除効果が減る」ということになり，(3)にはこの内容の**カ**が当てはまる。また，「黒からの排除効果が減る＝黒の数が減る」ということなので，(2)にはこの内容の**ク**が当てはまる。同様に，「黒が減る＝黄から受ける生存促進効果が減る」ということになるので，(1)にはこの内容の**イ**が当てはまる。

問題3 【資料2】で述べられている，「中央では黄が圧倒的に多くなりますが，中央から少し離れたところでは黄による排除効果は強く現れず，逆に生存促進効果により黒が増えていきます。(中略)それぞれの色の領域が次第にはっきりとしてきます」から考える。中央で黄が圧倒的に多くなっているのは1と2。そのうち,中央から少し離れたところで黒が多く，黄が少なくなっているのは2。したがって，2のグラフが当てはまる。

2 （理科：鏡）

問題1 鏡には左右が入れかわった像が，リバーサルミラーには左右が入れかわっていない像が見える。

問題2 【図7】を見ると，実際のマッチ棒AとリバーサルミラーにうつるDの像では左右の位置が入れかわっている。したがって，【図8】のように90°回転させると上下の位置が入れかわると考えられる。ただし，左右が反転することはない。

問題3 問題2で考えたように，リバーサルミラーを90°回転させると像は半回転する。したがって，1回転させると像は2回転すると考えられる。また，左右の反転はないから，像が回転する方向は実際の回転の方向と変わらず，時計回りになる。

問題4 【図7】にならって2つの鏡を40°，45°，60°で組み合わせたときの像を図で示すと，下のようになる。

40°…360°を9分割　　　　45°…360°を8分割　　　　60°…360°を6分割

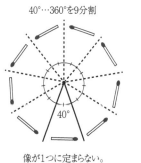

像が1つに定まらない。

左右が入れかわっていない像ができる。

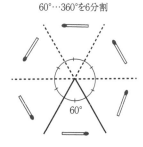

左右が入れかわった像ができる。

基本 3 （算数：速さ，グラフ，割合）

問題1 横軸はスタート位置からの距離(m)，縦軸は疾走速度(m/s)である。

問題2 ウサイン・ボルト選手の10mごとのスピードと，それぞれのひとつ前の区間との速さの差をまとめると，次のようになる。

	速さ(m/s)	ひとつ前の区間との速さの差
（0m）	（0）	－
10m	5.29	5.29
20m	10.10	4.81
30m	11.11	1.01
40m	11.63	0.52
50m	12.05	0.42
60m	12.20	0.15
70m	12.35	0.15
80m	12.20	0.15
90m	12.05	0.15
100m	12.05	0.00

　　　したがって，最も速度の変化が大きいのは0m～10mの間とわかる。

問題3　求めるものが区間スピードの数値であることに注意する。「速さ＝距離÷時間」であるから，タイソン・ゲイ選手は，30m～40mの区間の10mを4.71－3.85＝0.86秒で走っているので，

　　　　　10÷0.86＝11.627…(m/s)
　　　　小数第三位を四捨五入して，11.63(m/s)

問題4　い：【表4】から，ウサイン・ボルト選手の最大ストライドは275cm，身長は196cmとわかるので，身長に対する最大ストライドの割合は，

　　　　　　　275÷196＝1.403…
　　　　　　小数第三位を四捨五入して，1.40

　　　う：【表4】から，ウサイン・ボルト選手の最大速度は12.35m/s，最終速度は11.98m/sとわかるので，最大速度に対する最終速度の割合は，

　　　　　　　11.98÷12.35＝0.970…
　　　　　　小数第三位を四捨五入して，0.97

　　　え：【表4】から，タイソン・ゲイ選手の最大ピッチは4.90，最終ピッチは4.54とわかるので，最大ピッチに対する最終ピッチの割合は，

　　　　　　　4.54÷4.90＝0.926…
　　　　　　小数第三位を四捨五入して，0.93

　　　★ワンポイントアドバイス★

長い文章を速く正確に読み，必要な情報を整理して解こう。問題を読みながら自分で図や表をかいたり，問題用紙の図や表に書き込んだりしながら，論理的に考える練習をするとよい。

大切なことはメモしておこうネ！

2021年度

★★★★★★★★★★★★★★★★★★★★★★

入 試 問 題

2021
年
度

2021年度

横浜市立横浜サイエンスフロンティア高等学校 附属中学校入試問題

【適性検査Ⅰ】　（23ページから始まります。）
【適性検査Ⅱ】　（45分）　　＜満点：100点＞

1　　はなこさんとたろうさんは，「持続可能な開発目標（Sustainable Development Goals，略 称（りゃくしょう）はＳＤＧｓ）」を自由研究のテーマにすることにしました。17ある目標のうち13番目にあげられている「気候変動に具体的な対策を」について資料を探（さが）し，【資料１】，【資料２】，【資料３】，【資料４】をまとめました。

【資料１】見つけた資料をまとめたもの「気候変動について」

　　2019年スペインで※1ＣＯＰ25が開催（かいさい）されました。ここで話し合われた内容には，地球温暖（おんだん）化問題がふくまれています。科学者が果たせる重要な役割（やくわり）として，人間活動による温室効果ガス濃度（のうど じょうしょう）の上昇を明らかにすることが考えられます。また，将来（しょうらい）の温室効果ガス濃度の予測，それによる気候変動の予測をすることも大切です。

　　1950年代に温室効果ガスの１つである二酸化炭素の濃度の観測が開始され，現在では地球全体で行われています。気象庁（きしょうちょう）によると日本の南鳥島では1993年の二酸化炭素濃度の平均値（へいきんち）は358.3※2ppmであったものが，2019年には412.2ppmと報告されています。

　　温室効果ガスと気候はたがいに影響（えいきょう）をあたえ合うので，将来の予測のためには現在の温室効果ガス濃度の上昇や人間活動によって排出（はいしゅつ）される温室効果ガスの量の把握（はあく）だけでは不十分です。過去の温室効果ガスの変動と気候変動の関係を明らかにすることが必要不可欠です。

（東北大学大学院理学研究科大気海洋変動観測研究センターのウェブページより作成）

【資料２】見つけた資料をまとめたもの「氷床（ひょうしょう）※3コアについて」

　　過去に起きた気候変動の復元と同時に，温室効果ガスの成分の変動を復元できる方法が氷床コア分析（ぶんせき）です。氷床とは，南極やグリーンランドで降り積もった雪が固まってできた，大地を広く覆（おお）う厚い氷です。雪が降り積もり，※4自重で圧縮（あっしゅく）され氷へ変化します。このとき，雪の隙（すき）間（ま）にあった空気が氷の中に取り込（こ）まれ，過去の空気が保存されます。氷床コア分析は，過去の空気を氷の中から取り出して，直接分析する方法です。

　　日本では氷床コアを研究するため，南極の「ドームふじ基地」で氷床コアの採取（さいしゅ）を行っています。

（東北大学大学院理学研究科大気海洋変動観測研究センターのウェブページより作成）

※1　ＣＯＰ25……気候変動枠組条約（わくぐみ）の第25回締約国会議（ていやく）
※2　ｐｐｍ……全体の量を100万としたとき，その中にふくまれるものの量がいくつであるかを表すことば
※3　コア……地層（ちそう）や氷床をドリルなどでくり抜（ぬ）いて採取したサンプル
※4　自重……自分自身の重さ

【資料3】見つけた資料をまとめたもの「ドームふじ基地と氷床コアについて」

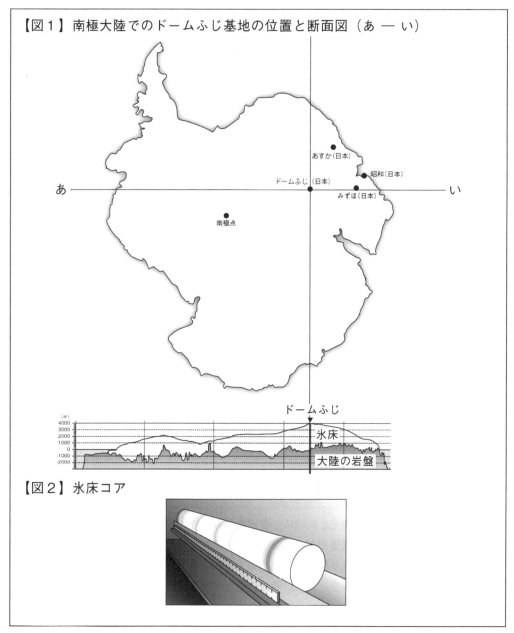

【図1】 南極大陸でのドームふじ基地の位置と断面図（あ ― い）

【図2】 氷床コア

（国立極地研究所のウェブページより作成）

【会話文】

> たろうさん：「ドームふじの氷床コア分析」を調べていると，【図3】を見つけました。氷床をくり抜いた深さと，氷床ができた年代との関係を表した資料です。
>
> はなこさん：【図3】を見てみると，くり抜いた深さを基準にしているようなので左側の軸の目盛りは等間隔ですが，右側の軸の目盛りはそうではないようですね。
>
> たろうさん：右側の軸の年代は目盛りの幅が不規則に見えますね。年によって降る雪の量が違うからなのでしょうか。
>
> はなこさん：資料を理解するために【図3】をもとに，グラフをつくってみたいですね。①くり抜いた深さ500mごとに区切って，何年分の氷床であるかを表すグラフをつくってみましょう。
>
> たろうさん：もうひとつ，視点を変えて②5万年ごとに区切って，氷床の厚さを表すグラフをつくってみましょう。
>
> はなこさん：つくったグラフをみると規則性がみえてきましたね。
>
> たろうさん：【図3】からは（　う　）なっていることがよみとれますね。
>
> はなこさん：確かにそうですね。グラフの表し方で，みえ方がずいぶん変わりましたね。
>
> たろうさん：次は，過去の南極の環境を知りたいので調べてきますね。

【図3】

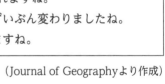

氷床コア

くり抜いた深さ（m）

年代（×千年前）

くり抜いた深さ（m）	年代（×千年前）
0	0
	5
	10
500	25
	50
1000	75
	100
1500	125
	150
	200
2000	250
2500	300

(Journal of Geography より作成)

問題1　【会話文】中の＿＿線①，＿＿線②について，はなこさんの提案で作成したグラフとして最も適切なものを，次のページの1〜6からそれぞれ一つずつ選び，番号を書きなさい。

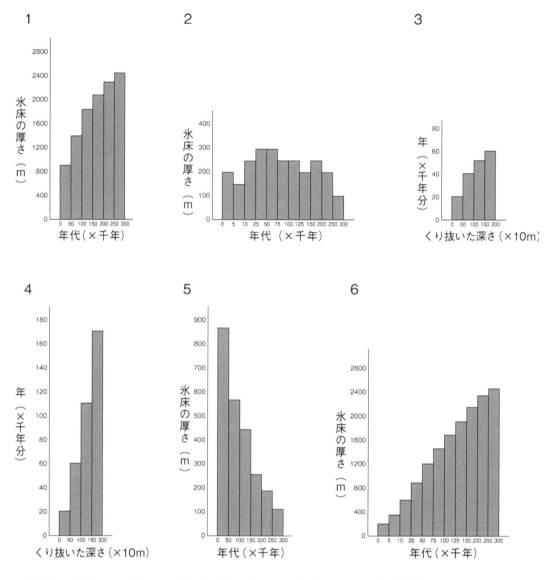

問題2　文章中の **（う）** に，最もよくあてはまることばについて，次の**語群**からことばを4つ選ん
で意味の通る順番に並べ，それらの**番号を順番通り**に書きなさい。

語群

1　5万年ごとの	2　500mごとの	

3　氷床の年代は　　　　4　氷床の厚さは

5　新しいものほど　　　6　古いものほど

7　大陸の岩盤の熱で　　8　地表を吹く冷たい風で

9　雪が多く　　　　　　10　雪が少なく

11　薄く　　　　　　　　12　溶けやすく

13　溶けにくく

　たろうさんは南極のドームふじの氷床コアからわかる過去の気温について調べて，【資料４】をまとめ，はなこさんにわたしました。しかし，【図４】では縦軸が表す言葉や単位もなく，文章の一部が汚れて読めなくなっていました。

【資料４】たろうさんがまとめた資料

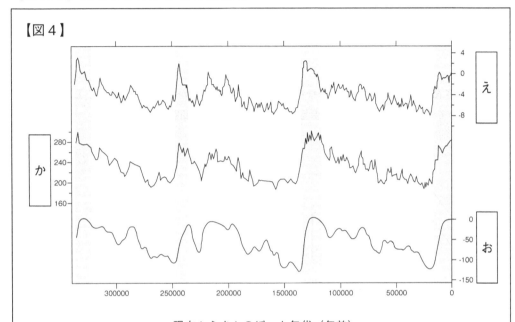

現在からさかのぼった年代（年前）

　【図４】は、南極のドームふじの氷床コアから得た過去７２万年の中の３４万年にわたる　　　　　　　　　　　　　　濃度、その他の海底コア研究から得られている　　　　　　　　　とを比較したものです。

　過去３４万年の間には、温暖かつ海水面が現在と同じくらいの「間氷期」が現在をふくめて何度かあり、それ以外の時期の大部分は寒冷な「氷期」だったことがわかります。二酸化炭素濃度は、間氷期に高い状態で、氷期に低い状態であることから、南極の気温と温室効果ガス濃度は関係していたことがわかります。また、氷期から間氷期に向かって気温が上昇するとき、二酸化炭素濃度は上昇していることがわかります。さらに、気温が上昇した後、海水面は上昇していることがわかります。

（東北大学大学院理学研究科大気海洋変動観測研究センターのウェブページより作成）

問題３　【図４】のグラフの縦軸が何を表しているのか え ～ か にあてはまるものを，次のページの１～６から選び，それぞれ番号を書きなさい。同じ番号を解答らんに書いてはいけません。え，お は現在の値を基準としています。

1　南極の気温の変動（℃）

2　大気中の二酸化炭素濃度（ｐｐｍ）

3　大気中の酸素濃度（ｐｐｍ）

4　氷床の厚さの変動（ｍ）

5　海水面の変動（ｍ）

6　大気中のオゾン濃度（ｐｐｍ）

2　たろうさんとはなこさんは，大きな白い発泡スチロールのかたまりから切り出した【図1】の四角柱について考えています。次の【会話文】を読み，あとの問題に答えなさい。

【図1】

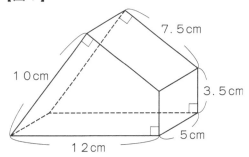

【会話文】

たろうさん：底面に特徴のある四角柱ですね。

たろうさん：底面に特徴のある四角柱ですね。

はなこさん：この四角柱の底面は，直角が2つだけで，残りの角は直角ではない四角形になっていますね。

たろうさん：この四角形を**底面の四角形**とよぶことにしましょう。

はなこさん：わかりやすいように，**底面の四角形**すべてを赤く，側面すべてを青くぬってみましょう。

問題1　赤くぬった面の面積と青くぬった面の面積の比を最も簡単な整数の比で表しなさい。

【会話文】の続き

たろうさん：ところで，こんな資料をみつけました。次のページの【資料1】を見てください。

はなこさん：おもしろいですね。等脚台形は①**直線あ**，**直線い**のような2本の切り取り線で切って動かすと，長方形に形を変えることができるのですね。

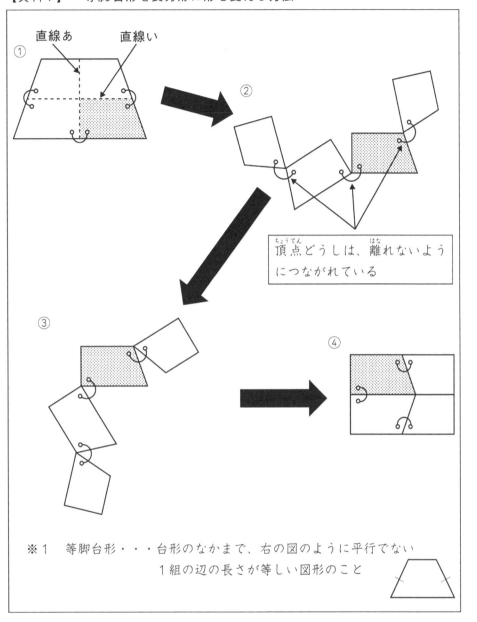

【資料１】 ※1 等脚台形を長方形に形を変える方法

① 直線あ　直線い

頂点どうしは、離れないようにつながれている

②

③

④

※１　等脚台形・・・台形のなかまで、右の図のように平行でない
　　　１組の辺の長さが等しい図形のこと

問題２　【資料１】では，等脚台形を長方形に形を変えるために，どのように２本の切り取り線である直線あ，直線いをひいたと考えられますか。最も適切なものを，次の１～６から１つ選び，番号を書きなさい。

１　切り取られた４つの部分の面積が等しくなるようにひいた

２　２本の切り取り線の長さが等しくなるようにひいた

３　２本の切り取り線が垂直に交わるようにひいた

４　それぞれの辺に垂直になるようにひいた

5　向かい合う辺のそれぞれを２等分する点どうしを結ぶようにひいた
6　合同な四角形の組が２つできるようにひいた

【会話文】の続き

> **たろうさん：**【図１】の底面の四角形も，【資料１】のように切り方を工夫したら，長方形に形を変えることができるのではないでしょうか。
>
> **はなこさん：**そうですね。
>
> **たろうさん：**見てください。**底面の四角形を切って，**並^{なら}べかえたら，①長方形にすることができましたよ。
>
> **はなこさん：**すごいですね。長方形になりましたね。
>
> **たろうさん：**では，さらに切り方を工夫したら，**底面の四角形を長方形以外の形にすることも**できるのではないでしょうか。
>
> **はなこさん：**どうでしょう。いろいろ切って試してみましょう。
>
> **たろうさん：**見てください。②三角形にすることができましたよ。
>
> **はなこさん：**本当ですね。

問題３　【会話文】中の＿＿＿線①，＿＿＿線②にあてはまる切り方の図として適切なものを，次の１～６から**すべて**選び，それぞれ番号を書きなさい。ただし，図の------線は切り取り線を表しています。

1

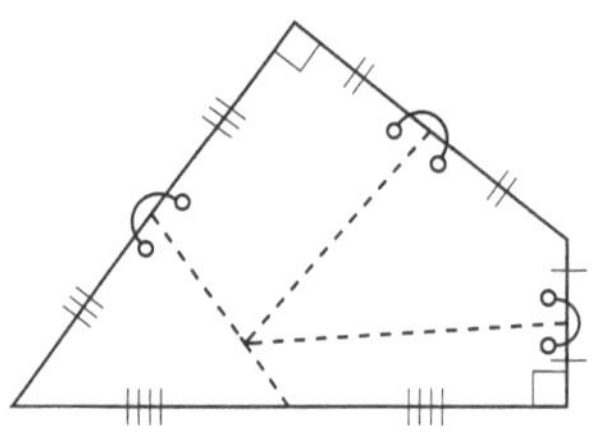

2

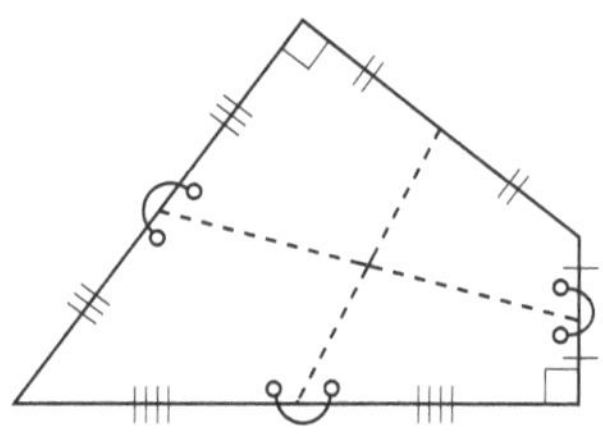

3

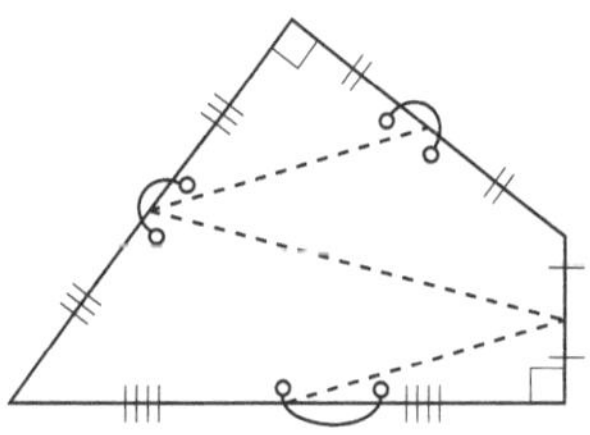

4

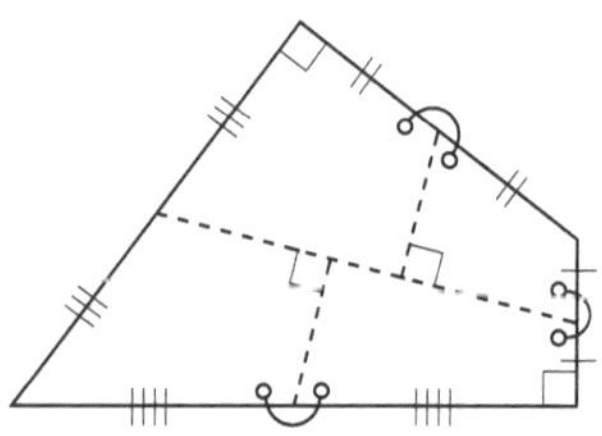

5

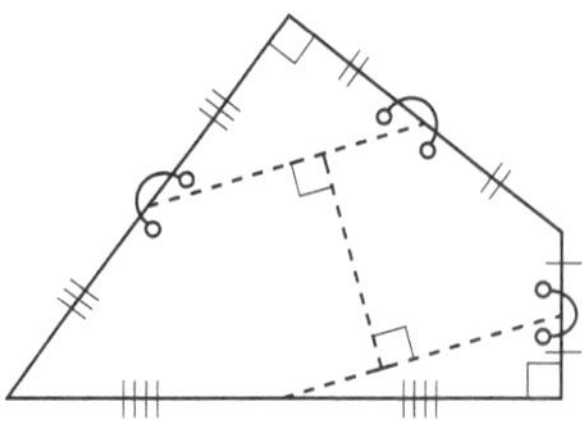

6

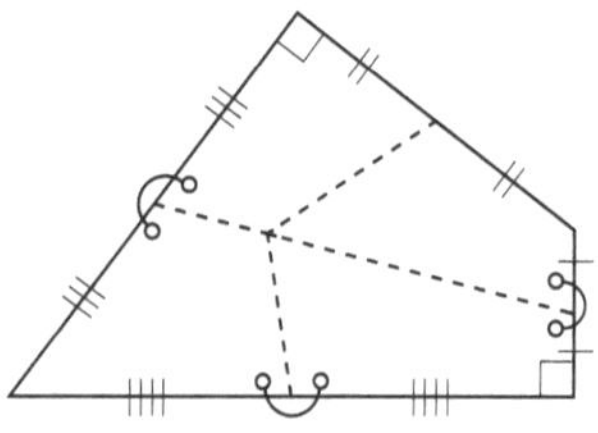

【会話文】の続き

たろうさん：【図1】の四角柱を，【図2】の切り取り線にそって，**底面の四角形に垂直になる**ように切ってみました。では並べかえてみましょう。

はなこさん：並べかえたことによって，側面の青くぬった面がすべて見えなくなりましたね。かわりに，中から白い面がでてきました。

たろうさん：並べかえる前と並べかえた後で，底面積は変わるのでしょうか。

はなこさん：底面は並べかえただけだから，変わらないのではないでしょうか。

たろうさん：そうですよね。では，側面の面積の合計も変わらないのでしょうか。

はなこさん：それはどうでしょうか。

たろうさん：では，【図2】の切り取り線の長さを，実際に測って，外側にくる白い面の面積の合計を計算してみましょう。

はなこさん：細かい部分は測れないので，長さはがい数でいいですね。

たろうさん：そうですね。

【図1】

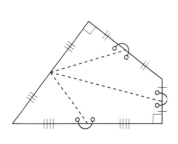

【図2】

問題4　右の【図3】はたろうさんとはなこさんが【図2】の切り取り線の長さを実際に測って，記録したものです。【会話文】にあるように，並べかえてできた立体の外側にくる白い面の面積の合計を答えなさい。

【図3】

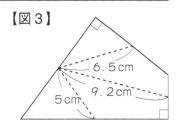

③　たろうさんは外来種に興味をもち，どのような外来種がいるのかを調べました。その中で，魚類の一種であるオオクチバス（ブラックバス）に関する【資料1】を見つけました。

【資料1】オオクチバスについて

　オオクチバスはサンフィッシュ科に属し，北アメリカに自然分布している魚です。1925年に釣りを対象として神奈川県芦ノ湖に導入され，現在では国内のほとんどの川や湖，池に分布しています。成魚では体長が40cm以上にもなりま

【図1】オオクチバス

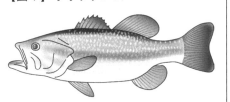

す。産卵はオスが作ったすり鉢状の巣で行われます。繁殖期は水温が16～20℃となる春から初夏です。産卵からふ化後3週間くらいまでの小さな魚は，オス親に保護されます。アメリカの報告によると，メス1匹あたりの※1抱卵数は2000～145000個であり，体のサイズの大きなメスほど多くの卵を産むとされています。国内では，体長20～23cmの三年魚の抱卵数が17200～29500個であることや，※2産卵床1つあたり約5000～43000個の卵が確認されています。春から秋にかけては，水草地帯や障害物のある岸辺近くで活発に餌を求めて動き回り，水温が10℃前後になる秋には深いところへ移動し，冬には沈んでいる木などの間で群をなして越冬します。

　通常はオイカワ，ヨシノボリ類などの魚類やエビ・ザリガニ類などを主食とし，その他水面に落下した昆虫や鳥のヒナまで捕食することがあります。

　オオクチバスは釣りの対象として人気がありますが，昔から日本に生息していた在来種を食い荒らして害を与えることが問題となり，外来生物法で特定外来生物に指定され，無許可の飼育・譲渡・運搬・放流などが禁止されています。

　※1　抱卵数……メスが体内に抱えている卵の数

　※2　産卵床……卵を産む場所

（国立環境研究所のウェブページをもとに作成）

　たろうさんは，学校の裏山にある池のオオクチバスの調査をしようと考えました。この池は江戸時代に農業用ため池として作られましたが，現在は使われておらず，川や水路などにつながっていない池です。

　たろうさんは，この池に何匹くらいのオオクチバスが生息しているのか調査することにしました。しかし，魚類は自由に泳ぎ回るので数えることが難しく，すべて捕まえることも現実的ではありません。そこで，**たろうさん**は魚の数を推定する方法を調べました。調べている中で【資料2】を見つけ，標識再捕獲法を用いてこの池に生息するオオクチバスの数を推定することにしました。

【資料2】標識再捕獲法

　標識再捕獲法は，たとえば池に生息するオオクチバスを20匹捕まえて，行動や生活に支障のない大きさの標識をつけてから放します。しばらく期間をおいてから，2回目の捕獲を行います。このとき，1回目の捕獲とできるだけ同じ条件で捕獲します。捕獲は※3無作為に行わなければなりません。そして，2回目の捕獲で捕まえた中に，どれだけの個体に以前つけた標識がついているかを調べます。その地域にたくさんの個体がいるほど，最初に標識をつけた個体は群れの中で広がりますから，2回目の調査で捕まえた中に標識をつけた個体がふくまれる割合は低くなります。2回目の調査で10匹捕獲し，その中に標識をつけた個体が2匹いたとすると，池全体では100匹のオオクチバスが生息していると推定することができます。

　※3　無作為……決まりがなく，偶然に任せること

（国立環境研究所のウェブページをもとに作成）

　たろうさんは7月25日に捕獲したオオクチバス25匹に標識をつけ，池に放しました。8月8日に

２回目の捕獲を行ったところ，19匹中３匹に標識がついていました。２回とも晴れた日の朝６時から９時まで同じ場所で捕獲を行い，捕獲の方法も同様に行いました。

問題１ 池全体にオオクチバスは何匹生息していると推定されますか。答えがわりきれないときは，小数点以下を四捨五入し，整数で答えなさい。

問題２ 次の１，２のそれぞれの場合について，標識再捕獲法が適しているときは○を，適していないときは×を書きなさい。また，その理由として，最も適切なものをア～オからそれぞれ一つずつ選び，記号を書きなさい。

　１　オオクチバスの捕獲を１回目は４月に行い，標識をつけて池に戻し，２回目の捕獲は３か月後の７月の同じ時間帯に同じ場所で同じ方法で行う場合。

　２　オオクチバスが自由に移動できる川とつながっている大きな湖で調査を行う場合。

　ア　日をあけた方がより標識をつけた個体が群れの中で広がるから。

　イ　餌となる魚類やエビ・ザリガニ類が川から入ってくるから。

　ウ　オオクチバスが調査範囲内にとどまっているとは限らないから。

　エ　餌を変えることで捕獲数が増えるから。

　オ　ふ化して個体数が増加している可能性が高いから。

　たろうさんは空き地で見慣れない植物を見かけ，何という植物なのか気になり，調べました。そこで【資料３】を見つけ，この植物は外来種のナガミヒナゲシであることがわかりました。

【資料３】ナガミヒナゲシについて

【図２】ナガミヒナゲシ

　ナガミヒナゲシは，ヨーロッパの地中海沿岸地域を原産とするケシ科の植物です。空き地や耕作地，道端，線路脇など，日当たりの良い場所に自生しています。丈夫な性質と強い繁殖力から，現在ではヨーロッパ，アメリカの全域，アフリカ，アジア，オセアニアなど，世界の広い地域に分布域を広げています。

　日本でナガミヒナゲシが初めて確認されたのは1960年です。東京都で初めてナガミヒナゲシが確認されて以来，急速に広がりを見せ，現在では北海道から沖縄に至る全国で生息が確認されています。ナガミヒナゲシの根と葉からは，周辺の植物の生育を妨げる成分をふくんだ物質が分泌されます。特定外来生物には指定されていませんが，それと同じくらいか，それを上回る影響が心配されています。

（国立環境研究所のウェブページをもとに作成）

　たろうさんは，空き地にたくさん生えていたナガミヒナゲシが気になり，どれだけ生えているのかを数えようとしました。しかし，空き地は広く，ナガミヒナゲシもたくさん生えていたので，１つずつ数えることは難しいと思いました。調べてみると，コドラート法という方法があることがわかりました。コドラート法とは，生息域に一定の面積の四角形の枠（コドラート）を設定し，その内部の個体数を調べることで，全体の個体数や密度を推定する方法です。**たろうさん**はこの方法

で，この空き地に生息するナガミヒナゲシの個体数を推定することにしました。

【図3】 1m×1mのコドラート

　たろうさんは空き地の適当な場所に【図3】のようなコドラートを置きました。そのコドラート内のナガミヒナゲシの個体数は5でした。空き地は9m×14mの長方形で，個体数が面積に比例すると考えると，生息しているナガミヒナゲシの個体数は630ということになります。しかし，**たろうさん**はこの空き地に実際に生えているナガミヒナゲシはそれよりも少ないのではないかと思いました。

問題3　コドラート法で，より正確に個体数を推定する方法を**たろうさん**は次のように考えました。次の文章の（あ），（い），（う）にあてはまる最も適切なことばを，あとの1〜8からそれぞれ一つずつ選び，番号を書きなさい。

> 　空き地の中には日当たりが良い場所や，日当たりの悪い場所がある。コドラートで1か所だけを測定して推定するのは正確とはいえない。コドラートを置く場所を（　　あ　　）して，コドラート内で数えた個体数を（　　い　　）した値と空き地の面積の値を（　　う　　）すれば，より正確に推定できるのではないだろうか。

1	多く	2	少なく	3	比較	4	平均
5	たし算	6	ひき算	7	かけ算	8	わり算

　たろうさんはこの空き地をコドラート法で調査しているときに，いろいろな植物が生えていることに気付きました。調べてみた結果，この空き地にはナガミヒナゲシ，※4イヌムギ，※5ヨモギ，※6ツユクサ，※7セイタカアワダチソウが生息していることがわかりました。

　たろうさんは，この空き地に生息している植物の種類は多いのか少ないのか，また，種類ごとの個体数はバランスが取れているのか，といった※8生物多様性について興味をもちました。生物多様性を数値で表し比較することはできないかを調べ，次のページの【資料4】を見つけました。

　※4　イヌムギ……日本で広く見られるイネ科の植物

　※5　ヨモギ……日本で広く見られるキク科の植物

　※6　ツユクサ……東アジア全般に見られるツユクサ科の植物

　※7　セイタカアワダチソウ……北アメリカ原産のキク科の植物

　※8　生物多様性……生物一つひとつの特徴とそれらのつながり

【資料４】シンプソンの多様度指数

生物多様性について考えるときは，生物の種の数だけでなく，それぞれの種がどれだけ均等に存在するかということも考慮しなくてはなりません。その目安の一つとして，シンプソンの多様度指数というものがあります。シンプソンの多様度指数を求めるには，まず相対優占度を求めます。相対優占度とは，それぞれの種が群集の中で，どれだけの割合を占めているかを表したものです。

【群集ア】を例として考えてみます。

　【群集ア】

　　植物１：25個体

　　植物２：20個体

　　植物３：25個体

　　植物４：30個体

このとき，植物１の相対優占度は，次の計算で求められます。

$$\frac{植物１の個体数}{植物１の個体数＋植物２の個体数＋植物３の個体数＋植物４の個体数}$$

この式から，植物１の相対優占度を求めると0.25となります。

そして，【群集ア】のシンプソンの多様度指数は次の計算で求められます。

　植物１の相対優占度　×　植物１の相対優占度　＝　**あ**

　植物２の相対優占度　×　植物２の相対優占度　＝　**い**

　植物３の相対優占度　×　植物３の相対優占度　＝　**う**

　植物４の相対優占度　×　植物４の相対優占度　＝　**え**

　【群集ア】のシンプソンの多様度指数　＝　１－（あ＋い＋う＋え）

（沖縄県浦添市のウェブページをもとに作成）

問題４　【群集ア】のシンプソンの多様度指数を計算しなさい。

問題５　シンプソンの多様度指数が０となるのは，どのように植物が生えている状態か，15字以内で書きなさい。

問題2 みなみさんが見つけた【資料】の《①》と《②》についてりかさんは次のようにまとめました。ア～カの文章が【資料】の《①》と《②》のいずれも又はいずれかの内容に合致していれば→○を、【資料】の《①》と《②》のいずれの内容にも合致していない場合には→×をそれぞれ書きなさい。

ア 技の基本にとって最も大事なことは、早く精確に作る方法だ。

イ 人間の文明は全てのジャンルでまちがいなくどんどん発展している。

ウ 人間では到底真似ができないように見えるロボットの動きは、設定された数値がわかれば誰にでも再現できる。

エ 素人にはできないことを簡単にやってのける達人の技というのは、洗練され、技術が進んだ分野である。

オ 歯車で動くような絡繰りものの設計は、今は全てデジタルになってコンピュータが行っている。

カ 電子制御によって目的が比較的たやすく高精度に達成されるようになったのは、電子技術の台頭によるものだ。

ア A 器用に

イ A 芸術　　B 技術　　C 芸　　D 技　　E 器用に

　　F 賢く

ウ A 技術　　B 芸術　　C 技　　D 芸　　E 賢く

　　F 器用に

エ A 技術　　B 芸術　　C 技　　D 芸　　E 器用に

　　F 賢く

F 器用に

その後は、電子技術が台頭してくる。これによって、複雑な機械を設計しなくても、電子制御によって目的が比較的簡単に、しかも高精度に達成されるようになった。たとえば、かつては、レジスタという機械があって、商店などで使われていた。機械というのは、つまり歯車で動くような絡繰りである。その仕掛けを設計した頭脳は、実に素晴らしいもので、天才的だと思える。これが、今はすべてデジタルになって、コンピュータが肩代わりしている。多くのメカが※4淘汰され消えてしまった。

こういった技術を傍観すると、かつては幾何学的な発想から生まれたアイデアが、今ではすべて代数的に解決するようになったかに見える。数学でこれを経験した人は多いだろう。幾何の問題を解くには、ちょっとしたセンスというか※6インスピレーションが必要だが、それを座標に置き換え、代数的に解けば、誰でもただ計算をするだけで解決に至る。現在のコンピュータを使った設計というのは、こういった「発想いらずの簡単さ」「ごり押しで計算させれば良い」といった思想に基づいている。

かつては、「そんな面倒な計算を」と消極的だったものも、どんどんコンピュータの処理能力が高まり、記憶容量が爆発的に大きくなったおかげで、なんの問題もなくなってしまった。

つまり、**現在の技術というのは、少々洗練されていなくても、最適で**はなくても、**答が出れば良い**、といった「醜さ」を抱えているのだ。それを抱えていても動く、という点が「力づく」なのである。理論がなくても、※10収束計算で※11近似解が得られる、みたいな。

はたして、人間は E なっているのだろうか？

百年くらいまえの機械技術は、今ではもう誰も理解できないくらい難しく、既にそれを再現できなくなっている。簡単なおもちゃも、もう作

れない。計算器も計測器も、もうあの頃の水準には戻れない。たとえば、歯車式の時計を直せる人も少なくなっている。

はたして、人間は F なっているのだろうか？

（森 博嗣『素直に生きる100の講義』より。
一部省略やふりがなをつけるなどの変更があります。）

※1 認識……ある物事を知り、その本質・意義などを理解すること。

※2 パフォーマンス……人目を引くためにする行為。

※3 需要……あるものを必要として求めること。

※4 淘汰……不必要なもの、不適当なものを除き去ること。

※5 傍観……その物事に関係のない立場で見ていること。

※6 幾何学的……図形や空間の性質を研究する数学の一部門に関連があるさま。

※7 代数……数の代わりに文字を用い、計算の法則・方程式の解法などを主に研究する数学の一部門。

※8 インスピレーション……創作・思考の過程で瞬間的に浮かぶ考え。ひらめき。

※9 座標……点の位置を表す数、または数の組。

※10 収束……変数の値が、ある数に限りなく近づくこと。

※11 近似解……よく似ている答え。

問題1 みなみさんが見つけた【資料】《①》と《②》について、A ～ F にあてはまる言葉の組み合わせとして適切なものを次のア～エから一つ選び、記号を書きなさい。

ア A 芸術 B 技術 C 芸 D 技 E 賢く

2 みなみさんは、「ものごとが "進歩すること" や "発展すること"」について興味を持ち、ある本を読みました。みなみさんが集めた次の【資料】《①》《②》の資料を読んで、あとの問題に答えなさい。

【資料】

《①》

技術とは、テクノロジィである。ほかの日本語でいうと、「工学」になる。普通の人は、この技術というものを、難しいことに挑むものだと認識しているが、実はまったく反対で、できるかぎり簡単に、失敗がないように、誰にでもできる工夫をすることなのだ。

技術を手に持っている人を「達人」などと言ったりする。素人にはできないことをいともを簡単にやってのける。それが「技の冴え」だとみんなは信じてしまう。しかし、実はそれはほんの一部の、いうなれば、マスコミ向け、取材向け、一般客向け※2のパフォーマンスであって、本当の技の基本はそこにあるわけではない。

技の基本というのは、そういった綱渡り的な「離れ技」ではない。まったくその反対で、非常に回り道をして、確実で精確で、何度やっても同じ結果が出るという、安全な道の選択にある。したがって、「技術を磨く」というのは、そういったより安全な道を模索することなのだ。つまりは技が洗練されている少数の人にだけ可能な作業というのは、新しい、技術が遅れている分野だともいえる。技術が遅れているのは、新しい、簡単な方法を模索していないからだが、それは需要が小さく、競争相手もなく、そんなに売れない商品だから、作る人間も減り、進歩をしない伝統工芸に留まってしまった、ともいえる。

一方で、それに需要があって、競争が激しくなれば、どんどん簡単な方法を編み出さなければ生き残れない。早く精確に作る方法が、最も大事なことは、誰がやっても同じ結果が出る方法だ。その技が編み出されれば、大勢で大量生産ができる。こうしたときに、その技術が人間がいなくても機械で作ることが可能になる。

たしかに、見た目には、ロボットが作っていて、人間では到底真似ができないような方法に見えるのだが、ロボットは、数値で設定されて動いているわけで、その数値は人が教えたものだ。数値でやり方が表せる、数値さえわかれば誰にでも再現できる。ここが「簡単だ」といっている部分であって、技術はそれを目指しているのである。

危なっかしい方法で、ちょっと気を許すと失敗してしまう、精神統一し、息を止めてやらないとできない、といった作業、これは A ではなく、機械に数値では教えられないもの、それは C ではなく D の世界になる。

B の世界になる。

《②》

人間の文明をざっと眺めてみると、もちろん技術がどんどん発展していることはまちがいないのだが、個別のジャンルに目を向けると、ある時期に最盛期を迎え、その後は勢いがなくなって、ついには技術そのものが失われている、という場合がある。

大まかな見方をすると、機械的なものの設計は、二十世紀前半にピークがあったように現在に見える。いわゆる「メカ」の時代である。さらに百くらいまえに現在ある乗り物や各種の機械類のほとんどが発想され、それが洗練され、成熟した時代だったと思う。

※1 にんしき
※2 いっぱんきゃく
※3 じゅよう

【資料8】初等教育における非就学児の割合（２０１１～２０１６＊）

単位：％

	男子	女子
アメリカ合衆国	6	5
イエメン	8	22
オーストラリア	3	3
ギニア	16	28
キューバ	8	8
コロンビア	7	7
スペイン	1	0
チャド	11	31

	男子	女子
デンマーク	1	1
ニジェール	32	42
日本	0	0
ブラジル	6	5
ブルキナファソ	29	32
マリ	36	43
モザンビーク	9	13
ロシア連邦	3	2
世界全体	8	9

＊指定されている期間内に入手できたデータの中で直近の年次のものであることを示す。

（「世界子供白書２０１７」をもとに作成）

【資料9】識字率（国際比較）（２０１５）

単位：％

順位	国	男性	女性
1	ニジェール	27.3	11.0
2	ギニア	38.1	22.8
3	ブルキナファソ	43.0	29.3
4	マリ	48.2	29.2
5	チャド	48.5	31.9

男性の識字率下位５か国

※４ 識字率・・・文字の読み書きができる人の割合

（総務省「世界の統計２０１６」をもとに作成）

【資料10】

　　ユニセフは，ブルキナファソ政府とともに，2021年までにすべての子どもが小学校に通い，初等教育を修了できることを目指しています。ユニセフのこれまでの支援や，ブルキナファソ政府が３歳から16歳の公立学校の費用を無償化したことで，子どもたちの就学状況には着実に成果が出ています。小学校の就学率は2000年の44％から2019年には89.5％にまで大きく改善され，女子の就学率（89.9％）が男子の就学率（89.1％）を超えるなど，男女の教育格差の解消に向けた前進も見られます。

（日本ユニセフ協会ウェブページより一部引用）

エ　サブサハラ・アフリカ

問題5　【会話文】中の　（う）にあてはまる文を次のア～エから一つ選び、記号を書きなさい。

ア　すべての地域で、達成しています

イ　すべての地域で、達成していません

ウ　世界全体の割合では、達成していませんが、東南アジアでは達成しています

エ　サブサハラ・アフリカのみ、達成していません

問題6　【会話文】中の（え）にあてはまる文を次のア～エから一つ選び、記号を書きなさい。

ア　［達成している］　　イ　［課題が残っている］

ウ　［重要課題］　　エ　［最大の課題］

問題7　【会話文】の　A　～　C　にあてはまる国の組み合わせとして最も適切なものを次のア～カから一つ選び、記号を書きなさい。

ア　A：日本　　B：韓国　　C：アメリカ合衆国

イ　A：韓国　　B：デンマーク　　C：アメリカ合衆国

ウ　A：日本　　B：アメリカ合衆国　　C：韓国

エ　A：韓国　　B：デンマーク　　C：日本

オ　A：日本　　B：アメリカ合衆国　　C：デンマーク

カ　A：韓国　　B：アメリカ合衆国　　C：デンマーク

問題8　次の　【条件】　に従い、「地球規模の課題」について文章を書きなさい。

【条件】

・300字以上360字以内で書くこと。

・次の　【構成】でそれぞれ一つずつ段落をつくること。

【構成】

・【構成】1と【構成】2は次のページの【資料8】～【資料10】をもとにまとめること。【構成】3は、【会話文】や【資料1】～【資料10】をもとにまとめること。

・一マスに書き入れることのできる文字は、一文字のみとする。（数字やアルファベットも同様とする。句読点が次の行の一マス目にくる場合は、前の行の文末に句読点を書き入れることとする。）

＜書き方の例＞

２	０	２	１	年
Ｍ	Ｄ	Ｇ	ｓ	を
８	３	．	５	％
調	べ	ま	し	た。

1　世界の中で特に課題のある地域とその課題

↓

2　行われた対策と成果

↓

3　【会話文】や【資料1】～【資料10】を通してあなたが考えたこと

【資料7】ＳＤＧｓの目標とその達成度（２０１９年）

	1 貧困をなくそう	2 飢餓をゼロに	3 すべての人に健康と福祉を	4 質の高い教育をみんなに	5 ジェンダー平等を実現しよう	6 安全な水とトイレを世界中に	7 エネルギーをみんなにそしてクリーンに	8 働きがいも経済成長も	9 産業と技術革新の基盤をつくろう	10 人や国の不平等をなくそう	11 住み続けられるまちづくりを	12 つくる責任つかう責任	13 気候変動に具体的な対策を	14 海の豊かさを守ろう	15 陸の豊かさも守ろう	16 平和と公正をすべての人に	17 パートナーシップで目標を達成しよう
日本	△	▼	△	○	×	△	▼	△	○	▼	▼	×	×	▼	▼	△	×
韓国	△	▼	▼	△	×	▼	▼	△	△	▼	▼	▼	▼	▼	▼	△	×
アメリカ合衆国	▼	×	▼	△	×	△	▼	▼	×	▼	▼	×	×	△	△	×	×
デンマーク	○	▼	△	△	△	△	△	△	△	△	△	×	▼	×	△	○	△

※〇△▼×…〇が「達成している」△は「課題が残っている」▼は「重要課題」×は「最大の課題」

（「サステナブル・ディベロップメント・レポート２０１９」をもとに作成）

問題1 【会話文】中の①___線にあてはまる国を次のア～クからすべて選び、記号を書きなさい。
ア 韓国　イ キューバ　ウ オーストラリア　エ コロンビア　オ ドミニカ共和国　カ セネガル　キ スペイン　ク モザンビーク

問題2 【会話文】中の②___線にあてはまる国を次のア～クからすべて選び、記号を書きなさい。
ア 日本　イ ブルキナファソ　ウ スウェーデン　エ エチオピア　オ ブラジル　カ カンボジア　キ ニュージーランド　ク イエメン

問題3 【会話文】中の（あ）にあてはまる国を次のア～クから一つ選び、記号を書きなさい。
ア 日本　イ ブルキナファソ　ウ スウェーデン　エ エチオピア　オ ブラジル　カ カンボジア　キ ニュージーランド　ク イエメン

問題4 【会話文】中の（い）にあてはまるものの組み合わせとして最も適切なものを次のア～エから一つ選び、記号を書きなさい。
ア サブサハラ・アフリカ、南アジア、東南アジア
イ 南アジア、東南アジア
ウ 南アジア

【資料4】青年海外協力隊が活動している地域（国際協力機構　2017年12月）

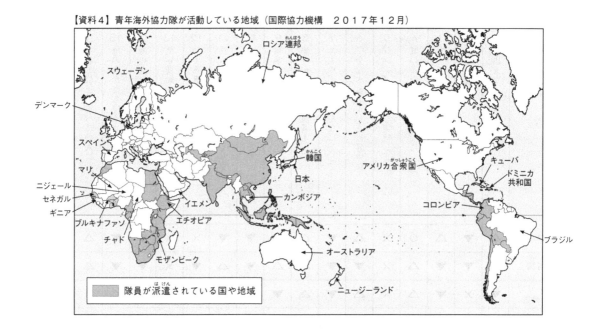

【資料5】1日1ドル未満で過ごす人の割合

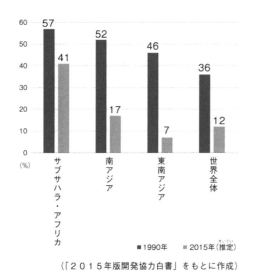

（「2015年版開発協力白書」をもとに作成）

【資料6】5歳未満児死亡数
（生まれた子ども1，000人に対しての乳幼児の死亡数）

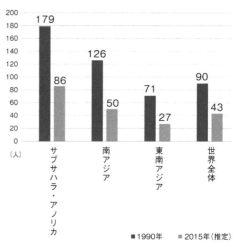

（「2015年版開発協力白書」をもとに作成）

【資料1】MDGsの目標とターゲット（抜粋）

目標1 極度の貧困と飢餓の撲滅	ターゲット1-A 2015年までに1日1ドル未満で生活する人口の割合を1990年の水準の半数に減少させる
目標2 普遍的な初等教育[※1]の達成	ターゲット2-A 2015年までに、すべての子どもが男女の区別なく初等教育の全課程を修了できるようにする
目標3 ジェンダー[※2]の平等の推進と女性の地位向上	ターゲット3-A 2005年までに、初等・中等教育[※3]で男女格差の解消を達成し、2015年までにすべての教育レベルで男女格差を解消する
目標4 乳幼児死亡率の削減	ターゲット4-A 2015年までに5歳未満児の死亡率を1990年の水準の3分の1にまで引き下げる
目標7 環境の持続可能性を確保	ターゲット7-C 2015年までに安全な飲料水と衛生施設を継続的に利用できない人々の割合を半減する

※1 初等教育…日本では小学校での教育
※2 ジェンダー…性別
※3 中等教育…日本では中学校・高等学校での教育

（「国連開発計画駐日代表事務所ウェブページ」をもとに作成）

【資料2】初等教育の学校の就学率（％）

	2000年	2010年	2012年	2015年
韓国	99.6	98.2	98.9	98.2
キューバ	96.7	99.2	96.9	92.2
オーストラリア	94.0	97.0	97.5	97.0
コロンビア	94.6	93.6	91.5	90.6
ドミニカ共和国	83.5	89.3	86.8	86.9
セネガル	57.4	69.8	71.7	71.4
スペイン	99.8	99.6	99.6	99.4
モザンビーク	55.2	86.9	85.4	89.1
世界全体	83.6	88.9	89.4	89.6

（「ワールドデータアトラス」をもとに作成）

【資料3】初等教育の学校の男女別就学率（％）

年代	1997～2000*		2000～2004*		2000～2007*		2011～2016*	
性別	男	女	男	女	男	女	男	女
日本	100	100	100	100	100	100	100	100
ブルキナファソ	42	29	42	31	52	42	71	67
スウェーデン	100	100	100	99	95	95	99	99
エチオピア	53	41	55	47	74	69	89	82
ブラジル	100	94	98	91	94	95	92	93
カンボジア	100	90	96	91	91	89	94	96
ニュージーランド	99	99	100	99	99	99	99	99
イエメン	84	49	84	59	85	65	92	78
世界全体	85	78	85	79	90	86	90	89

*…指定されている期間内に入手できたデータの中で直近の年次のものであることを示す。

（「世界子供白書」をもとに作成）

りかさん　ね。そう考えるとMDGsで示された「目標」や「ターゲット」は発展途上国の課題を対象にしているという見方ができますね。

みなみさん　その他の「目標」や「ターゲット」に関する資料はありますか。

りかさん　これらの資料を見ると「ターゲット1−A」について、世界全体の割合では達成されていますが、（　い　）の地域では達成されていません。「ターゲット4−A」については、（　う　）。

みなみさん　【資料5】と【資料6】があります。

りかさん　MDGsは、達成された目標も未達成の目標もある中で、2015年を迎えました。

みなみさん　その後、MDGsの結果や新たな課題をふまえて設定された国際社会共通の目標が、SDGsですね。

りかさん　SDGsは、MDGsに代わって2015年の9月に国際連合本部で開催された「国連持続可能な開発サミット」でまとめられた「持続可能な開発のための2030アジェンダ」に書かれたものです。そこには、国際連合の193か国の加盟国が、2030年までに達成を目指す目標が提示されています。

みなみさん　【資料7】は2019年の6月に発表されたもので、SDGsで掲げられた目標とそれぞれの国の達成度が表されています。

みなみさん　興味深いですね。それぞれの国の達成度を見ると日本は4つ、韓国は3つ、アメリカ合衆国は7つ、デンマークは2つが（　え　）になっていますね。

りかさん　目標別にみて興味深いものはありますか。

みなみさん　「4　質の高い教育をみんなに」の最も達成度の高い国は　A　で、「14　海の豊かさを守ろう」では　B　です。目標によって、各国の達成度には違いが出ていますね。この資料全体を見ると最も達成度の高い国は　C　だといえますね。

りかさん　そうですね。世界それぞれの国でさまざまな課題があるのですね。SDGsは、MDGsで期限までに解決できなかった課題を、対象や範囲を広めつつ置き換えたものです。その課題を2030年までには達成し、世界の人々がともに豊かに暮らせるようになれたらいいですね。

みなみさん　SDGsをもっと学習し、わたしたちができることは何かを考え行動していきたいです。

【適性検査Ⅰ】　（四五分）　〈満点：一〇〇点〉

1 「地球規模の課題」というテーマの学習をしているみなみさんとりかさんが、会話をしています。次の【会話文】を読んで、あとの問題に答えなさい。

（【資料1】～【資料3】は21ページ、【資料4】～【資料6】は20ページ、【資料7】は19ページにあります。）

【会話文】

みなみさん　先日、先生から課題として出された、MDGs（エム・ディー・ジーズ）という言葉について調べてきました。

りかさん　SDGs（エス・ディー・ジーズ）ではなくMDGsですか。

みなみさん　そうです。MDGsは、開発分野における国際社会共通の目標です。これは2000年の9月にニューヨークで開催された「国連ミレニアム・サミット」で採択された「国連ミレニアム宣言」を基にまとめられたものです。これに参加したのは世界で189の国に及びました。MDGsは【資料1】の「目標」や「ターゲット」が設定されていて、これらの達成期限は2015年まででした。

りかさん　MDGsのような「目標」や「ターゲット」を見てください。MDGsが【資料1】のような内容になったのはどうしてなのでしょうか。

みなみさん　MDGsで示された「目標」や「ターゲット」は、「一

りかさん　部の国や地域の課題を対象としている」といわれています。まず【資料1】の「ターゲット2－A」とそれに関係のある【資料2】をみて、【資料2】の①の年代で、世界全体の割合を下回っている国を読み取ってみましょう。

みなみさん　複数国あるのですね。

りかさん　次に【資料1】の「ターゲット3－A」とそれに関係のある【資料3】をみてください。表の中から②すべての年代で、就学率の男女差が世界全体のそれより大きくなっている国を探してみましょう。

みなみさん　これらの国々は、男女の間で学校に通っている割合に差があるのですね。しかし、1997年以降、この男女の就学率の差が縮まってきている様子も読み取れます。1997年～2016年までの間に初等教育の学校の男女別就学率の差が最も縮まっている国は【資料3】によると（　あ　）です。

りかさん　ではここで【資料2】と【資料3】から読み取った国々を【資料4】で確認してみましょう。【資料4】は青年海外協力隊が活動している地域です。青年海外協力隊は農林水産業や土木、教育、保健衛生などの分野で、主に発展途上国の人々を支援しています。

みなみさん　ほとんどが、青年海外協力隊が活動している国々です

大切なことはメモしておこうネ！

2021 年 度

解 答 と 解 説

《2021年度の配点は解答欄に掲載してあります。》

＜適性検査Ⅰ解答例＞

1　問題1　カ・ク

　　問題2　イ・エ・ク

　　問題3　ク

　　問題4　エ

　　問題5　イ

　　問題6　エ

　　問題7　オ

　　問題8　　アフリカには，就学率，識字率の低さなど，子どもが質の高い教育を十分に受けることができていないという課題がある。

　　　　　　ブルキナファソでは，ユニセフによる支援や政府による公立学校の費用無償化という対策により，小学校の就学率は5割未満から9割近くに改善され，就学率の男女格差も解消されてきた。

　　　　　　私は，国際協力では教育の支援が最も重要だと考える。なぜなら，教育によって読み書きの能力や様々な知識，技術を得ることができれば，人々がよりよい仕事について貧困から抜け出すことができるだけでなく，国全体の医療や産業，経済の発展にもつながるからだ。より多くの子どもが学校で学び，より豊かな生活を送れるように，もっと世界の教育について調べ，ぼ金活動を行うなど，私たちにもできる取り組みを行っていきたいと思う。

2　問題1　ウ

　　問題2　ア　×　　イ　×　　ウ　○　　エ　×　　オ　○　　カ　○

○配点○

1　問題1〜問題7　各5点×7　　問題8　50点

2　問題1　3点　　問題2　各2点×6　　計100点

＜適性検査Ⅰ解説＞

重要 1　（社会：地球規模の課題，国際社会共通の目標，資料の読み取り，国語：条件作文）

　　問題1　【資料2】の各年代について世界全体の割合を読み取ると，2000年から順に83.6％，88.9％，89.4％，89.6％となっている。各年代での国ごとの割合をこれと比べると，セネガルとモザンビークの2か国が，すべての年代で世界全体の割合より低くなっている。

　　問題2　【資料3】の表から年代・国ごとに男女別の割合を読み取り，差を計算して求める。

　　　　　　1997〜2000年の世界全体の男女差は，85−78より7ポイントである。国ごとの男女差

を求めると，ブルキナファソで42－29より13，エチオピアで53－41より12，カンボジアで100－90より10，イエメンで84－49より35ポイントの男女差があり，世界全体より大きくなっている。ほかの年代も同様にして探す。

　2000～2004年の世界全体の男女差は，85－79より6ポイントである。国ごとの男女差を求めると，ブルキナファソで11，エチオピアで8，ブラジルで7，イエメンで25ポイントの男女差があり，世界全体より大きくなっている。

　2000～2007年の世界全体の男女差は，90－86より4ポイントである。国ごとの男女差を求めると，ブルキナファソで10，エチオピアで5，イエメンで20ポイントの男女差があり，世界全体より大きくなっている。

　2011～2016年の世界全体の男女差は，90－89より1ポイントである。国ごとの男女差を求めると，ブルキナファソで4，エチオピアで7，カンボジアで2，イエメンで14ポイントの男女差があり，世界全体より大きくなっている。

　以上より，すべての年代で世界全体より大きくなっているのは，ブルキナファソ，エチオピア，イエメンの3か国である。

問題3　問題2で年代・国ごとの男女差を求めているので，それを利用する。「差が最も縮まっている国」を求めるので，1997～2000年と2011～2016年の2つの年代での男女差を比べ，2つの年代での差が最も大きい国を選べばよい。男女差が1997～2000年に35ポイント，2011～2016年に14ポイントで，差が21ポイントであるイエメンがあてはまる。

問題4　「ターゲット1－A」の内容は「2015年までに1日1ドル未満で生活する人口の割合を1990年の水準の半数に減少させる」ことだから，【資料5】を読み取る。2015年の割合（推定）が1990年の割合の半分以下となっていないのは，サブサハラ・アフリカである。他の地域ではすべて「ターゲット1－A」が達成されている。

問題5　「ターゲット4－A」の内容は「2015年までに5歳未満児の死亡率を1990年の水準の3分の1にまで引き下げる」ことだから，【資料6】を読み取る。【資料6】に示されたすべての地域で，2015年の5歳未満児死亡数は1990年の3分の1を上回っていることがわかるので，すべての地域で達成されていないといえる。なお，【資料6】における「5歳未満児死亡数」は「生まれた子ども1,000人に対しての乳幼児の死亡数」を表すので，これは死亡率を表しているのと同じことである。

問題6　【資料7】の表において，○△▼×のうち，デンマークで2つになっているものは×である。×は「最大の課題」を表す。同じ表で×は日本に4つ，韓国に3つ，アメリカ合衆国に7つある。

問題7　「4 質の高い教育をみんなに」の達成度は，日本が○「達成している」，日本以外の3か国が△「課題が残っている」となっているので，最も達成度の高い国は日本である。したがって，　A　には日本があてはまる。「14 海の豊かさを守ろう」の達成度は，日本・韓国が▼「重要課題」，アメリカ合衆国が△「課題が残っている」，デンマークが×「最大の課題」となっているので，最も達成度の高い国はアメリカ合衆国である。したがって，　B　にはアメリカ合衆国があてはまる。資料全体では○△の数が多く，▼×の数が少ないほど達成度が高いと考えられるので，全体で最も達成度の高い国はデンマークである。

問題8　【条件】を整理して段落の構成や内容を組み立てて書くこと。【構成】で一つずつ段落をつくるので，三段落構成で書く。各段落の内容は次のようになる。

第一段落…世界の中で特に課題のある地域とその課題。【資料8】・【資料9】から，特にアフリカの国々で，非就学率が高く，識字率が低いなどの教育における課題があることがわ

かる。それを簡潔にまとめる。

第二段落…第一段落で示した課題について，行われた対策とその成果。【資料10】から，ブルキナファソでの対策と成果が読み取れるので，それを簡潔にまとめる。

第三段落…【会話文】や【資料１】～【資料10】を通して考えたこと。大問前半で読み取ったMDGsのターゲットや，SDGsの他の目標の内容も参考にするとよい。「地球規模の課題」は自分にとって無関係ではないので，自分なりに行える取り組みや，将来の目標などとからめて書くと内容面でのまとまりが良くなる。

2　（国語：説明文の読み取り）

問題１　ＡＢ　文章中では「技術というもの…(略)…できるかぎり簡単に，失敗がないように，誰にでもできる工夫をすること」と述べられている。これに対して，「危なっかしい方法…(略)…といった作業」は，《①》の文章中の「綱渡り的な『離れ技』」「ある少数の人にだけ可能な作業」と同じ内容を指しており，これについて，文章中で「本当の技の基本ではない」「伝統工芸」と述べられている。これらのことから，「危なっかしい方法…(略)…といった作業」は「技術」ではなく，「芸術」だと読み取れる。

　　　　ＣＤ　《①》の６段落目に「数値でやり方が表せる…(略)…技術はそれを目指している」という記述があるので，機械に数値では教えられるものが「技」であり，教えられないものは「芸」であるとわかる。

　　　　ＥＦ　《②》のＥの直前の段落で，「理論がなく」「力づく」という記述がある。これに対応するのは「賢さ」である。Ｅの直後，Ｆの直前の段落で，「簡単なおもちゃも，もう作れない」「歯車式の時計も直せる」という記述がある。これらに対応するのは「器用さ」である。ここでは，「～なっているのだろうか？」という疑問形は「～ではないのではないか」という反語的な使い方をされていることに注意する。

問題２　ア　《①》の５段落目に「早く精確に作ることも重要だが，最も大事なことは，誰がやっても同じ結果が出る方法だ」とあり，《②》では技の基本について述べられている部分がない。したがって，×を選ぶ。

　　　　イ　《②》の１段落目に「人間の文明をざっと眺めてみると，…(略)…ある時期に最盛期を迎え，その後は勢いがなくなって，ついにはその技術そのものが失われている，という場合がある」とあり，《①》では文明の発展について述べられている部分がない。したがって，×を選ぶ。

　　　　ウ　《①》の６段落目の「ロボットが作っていて，人間では到底真似ができないような方法に見える…(略)…数値さえわかれば誰にでも再現できる」という内容にあうので，○を選ぶ。

　　　　エ　《①》の２，４段落目に「素人にはできないこといとも簡単にやってのける」「ある少数の人にだけ可能な作業というのは，つまりは技が洗練されていない，技術が遅れている分野だともいえる」とあり，《②》ではこれについて述べられている部分がない。したがって，×を選ぶ。

　　　　オ　《②》の３段落目の「歯車で動くような絡繰り…(略)…これが，今ではすべてデジタルになって，コンピュータが肩代わりしている」という内容にあうので，○を選ぶ。

　　　　カ　《②》の３段落目の「電子技術…(略)…によって，複雑な機械を設計しなくても，電子制御によって目的が比較的簡単に，しかも高精度に達成されるようになった」という内容にあうので，○を選ぶ。

★ワンポイントアドバイス★

複数の資料や文章の内容を素早く正確に読み取ることが求められる。資料を読んで答える問題の難易度はそれほど高くないので，短時間で正確に処理することを意識しよう。作文問題は与えられた資料をもとに条件にしたがって書く必要がある。問題を解きながら，あらかじめ各資料の内容を理解し，その内容についての意見を考えておくと良いだろう。

＜適性検査Ⅱ解答例＞

1 問題1 ① 3 ② 5
　　問題2 1 4 6 11
　　問題3 え 1 お 5 か 2

2 問題1 39(:)55
　　問題2 5
　　問題3 ① 4 5 ② 1
　　問題4 207(cm²)

3 問題1 158(匹)
　　問題2 1 記号：× 理由：オ 2 記号：× 理由：ウ
　　問題3 (あ) 1 (い) 4 (う) 7
　　問題4 0.745
　　問題5 1種類しか生息していない状態

○配点○
1 問題1・問題2・問題3 各10点×3
2 問題1・問題2・問題4 各5点×3 問題3 各10点×2
3 問題1・問題2・問題3・問題4 各5点×5(問題2は1，2それぞれ完答・問題3完答)
　　問題5 10点 計100点

＜適性検査Ⅱ解説＞

1 （理科：南極の気候変動，算数：データの分析）
　　問題1① 一定の深さに区切った氷床が示す年代を表すので，横軸がくり抜いた深さ，縦軸が年代を表すグラフである。【図3】において左側の軸の目盛りが500m，1000m，1500m，2000mのとき，右側の目盛りが示す値を大まかに読み取る。右側の軸の目盛りは幅が等間隔ではないことに注意すると，深さ500mに対応する右側の軸の目盛りは約20，1000mは60，1500mは110，2000mは170と読み取れる。したがって，それぞれの深さが表す年数は，0～500mの氷床は20×千年分，500～1000mは(60−20)×千年分，

1000〜1500mは（110−60）×千年分，1500〜2000mは（170−110）×千年分となる。これを示すのは，**3**のグラフである。

② 一定の長さごとに氷床の深さを表すので，横軸が年代，縦軸が氷床の厚さを表すグラフである。5万年は50×千年と表せるので，【図3】において右側の軸の目盛りが50ずつとなるように区切ればよい。右側の軸の目盛り50に対応する左側の軸の目盛りが示す値は約900m，100は約1450m，150は約1900m，200は約2150m，250は約2350m，300は約2450mと読み取れる。したがって各年代の氷床の厚さは，0〜5万年前は900m，5〜10万年前は（1450−900）m，10〜15万年前は（1900−1450）m，15〜20万年前は（2150−1900）m，20〜25万年前は（2350−2150）m，25〜30万年前は（2450−2350）mとなる。これを表すのは，**5**のグラフである。

問題2 【図3】と問題1で選んだグラフからわかることを，語群のことばを4つ用いてまとめる。①で選んだグラフ**3**から，500mごとの氷床の年代は，深さが深くなるにしたがって長くなることがわかるが，この内容は語群のことばを用いて表すことができない。

②で選んだグラフ**5**から，5万年ごとの氷床の厚さは，年代が古くなるにしたがって薄くなることがわかる。この内容を語群のことばを使って表すと，記号は**1，4，6，11**の順になる。

問題3 【資料4】の説明を参考にして判断する。説明に「温暖かつ海水面が現在と同じくらいの『間氷期』が現在をふくめて何度かあり，それ以外の大部分は寒冷な『氷期』だった」，問題文に「え，おは現在の値を基準としています」とあるので，【図4】の網がけ部分は「間氷期」を表しており，間氷期の範囲でいずれも0に近い値を示している**え**と**お**のグラフは気温の変動と海水面の変動のいずれかを表していることがわかる。【資料4】の説明の最後に「気温が上昇した後，海水面は上昇している」とあり，**え**と**お**では**え**の方が上昇し始めるのが早いので，**え**が気温の変動，**お**が海水面の変動を表していると判断できる。このことは，海水面の高さは気温とちがって短期間に上下をくり返すとは考えにくいことからも判断できる。また，「二酸化炭素濃度は，間氷期に高い状態で，氷期に低い状態」「南極の気温と温室効果ガス濃度は関係していた」「氷期から間氷期に向かって気温が上昇するとき，二酸化炭素濃度は上昇している」とあるので，**え**のグラフと同じような変動をしている**か**が二酸化炭素濃度を表すグラフだとわかる。

やや難 ②（算数：平面図形の変形，面積）

問題1 【図1】の四角柱の面のうち，赤くぬった**底面の四角形**は2つ。**底面の四角形**を2つの直角三角形に分けて**底面の四角形**2つ分の面積を求めると，（10×7.5÷2+12×3.5÷2）×2=117（cm²）である。青くぬった側面は，すべて合わせると縦5cm，横（10+7.5+3.5+12）cmの長方形と考えることができるので，その面積は，5×（10+7.5+3.5+12）=165（cm²）である。したがって面積の比は，117：165=39：55となる。

問題2 【資料1】の①〜④を見ると，①で離れないようにつながれている頂点の左右の辺が，④でぴったり重なっていることがわかる。したがって，つながれている頂点は等脚台形の各辺をちょうど2等分する点であるから，向かい合う辺のそれぞれを2等分する点どうしを結ぶようにひくことで，**直線あ，直線い**をひくことができる。

問題3 【資料1】を見ると，切り取った図形を新しく並びかえてできる図形の角は，もとの図形を切ったときに切り取り線が交わってできた角であることがわかる。例えば，【資料1】の①と④を比べると，①で**直線あ，直線い**をひいたことでできた台形の内部の4つの直角が，

④では長方形の4つの角になっている。このことと，三角形・四角形の内角の和から，切り取り線が交わってできる角の大きさの合計が180°のとき三角形が，360°のとき四角形ができることがわかる。

① 並べかえて長方形をつくるには，切り取るときに直角の角を4つつくる必要がある。直角の角を新しく4つつくるような切り方の図は4と5の2つである。

② 切り取り線が交わってできる角の大きさの合計が180°になっている図は1だけである。

1～6を切って並べかえてできる図形は下の図のようになる。

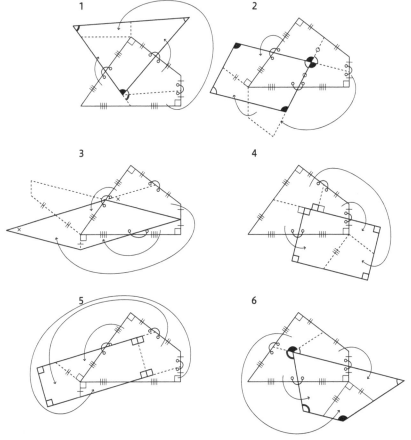

問題4 【図2】を切り取り線で切り取り，並べかえてできる図形は右のような三角形である。この三角形の外周の長さは，【図3】の切り取り線の長さの合計を2倍した長さであるから，外周の長さは(6.5＋9.2＋5)×2＝41.4(cm)である。

白い面の面積の合計は縦5cm，横41.4cmの長方形の面積に等しいので，求める面積は，5×41.4＝207(cm²)である。

【図3】

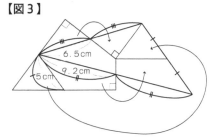

6.5 cm
9.2 cm
5 cm

3 （算数：数の推定，理科：外来種，生物多様性）

問題1 【資料2】の説明から，標識再捕獲法は，2回目の調査で捕獲した個体のうち標識をつけた個体の割合が，全体の個体のうち1回目の捕獲で標識をつけた個体の割合と等しいと考えて，全体の個体数を推定（すいてい）する方法であると読み取れる。【資料2】の例では，池全体のオオクチバスの生息数を□とすると，2：10＝20：□という式を立てることができるので，□にあてはまる数は100となり，池全体の生息数を100匹と推定できる。

これをもとに考えると，1回目の捕獲で標識をつけた個体は25匹，2回目に捕獲した個体は19匹，そのうち標識をつけた個体は3匹だったので，池全体の生息数を□で表すと，3：19＝25：□という式が立つ。□は，19×25÷3＝158.3…より，158。

問題2 【資料2】の標識再捕獲法は，1回目と2回目の捕獲のときに池に生息する個体の数が同じであることを前提とした方法なので，1回目と2回目の生息数が大きくちがっていたり，同じであるかわからなかったりする場合には適さない。

1 【資料1】の「繁殖（はんしょく）期は水温が16〜20℃となる春から初夏」「国内では，…（略）…抱卵（ほうらん）数が17200〜29500個」「産卵床1つあたり約5000〜43000個の卵」という記述から，春から夏にかけて，卵からふ化した分個体数が大きく増えることが予想される。したがって，1回目の捕獲を春，2回目の捕獲を夏に行う場合，標識捕獲法は適さない。適さない理由には**オ**があてはまる。

2 調査を行う湖が，オオクチバスが自由に移動できる川とつながっている場合，湖内に生息していたオオクチバスが川に出て行ってしまい，2回目の調査範囲（はんい）内のオオクチバスの個体数が1回目の個体数と異なってしまう可能性がある。したがって，この場合も標識再捕獲法は適さない。適さない理由としては**ウ**があてはまる。

問題3 **あ** 説明文より，1m×1mのコドラート内の個体数に，面積（m²）をかけることで，全体の個体数が推定できる。「1か所だけを測定して推定するのは正確とはいえない」ので，日当たりの良い場所と日当たりの悪い場所のどちらにもコドラートを置いて測定し，両方の結果を反映させて推定した方が正確性は高まると考えられる。したがって，**あ**には1 「多く」があてはまる。また，日当たりの良い場所と日当たりの悪い場所の両方の測定結果を反映させるには，両方の平均を出せばよい。よって**い**には4 「平均」があてはまる。「個体数は面積に比例すると考える」ので，**う**には7 「かけ算」があてはまる。

問題4 【資料4】の計算式に，【群集ア】の植物ごとの個体数をあてはめて計算していく。まず，植物ごとの相対優占度（そうたいゆうせんど）を求めると，植物1は0.25，植物2は0.2，植物3は0.25，植物4は0.3になる。次に，求めた相対優占度から**あ**，**い**，**う**，**え**の値を求めると，**あ**＝0.25×0.25＝0.0625，**い**＝0.2×0.2＝0.04，**う**＝0.25×0.25＝0.0625，**え**＝0.3×0.3＝0.09となる。したがって，【群集ア】のシンプソンの多様度指数は，1−（0.0625＋0.04＋0.0625＋0.09）＝1−0.255＝0.745となる。

問題5 多様度指数が0ということは群集内の生物の多様性がまったくないということであるから，生物が1種類しか生息していないと考えられる。群集内に植物が1種類しかないとき，その植物の相対優占度は1になるから，シンプソンの多様度指数を求めると，1−1×1＝0より，0となる。

★ワンポイントアドバイス★

短時間で多数の資料から情報を読み取って考え，正確に答えを導く力が求められる。解きやすい問題を見極めるとともに，問題文の示す内容を正確に理解し，より簡単な方法で解けるようなすじ道を立てて取り組もう。

2020年度

★★★★★★★★★★★★★★★★★★★★★★

入 試 問 題

2020年度

横浜市立横浜サイエンスフロンティア高等学校
附属中学校入試問題

【適性検査Ⅰ】 （29ページから始まります。）
【適性検査Ⅱ】 （45分）　　＜満点：100点＞

1　たろうさんはトウモロコシを見て，黄色い粒と白い粒が混ざっていることを不思議に思い，学校の図書館で調べました。調べている中で，グレゴール・ヨハン・メンデルという人が行った実験に関する【資料1】を見つけました。

【資料1】　グレゴール・ヨハン・メンデルの実験について

> グレゴール・ヨハン・メンデルは，1856年から1863年の間に，エンドウ豆の※1交配の実験をしました。エンドウ豆には，丸形としわ形があります。メンデルは，まず丸形同士やしわ形同士の交配の中で，交配しても丸形，しわ形が変わらないものを見つけていきました。これを純系と言います。この純系の丸形と純系のしわ形を親として交配してみます。すると，子どもの代ではすべて丸形になりました。このように，交配によって一つの※2形質が，他よりも現れやすくなることがあります。次に，この交配してできた丸形のエンドウ豆同士を交配させました。すると，孫の代では5474個の丸形と，1850個のしわ形が現れました。同じように，エンドウ豆のさやの色について交配の実験をしてみると，緑色が428本，黄色が152本現れました。背の高い，低いといった形質について交配する実験では，背の高いものが787株，背の低いものが277株現れました。メンデルは，これらはどれもおよそ一定の比率で※3優性の形質が現れていることに気付きました。
>
> ※1　交配…自然のままではなく人間の力で受粉させること。
> ※2　形質…現れる形や色などの性質。
> ※3　優性…対立する形質のうち，現れやすい方。顕性ともいう。

（北海道大学のウェブページをもとに作成）

問題1　たろうさんはトウモロコシにも，一定の比率で優性の形質が現れているのではないかと思い，スーパーで買ってきたトウモロコシの黄色い粒の個数と白い粒の個数を調べました。その結果，黄色い粒の個数が482個で，白い粒の個数が158個でした。黄色い粒の個数は白い粒の個数の何倍になりますか。答えがわりきれないときは，小数第二位を四捨五入して，小数第一位まで答えなさい。

　たろうさんはトウモロコシに興味をもち，ほかの特徴について調べようと思い，自分で栽培することにしました。トウモロコシの栽培はやったことがなかったため，栽培の仕方を調べ，次のページの【資料2】を見つけました。

【資料２】 トウモロコシの育て方

畑の準備

タネまきの２週間以上前に※1苦土石灰を全面に散布して耕し，１週間前に※2元肥を施してよく耕し，※3畝を作ります。

株の間が30cm程度となるよう，種子をまく場所を決めます。土を深さ３～４cmほど掘り取り，そこに３～４粒の種子を２～３cm離してまき，2～3cmの厚さで土をかけて手で軽く押さえます。本葉が４枚の頃に（高さ20cmくらいまでに）※4間引きをして，生育のよい株を１本だけ残します。間引きをするときは，不要な苗をハサミで切り取ると，残す苗の根を傷めません。

実の粒ぞろいをよくするには，株を複数列に配置し，お互いの株の花粉が飛んで，※5雌穂の絹糸（ひげ）にかかるようにします。絹糸といわれる糸のようなものはめしべで，これに花粉が付着することで受粉し，実の粒が成熟します。粒の色が違う品種が近くにあると，粒の色が本来のものと違ってくることがあるので，粒の色をそろえたい場合，※6混植は避けます。特に，ポップコーン種との混植は味も悪くなるので注意しましょう。

収穫までの栽培管理

※7追肥と※8土寄せは，くきの先端に※9雄穂が出た頃に行います。追肥は一株あたり一握り程度（約50ｇ）の肥料を株元のまわりにばらまき，まいた肥料が隠れる程度に通路部分から土を寄せます。

雌穂は１番上のみを残し，下の方に出ている雌穂は１番上の雌穂の絹糸が出はじめた頃に取り除きます。

土寄せをすると根がしっかりと張り，倒れにくくなります。取り除いた雌穂は皮をむいてヤングコーンとして利用できます。株元から出た※10分げつ枝を取ってしまうと実の太りが悪くなります。

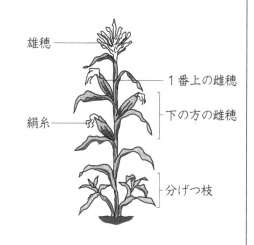

収穫

収穫時期の目安は，絹糸が出てから20～24日後です。雌穂の絹糸がこげ茶色になったら少し皮をむいて粒の充実を確かめて収穫します。収穫が早すぎると，甘みが不十分でしなびるのも早くなります。逆に収穫が遅すぎると，色が悪くなり，粒の皮が硬く，甘みも少なくなります。

※1 苦土石灰…土のアルカリ性を高めるために使われる肥料。
※2 元肥………植物を植え付ける前に与える肥料。
※3 畝…………細長く直線状に土を盛り上げた所。
※4 間引き……良い苗だけを残して他を引き抜くこと。
※5 雌穂………めばなの集まり。

※6　混植 ………種類の異なる植物を一緒に混ぜて植えること。

※7　追肥………追加で肥料を与えること。

※8　土寄せ……根に土をかけること。

※9　雄穂………おばなの集まり。

※10　分げつ枝…根元から分かれて出てくる新しいくき。

（株式会社サカタのタネのウェブページをもとに作成）

　たろうさんは前のページの【資料2】を参考にして，4月末に庭の一部を耕して【図1】のように，家の南側と西側にトウモロコシの種子をまきました。種子と種子の間は30cmずつあけ，列と列の間は90cmあけました。種子は5月上旬にすべて発芽しました。その後，間引きをして南側と西側それぞれ7株ずつになるようにし，1〜7の番号を付けました。

【図1】　トウモロコシの栽培場所

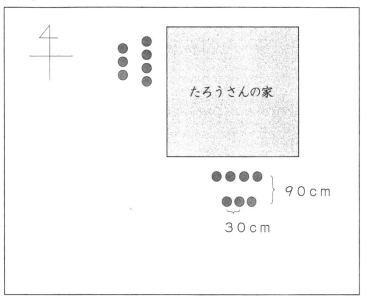

● トウモロコシの株

問題2　【資料2】を見て，トウモロコシを2列に植えた理由として考えられることはどれですか。最も適切なものを次の1〜4から一つ選び，番号を書きなさい。

1　分げつ枝が多く生えるので，実の太りがよくなるため。

2　粒の色が本来のものと違ってくることを防ぐため。

3　根がしっかりと張るので，倒れにくくなるため。

4　花粉は風によって運ばれるので，受粉の効率をよくするため。

たろうさんは，2ページの【資料2】を参考にして育てたトウモロコシを一斉に収穫しました。たろうさんは収穫した際，南側と西側では実り方に差があると感じ，収穫したトウモロコシのさまざまな値を調べることにしました。まず，【図2】のように皮をむいて絹糸を外し，ゆでた後に実の重さと粒の個数を調べました。未成熟な粒は数えず，実から粒を外したときの粒全体の重さを可食部（食べられる部分）の重さとし，【資料3】，【資料4】を作成しました。

【図2】トウモロコシの実と粒

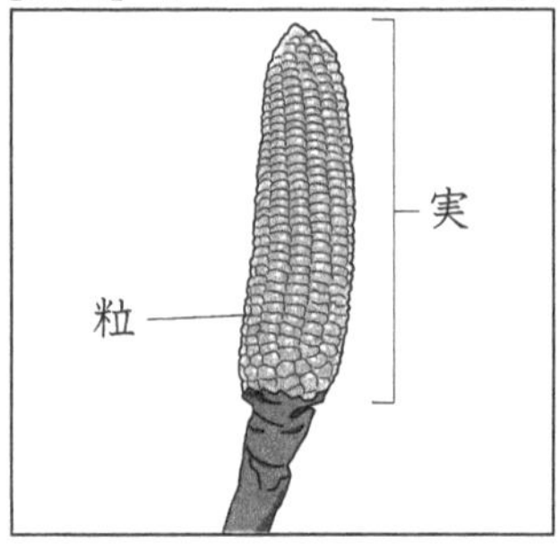

【資料3】南側で育てたトウモロコシのデータ

株の番号	実の重さ（g）	粒の数（個）	可食部の重さ（g）
1	322	650	210
2	334	666	214
3	323	654	210
4	330	660	212
5	326	652	210
6	328	656	211
7	333	662	213

【資料4】西側で育てたトウモロコシのデータ

株の番号	実の重さ（g）	粒の数（個）	可食部の重さ（g）
1	214	416	115
2	240	434	143
3	210	398	111
4	250	456	152
5	238	428	139
6	220	408	121
7	245	442	146

問題3　たろうさんは，【資料3】，【資料4】のデータからグラフを作成しようと思い，南側と西側で育てたトウモロコシそれぞれ7株のデータについて，グラフ用紙上に点をとっていきました。しかし，グラフの縦軸と横軸が何を表しているかを書いておかなかったため，どれが何を表すグラフなのかわからなくなってしまいました。南側で育てたトウモロコシの粒の数と可食部の重さの関係を示しているグラフを次のページの1～6から一つ選び，番号で書きなさい。

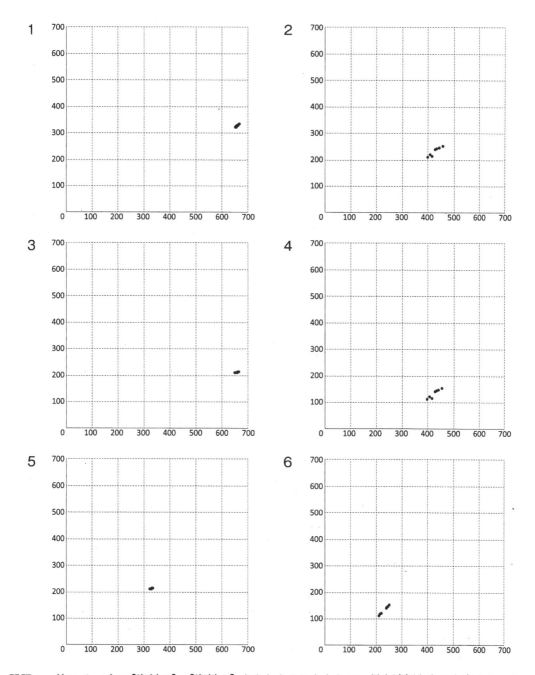

問題4　前のページの【資料3】,【資料4】からわかることとして,最も適切なものを次の1〜4から一つ選び,番号を書きなさい。

1　一粒あたりの重さの平均を比較すると,南側で育てたトウモロコシの方が西側で育てたトウモロコシよりも0.1g以上重い。

2　西側で育てたトウモロコシの実の重さ,粒の個数,可食部の重さのいずれの平均も,南側で育てたトウモロコシの平均の65%以下である。

3　実の重さに対する可食部の重さの割合を平均して比較すると,西側で育てたトウモロコシの

方が，南側で育てたトウモロコシより大きい。

4　実の重さに着目すると，南側と西側それぞれの平均に対する一株ごとのばらつきは，南側で育てたトウモロコシの方が少ない。

2　**はなこさん**は立体を平面に表そうとして，立体をある方向から見て平面に表す方法を考えました。**はなこさん**は【図1】のような，向かい合った面の目の和が7となるさいころをいくつか用意しました。次に用意したさいころを組み合わせて，【図2】のような立体をつくりました。この立体を，図の中の矢印で表した，前，上，右の3つの方向から見た図をそれぞれかいたところ【図3】のようになりました。**はなこさん**は【図3】をかくとき，さいころの目が見えるところは数字で書いて，さいころの目が見えないところは×を書いています。あとの問題に答えなさい。ただし，問題に答えるとき，次のことに注意しなさい。

- 【図2】のように「いくつかのさいころを組み合わせてつくった立体」のことを，**さいころ体**と呼ぶこととします。
- **さいころ体**をある方向から見た図をかくとき，【図3】のように，さいころの目は数字で書きます。
- **さいころ体**をある方向から見た図に目の数字を書くとき，2，3，6の目について次のページの【図4】にそれぞれある2つの見え方は同じものとして考え，区別はしません。

【図1】

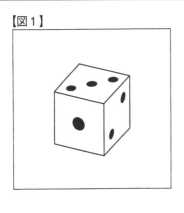

【図2】

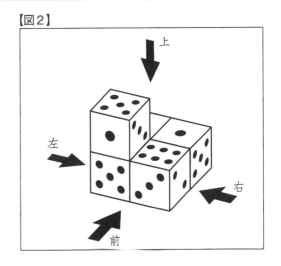

【図3】

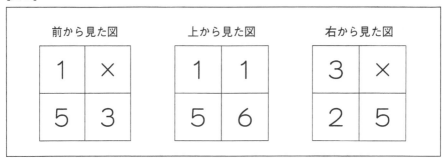

前から見た図　　　　上から見た図　　　　右から見た図

【図4】

2の目		
3の目		
6の目		

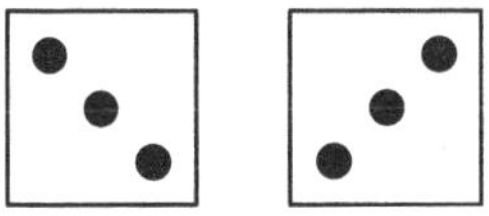

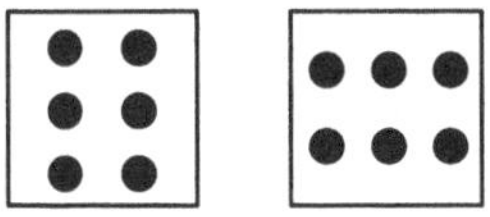

問題1 前のページの【図2】のさいころ体を，図の中の矢印で表した**左から見た図**として考えられるものはどれですか。最も適切なものを，次の1～6から一つ選び，番号を書きなさい。

1

6	×
6	4

2

4	×
4	3

3

3	×
2	1

4

×	6
5	4

5

×	4
3	4

6

×	3
2	1

　次にはなこさんは，【図5】のように，接している面の目が同じになるようにして，**さいころ体**をつくりました。このとき，6ページの【図1】のさいころを5つ使いました。また【図6】は，**はなこさんがここでつくったさいころ体**について，**前から見た図と上から見た図**をかいたものです。

【図5】

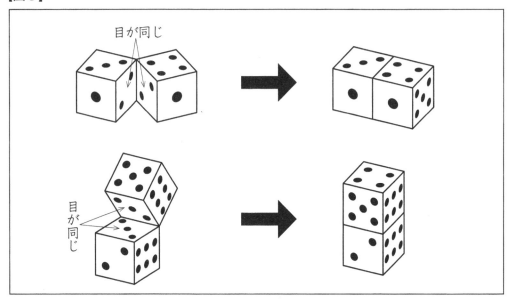

【図6】

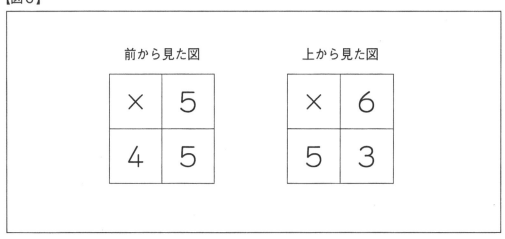

問題2　【図6】で表される**さいころ体**について，**右から見た図のさいころの目**を解答用紙にそれぞれ数字で書きなさい。また，さいころの目が見えないところは×を書きなさい。

　はなこさんは，さいころの数を増やした**さいころ体**をつくることにしました。そのために，【**図1**】のさいころと同じ大きさのさいころを，新たにいくつか用意しました。このさいころも，向かい合った面の目の和が7となっていました。しかし，新たに用意したさいころをよく見たところ，【**図7**】のように，【**図1**】のさいころとは目の配置が異なっていました。

【図1】   【図7】はなこさんが新たに用意したさいころ

問題3　次の1～6は，立方体の展開図にさいころの目の数字を書いたものです。これらのうち，組み立てたときに【**図7**】のさいころと目の配置が同じになるものはどれですか。一つ選び，番号を書きなさい。ただし，これらの展開図は，組み立てたときにさいころの目の数字が表になるようにしてあります。また，2，3，6の目について，7ページの【**図4**】にそれぞれある2つの見え方は同じものとして考え，区別はしません。

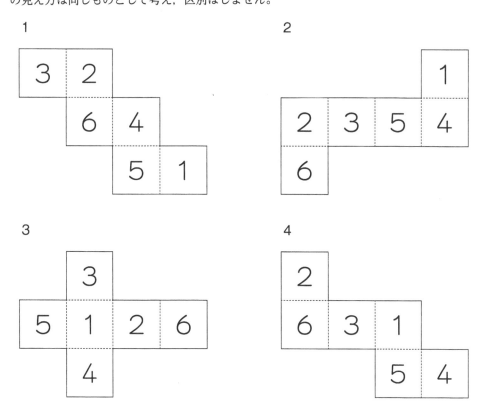

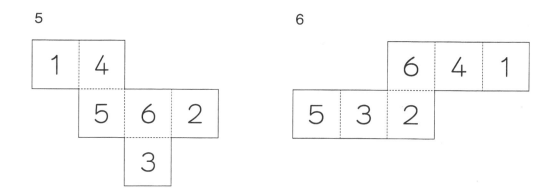

さらには**なこ**さんは，8ページの【図5】のように，接している面の目が同じになるようにして，前のページの【図1】のさいころと【図7】のさいころを使い，新たに**さいころ体**をつくりました。【図8】は，**はなこ**さんが新たにつくった**さいころ体**を色のついた立方体と白い立方体で表したものです。色のついた立方体は【図1】のさいころを，白い立方体は【図7】のさいころを表しています。次のページの【図9】は，新たにつくった**さいころ体**について，**はなこ**さんがかいた，**前から見た図**と**上から見た図**です。

【図8】

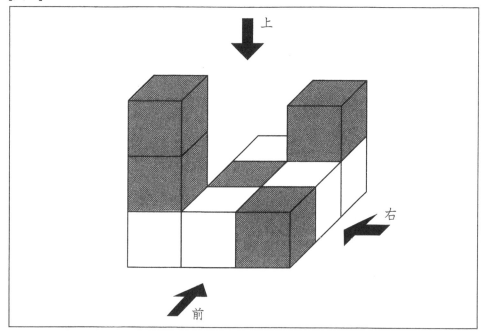

【図9】

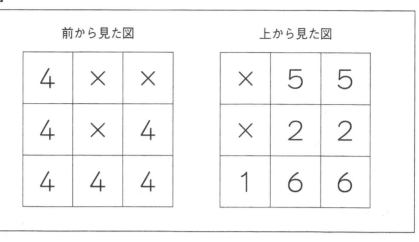

	前から見た図			上から見た図	
4	×	×	×	5	5
4	×	4	×	2	2
4	4	4	1	6	6

問題4 はなこさんが新たにつくった**さいころ体**について，**右から見た図**のさいころの目を解答用紙にそれぞれ数字で書きなさい。また，さいころの目が見えないところは×を書きなさい。

3 たろうさんは，日本の探査機「はやぶさ2」が地球から遠く離れた天体に着陸したニュースを見て，ロケットの技術に興味をもち，調べて，【資料1】～【資料6】にまとめました。あとの問題に答えなさい。　　　　　（【資料2】～【資料6】は12ページから15ページにあります。）

【資料1】　ロケットの技術に関係のある装置
　西暦10～70年ごろ，エジプトのアレクサンドリアで【図1】のような装置がつくられていたのではないかと考えられています。銅製の容器で構成され，容器内の水を下の火で加熱すると球体が矢印の向きに回転するものでした。
（　**あ**　），球体に回転する力を与えていたことがわかりました。

【図1】

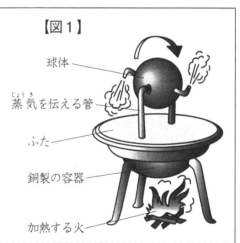

球体

蒸気を伝える管

ふた

銅製の容器

加熱する火

（NASAウェブページをもとに作成）

問題1　【資料1】の（あ）にあてはまる最も適切なものを，次の1～6から一つ選び，番号を書きなさい。

1　熱した容器と球体の温度が等しくなったことで
2　熱した容器と球体の温度の差が大きくなったことで
3　球体の下にある容器から出ている管が振動することで
4　球体の下にある容器の上の面が上下に振動することで
5　球体についている管から蒸気が噴き出すことで
6　球体についている管が空気を吸い込むことで

【資料2】 ロケットが推力を得る主な仕組み

　膨らませたゴム風船は，手を放すと【図2】のように空気を噴き出した反動による力で飛んでいきます。この仕組みがロケットの「推力」の主なものです。ロケットはエンジンの燃焼室の中で燃焼ガスを作って噴き出し口であるノズルから後ろに噴き出し，【図3】のように前に進む力を得ています。

　酸素のない宇宙空間では，燃料とそれを燃焼させるための酸化剤が必要になります。それらの二つを合わせて推進剤といいます。

　全ての物には「質量」があり，単位はkgです。打ち上げのときのロケットの「質量」は物の動かしにくさの度合いを表します。その質量と速度をかけあわせると運動の激しさを表す「運動量」が求められ，次の式が成り立ちます。

運動量＝質量×速度

　物が動くときは，この運動量を一定に保とうとする性質があり，【図4】のようにロケットから燃焼ガスが噴き出されると，もともとロケットがもっていた質量が減り，運動量を一定に保とうとする性質により，ロケットの速度が増していきます。そこで，次の式が成り立ちます。

ロケット本体の質量×ロケットの速度 ＝噴き出した燃焼ガスの質量×噴き出した燃焼ガスの速度

　ロケットがより大きな推力を得て速度を増すためには（　い　）ことが必要になります。

【図2】　推力

【図3】　推力

燃焼室　燃料＋酸化剤

ノズルから燃焼ガスを噴き出す

【図4】

（的川泰宣「宇宙ロケットのしくみ」をもとに作成）

問題2 　**【資料2】**の（い）に最もよくあてはまることばについて，次の**語群**からことばを選んで意味の通る順番に並べ，それらの**番号を順番通り**に書きなさい。

語群

1　より少量の	2　より多量の	3　常に一定の
4　燃料を	5　酸化剤を	6　燃焼ガスを
7　より高速で	8　より低速で	9　一定の速度で
10　膨らませる	11　吸い込む	12　噴き出す

【資料３】　比推力と質量比

　地球から遠く離れた天体に探査機を送るためには，大きな速度が必要になります。ロケットは速度を増すために推力を大きくするとともに，比推力を大きくするための工夫がされています。いろいろな推進剤を比べると，１秒間に消費する推進剤の重さが同じでも噴き出した燃焼ガスの速度が大きいものほど大きな推力を生み出します。また，質量比を小さくする工夫もされています。比推力と質量比は次のように表されます。

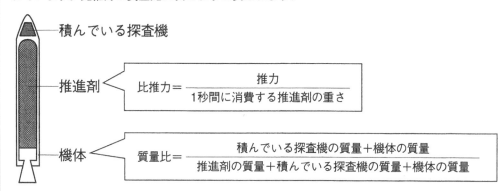

積んでいる探査機

推進剤

$$比推力＝\frac{推力}{１秒間に消費する推進剤の重さ}$$

機体

$$質量比＝\frac{積んでいる探査機の質量＋機体の質量}{推進剤の質量＋積んでいる探査機の質量＋機体の質量}$$

　ロケットエンジンの推力は力の大きさであり※Ｎ（ニュートン）という単位を使います。推力500kN（キロニュートン）のエンジンで，１秒間に消費される推進剤の重さが２kNだとすると，比推力は250秒であり，推進剤の性能を表しています。

　　※Ｎ（ニュートン）…力の大きさの単位。重さも地上の物体にはたらく力なので単位はＮで表すことが
　　　　　　　　　　できる。１kN＝1000Ｎ

（的川泰宣「宇宙ロケットの本」をもとに作成）

【資料４】　ロケットの速度を増す３つの工夫
①　多段式ロケット

　空になって不要になった推進剤タンクなどを切り離していく仕組みです。

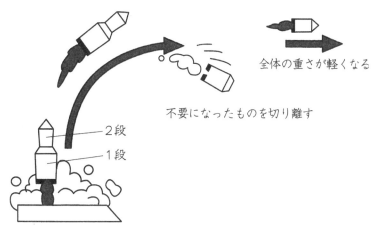

全体の重さが軽くなる

不要になったものを切り離す

２段
１段

②　クラスターロケット

　大きな推力が出せる大型のエンジンの開発は経費や時間がかかるので，すでに開発されて性

能の確定しているロケットを束ねる方法がよく使われています。【図5】のように下の方が広がった形をしています。

【図5】

③ スウィングバイ

アメリカが1977年に打ち上げた惑星探査機「ボイジャー2号」は，木星に引き寄せられる力を利用して進行方向を変え，加速して【図6】のように地球からより離れた天体へと向かう軌道に乗りました。このように，天体に引き寄せられる力を利用して軌道や速度を変える方法を「スウィングバイ」といいます。

【図6】ボイジャー2号が行ったスウィングバイの様子

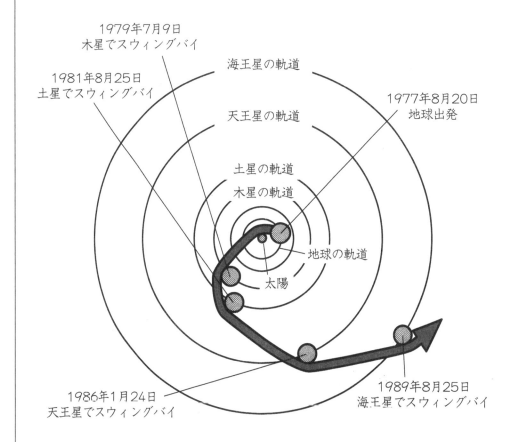

（的川泰宣「宇宙ロケットのしくみ」をもとに作成）

【資料5】 ロケットの大型化

国産大型液体ロケットの開発は，次のページの【図7】のようにN－Ⅰロケットから始まり，H－Ⅱロケットは純国産ロケットとなりました。H3ロケットは現在運用中のH－ⅡAロケットとH－ⅡBロケットの後継機として開発されています。

【図7】日本の大型液体ロケット

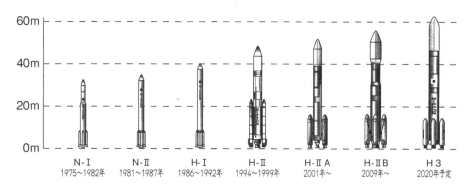

【資料6】日本で使用・開発しているロケットエンジンの比較(ひかく)の表

エンジン	LE-5	LE-7A	LE-9
適用ロケット	H-I	H-ⅡA H-ⅡB	H3（予定）
比推力(ひすいりょく)	450秒	440秒	425秒
推力(すいりょく)	103kN	1100kN	1471kN
エンジンサイクル（推進剤(すいしんざい)を送るポンプを動かす仕組みについて表したもの)	液体水素と液体酸素の一部を副燃焼器で燃焼させて、そのガスで※ターボポンプを動かすガスジェネレータサイクル	液体水素と液体酸素の一部を予備燃焼させて、そのガスでターボポンプを動かし、その後、残りの液体酸素を加えて再度燃焼させる二段(だん)燃焼サイクル	推進剤である液体水素を燃焼室やノズルを冷やすことに使うと同時にガス化させて温度を上げ、そのガスでターボポンプを動かすエキスパンダブリードサイクル

※ターボポンプ…高圧ガスで一方の羽根車を回すと連結した他方の羽根車が推進剤を送り出す構造のポンプ

（宇宙航空(うちゅう)研究開発機構ウェブページをもとに作成）

問題3 13ページの【資料3】,【資料4】から考えられる次のページの多段式(ただんしき)ロケットとクラスターロケットの利点として最も適切な組み合わせを，次の1〜16から一つ選び，番号を書きなさい。

1 ア オ	2 ア カ	3 ア キ	4 ア ク
5 イ オ	6 イ カ	7 イ キ	8 イ ク
9 ウ オ	10 ウ カ	11 ウ キ	12 ウ ク
13 エ オ	14 エ カ	15 エ キ	16 エ ク

	多段式ロケットの利点		クラスターロケットの利点
ア	質量比を小さくして加速をしやすくする	オ	推進剤の消費を節約してロケット全体を軽くすることができる
イ	質量比を大きくして加速をしやすくする	カ	推進剤の消費を多くして早く質量比を大きくすることができる
ウ	比推力を小さくして加速をしやすくする	キ	開発費をおさえて失敗しにくい大型ロケットを作ることができる
エ	比推力を大きくして加速をしやすくする	ク	開発費をおさえて推力の大きな大型エンジンを作ることができる

問題4 H－ⅡAロケットで使用されているLE－7AエンジンとH3ロケットで使用する予定のLE－9エンジンについて，12ページ～15ページの【資料2】～【資料6】からわかることとして最も適切なものを，次の1～6からそれぞれのエンジンについて一つずつ選び，番号を書きなさい。

1 長さが40m未満のロケットに使用することに適している。

2 推力が最大となるので，大きな質量の探査機の打ち上げを可能にする。

3 液体燃料エンジンでは世界最小であり，クラスターロケットに向いている。

4 LE－5よりも推力が大きく，LE－9よりも一定の推力を出せる時間が長い。

5 推進剤の一部を副燃焼器で燃焼させるガスジェネレータサイクルである。

6 二段エキスパンダブリードサイクルであり1秒間に消費する燃料が少ない。

問題5 小惑星探査機の「はやぶさ2」は，推力の小さいエンジンを搭載していますが，小惑星「リュウグウ」に到着するまでにスウィングバイを行いました。【資料2】～【資料4】から考えて「はやぶさ2」がスウィングバイを行った理由として最も適切なものを，次の1～5から一つ選び，番号を書きなさい。

1 天体に引き寄せられる力を利用して，軌道や速度を一定に保てるから。

2 不要になったタンクを切り離して，質量比を小さくできるから。

3 ガスを噴き出す速度を上げることで，運動量を大きくできるから。

4 質量比を大きくすることで，燃料を節約することができるから。

5 燃料を節約しながら，速度と方向の調整を行うことができるから。

問題6 【資料6】から考えてH－Ⅰに使用されていたLE－5エンジン1基とH－Ⅱに使用されているLE－7Aエンジン1基の1秒間に消費する推進剤の重さはそれぞれ何Nですか。答えがわりきれないときは，小数第二位を四捨五入して小数第一位まで答えなさい。

それについて語りあい、必要ならば談話の形をつくっていくという役割は、私たちひとりひとりが担っているわけです。私にとって、人と人とのかかわりをフィールドワークすることの魅力は、たがいに育みあい、支えあって生きていく可能性をなるべく豊かに広げるようなやりとりのあり方を、考えさせてくれることにあるのだと思います。

（當眞千賀子『談話と文化的学びのかかわりを見つける』より。一部省略やふりがなをつけるなどの変更があります。）

[注]

※3　母胎……ものごとが生まれる、もとになるもの。

※4　折りあい……おたがいにゆずり合って、解決すること。

※5　網羅……関係するものを、のこらず集めること。

※6　談話……話。会話。

※7　発話……ことばにして口に出すこと。発言。

※8　発意……自分で考えを出すこと。

※9　フィールドワーク……実際に現地へ行って調査や研究を行うこと。

※10　三段論法……すでにわかっている二つのことから、三つ目の新しい判断を導く方法。

※11　極北……地球上で最も北にある地域。

※12　命題……あることがらについて「これはこうである」などとことばで表したもの。

※13　駆使……使いこなすこと。

※14　戒める……用心する。注意する。

※15　虐げる……ひどいあつかいをして苦しめる。

にして、相手を過小評価したり、拒否したり、否定したりしがちです。でも、やりとりを通した相手の発言の一貫性にしっかり目を向けると、それを支えている意味や、価値観、世界観に触れることができるかもしれません。そうすると、やりとりで生じる食いちがいは、立ち止まり、わが身を振りかえるきっかけになり得るし、学びへの扉をひらいてくれる可能性をも秘めているのです。

《中略》

私たちが、日々の生活を送る中で体験する、さまざまな活動場面には、それぞれ歴史的に培われてきた特徴的な談話パターンがあります。私たちは、このような談話の特徴をかならずしも意識的に生み出しているわけではありません。いつのまにか身につけた談話パターンを「当然」または「自然」なやりとりの形として使っていくことのほうが多いでしょう。

人と人とのやりとりをフィールドワークする役割のひとつは、知らず知らずのうちに使われている、このようなパターンを浮き彫りにすることです。談話のパターンは、私たちがそれを用いることで、維持されていきます。それで問題のないこともありますが、立ち止まって考え直したほうがいいことも少なくないかもしれません。

活動を形づくる談話パターンは、かならずしも固定的なものではありません。大切なのは、やりとりの担い手である私たちが、そのあり方を見つめ、対話し、必要に応じて、談話パターンのレパートリーを広げたり、新たな談話の形をつくっていったり、すでにあるパターンの魅力に気づいたりしていくことだと思います。

私は、日本とアメリカのいくつかの大学で授業をしてきましたが、その際、これまでの、やりとりに関するフィールドワークの経験をもとにして、学生たちといっしょに、大学ではめずらしい談話パターンで構成される授業を試みてきました。大学では、各研究室のゼミを除くと、先生が講義をして学生がそれを聞くという形式の授業が多いようです。中学校や高校もそうかもしれませんね。

私はまず、学生たちに、授業で暗黙の前提となっている講義中心の知識伝達型の談話パターンに気づいてもらいました。そして、そのかわりに、学生どうしが、たがいに安心して考えを述べあい、問いを投げかけあったり、テーマへの理解を深めあったり、議論したりするようなやりとりがふんだんに織りこまれた授業をつくってみたのです。すると、不思議なことに、学生のあいだにたがいの学びを支えあうような関係が生まれ、授業が単に教師から知識を受け取るだけの場ではなくなっていきました。授業が終わった後にも、受講生が集まって、たがいの学びを支えあうサポートグループをつくった大学もありました。

どんな談話のパターンも、万能ではありません。それぞれのパターンが、何を可能にして何を不可能にしているのか、何を大切にして何をおろそかにしているのかを考えてみることが大切です。また、意図していなくても、やりとりを通して誰かをいつのまにか軽んじたり、※15虐げたりしてしまっていないか、立ち止まって見つめてみることも必要ですね。

人間という種は、ひとりでは生きていくことが不可能なようにできています。だからこそ、他者とのやりとりは誰にとっても大きな意味をもつのでしょう。さまざまな場面でのやりとりのあり方を見つめ、

を見たことがないんだよ。だから話すことはできないん
だ。私の言うことはそこにつきる。見たことのある者は
話せるが、見たことのない者は何も話すことはできない
んだよ！

（ルリヤ『認識の史的発達』一五七ページより）

どうですか。おそらく、想像していなかったようなやりとりが展開
していたのではないでしょうか。

調査者は、なんとか答えてもらおうと、このやりとりのあいだに二
回も三段論法の問いをくりかえし、手を変え、品を変え、アブドゥフ
ラムさんから三段論法への答えを引き出そうとしています。しかし、
彼は、とうとう最後まで「白い」とは答えませんでした。

この談話を見ていて、アブドゥフラムさんは「機嫌が悪くてわざと
はぐらかしているのでは」とか、「ふざけているのでは」と感じた人
は少なくないと思います。

でも、もう一度、よく見てみましょう。アブドゥフラムさんは、行
き当たりばったりで「誤った」答えを返しているのではありませんね。
彼は、終始一貫して、「見たことのないもの、知らないものについて、
語ることはできない」と主張しています。じつは、当時、ウズベキス
タンの人たちの中には彼と同じような答え方をした人が多かったのだ
そうです。

「アブドゥフラムさん（たち）はなぜ答えられないのだろう」と問
うかわりに、「私たちは、なぜ、すぐに「白い」と答えてしまうのだ
ろう」と問うてみたらどうでしょう。極北に行ってみたこともなけれ

ば、ノーバヤ・ゼムリヤーなどという地名を聞いたこともない。それ
にもかかわらず、平気で「白い」と言ってしまう。これって、どうい
うことでしょう。

三段論法では、具体的な経験があるかないかにかかわらず、設定さ
れた※12命題の関係から、論理的に推論して結論を導き出すことに
なっています。これは、人類がつくり出したひじょうに強力な思考の
道具のひとつです。三段論法的思考を※13駆使して、まだ誰も経験し
たことのないことについても推論にもとづく結論を出し、それにした
がって行動するということで、人類は未知の領域での活動範囲を広げ
てきました。確かに、それによって、さまざまな恩恵を受けてきたこ
とは否定できませんね。

しかし、そこから生まれてきたものは、いいことばかりだったで
しょうか。

こう考えると、調査者がくりかえし投げかける三段論法の問いに対
して、「見たことのないことは、しゃべらない」と、答えることをか
たくなに拒みつづけたアブドゥフラムさんの発話が、最初の印象とは
ちがったものに見えてきませんか。当時、ウズベキスタンの人々のあ
いだには、見たことも聞いたこともない、知らないことについて、あ
れこれと推測でものを言う（判断する）ことを※14戒め、その危険性
をわきまえる知恵と価値観が、しっかり根づいていたのではないで
しょうか。見たこともないことについて、いとも簡単に推論してもの
を言うようになっている私たちは、アブドゥフラムさんたちから学ぶ
べきことがないでしょうか。

自分には理解に苦しむようなやりとりに出会ったとき、人は、往々

どうやら、授業は、それ以外の日常場面とは異なるやりとりの形式をもった活動になっているようですね。それが、授業で学んだり教えたりすることとどんな関係があるのか、考えてみるとおもしろいですね。また、授業以外の場面で学んだり教わったりするときはどうか、比較してみると興味深いちがいが見えてくるかもしれません。

つぎに見ていくのは、ソビエトの発達心理学者ヴィゴツキーの※8発意にもとづき、ルリヤを中心として、一九三一年から三二年にかけて、ウズベキスタンで行われた※9フィールドワークの記録から引用してきた談話です。

論理推論過程についての調査の一環として、ウズベキスタンの人々に投げかけられた※10三段論法のひとつです。

三段論法

雪の降る極北では熊はすべて白い。

ノーバヤ・ゼムリヤーは極北にあってそこにはいつも雪がある。

そこの熊は何色をしているか？

この問いを投げかけられたら、あなたはどう答えますか。これも、大学の授業で学生にたずねると、ほぼ全員が、即座にひとつの答えを返してきます。それは、「白い」という返答です。みなさんの多くがやはり「白い」と答えたのではないでしょうか。そうですね、それが「正解」です。

以下は、調査者が、ウズベキスタン、カシュガル村のアブドゥフラムさん（三七歳）に、この問いを投げかけた際のやりとりの記録です

（A：アブドゥフラム）。

A　いろいろな獣がいる。

A　（三段論法がくりかえされる）

　わからないな。黒い熊なら見たことがあるよ。白い土地であれば白い動物、黄色い土地には黄色い動物が。

調査者　ところで、ノーバヤ・ゼムリヤーにはどんな熊がいますか？

A　われわれは見たことだけを話す。見たこともないものについてはしゃべらないのだ。

　それぞれの土地にはそれぞれの動物がいるよ。白い土地であれば白い動物、黄色い土地には黄色い動物が。見たことがないし……。

調査者　さっきの話からはどうなりますか？

A　どういうことなんだろう。われわれのツアーは君たちのツアーとは似ていないし、君たちのツアーはわれわれのツアーとは似ていない。君の話に答えられるのは、見たことのある者だけだね。見たことのない者は、君の話を聞いても何も言うことはできないよ。

調査者　（三段論法がくりかえされる）

A　いつも雪のある北方では熊は白いと私は言いましたが、そこからノーバヤ・ゼムリヤーの熊はどのようだと結論づけられますか？

　六〇歳とか八〇歳の人で、その人が白熊を見たことがあってしゃべるなら信用してもよいだろうが、私は白熊

人々だけでなく、私たちが生まれる前に生きた人々や、死んだ後に生きる（であろう）人々の営みとも絡みながら、「いま、ここ」を生きているわけです。そうだとすると、私たちが「育つ」「育む」「学ぶ」「発達する」ということを理解するには、人が現実の生活の場（フィールド）で生きる過程をしっかり見据える必要がある、と私は考えているのです。

この母胎となる問いから紡ぎだされた研究を、すべてここで※5網羅するというわけにはいきませんので、今回は、ことばを用いた人と人とのかかわり、「※6談話」に焦点をあててみたいと思います。私たちは毎日、いろんな活動の中で、ことばを通して他者とかかわりあっています。ここでは、談話を通してどんなことが見えてくるか、考えてみることにしましょう。

つぎのやりとりを見てください。

A　「神奈川県の県庁所在地はどこかわかる人、手を挙げてみて。」

それでは、香織さんどうぞ」

香織　「はい、横浜です」

A　「そうですね」

さて、このやりとりを見て、あなたは、心の中に、どんな場面での、誰と誰とのあいだのやりとりが浮かびましたか。

おそらく、学校の教室での授業中（たぶん小学校の社会科の授業）、教師（A）が生徒たちに質問し、挙手をした生徒のひとりである香織さんが指名されて質問に答え、教師がそれを評価しているという場面です。

を思い浮かべた人が多いのではないでしょうか。

私はこれまで、大学での授業や講演で、同じ質問をしたことがありますが、ほぼ全員が、このような学校での授業場面を想像すると答えます。やりとりが起こった場面についての情報を何も提供していないにもかかわらず、みんなが授業場面を思い浮かべるというのは不思議ではありませんか。談話を見ただけで特定の場面が想像されるのですから、私たちの日常を構成する活動場面には、それぞれ特有の談話のパターンがありそうですね。

実際、授業を録音・録画して、※7発話を文字化して分析した多くの研究が、このような談話のパターンを報告しており、学校の授業ではごく一般的に見られることがわかっています。またこのパターンは、日本だけでなく多くの国々の学校で広く使われていて、「質問（開始）─応答─評価の連鎖」と呼ばれています。

ところで、このパターンには、ある奇妙な特徴があるのですが、それが、何かわかりますか。あなたが、ふつう、誰かに質問するのはどんなときか、ちょっと考えてみてください。

そう。ふだん、私たちが誰かに何かを質問するのは、何かを知りたいけど、知らないときです。その場合、当然のことながら、なるべくそれを知っていそうな人にたずねるというのが真っ当な選択ということになりますね。ところが、授業でよく見られるこのやりとりでは、これがまったく逆さまになっているのです。授業では、質問者である教師はすでに「知っている」ことを質問します。しかも、質問を投げかけられる生徒たちは、質問者よりも知っている可能性の低い人たち

てくれるのは有り難い。日本でもあちこち旅行しているが、このようなサービスを経験したのは初めてだった。

日本の大半のホテルでは浴衣、歯ブラシ、髭剃りが置いてある。荷物を少なくできるので便利だ。しかし、ドイツの大半のホテルではこういったアメニティーはない。宿泊料金が1泊100※1ユーロ（1万3000円）以下のホテルでは、ヘアドライヤーやスリッパもない。客が自分で持って行かなくてはならないので、荷物がかさむ。

日本では、小包や郵便をめぐるストレスもドイツに比べるとはるかに少ない。宅配便の配達時間の指定はドイツよりもはるかに※2緻密である。

ある時、ドイツに日本で買った書籍や食料品などの小包を10個以上送ることになった。すると近くの郵便局の局員が夜9時ごろ家にまで小包を引き取りに来てくれた。もちろん、料金も家で払うことができた。消費者の利便性を考えた、日本ならではのきめ細かなサービスである。ドイツには、郵便局員が自宅まで小包を取りに来てくれるようなサービスはない。

ただ私は、玄関で大汗をかきながら荷物の重さを量っている郵便局員の姿を見ながら、「この人は今日何時に自宅でくつろげるのだろうか。明日の朝には、何時にまた仕事に出なくてはならないのだろうか」と一瞬思ってしまった。

私は毎年日本とドイツを行き来する間に、「日本のおもてなしは客にとっては素晴らしいことだが、サービスを提供する側にとっては、過重な負担になっているのではないか」という思いも持つようになってきた。

コインに表面と裏面があるように、あらゆるものには光と影、長所と短所がある。私は、この人にとっては素晴らしいことだが、サービスを提供する側にとっては、過重な負担になっているのではないか。

（熊谷　徹『ドイツ人はなぜ、年290万円でも生活が「豊か」なのか』より。
一部省略やふりがなをつけるなどの変更があります。）

［注］　※1　ユーロ……お金の単位。
　　　　※2　緻密……きめ細かであること。

問題7　りかさんは図書館で、【資料10】を見つけました。【資料10】で筆者が述べていることを、あとの［条件］にしたがってまとめなさい。

［条件］

○**複数の段落をつくって、三百字以上三百五十字以内で書くこと。**

○題名は書かずに一行目、一マス下げたところから、原稿用紙の適切な使い方にしたがって書くこと。

【資料10】

学問領域にかかわらず、研究という営みは、たいていの場合、大きな問いと小さな問いに導かれています。個々の研究論文があつかうのは、的を絞った小さな問いですが、小さな問いの背後には、それらを生み出す※3母胎のような大きな問いがあります。

私の研究の母胎となる問いは、「生身の人間が、さまざまな、社会的、文化的、歴史的現実の中に生まれ落ち、世界と※4折りあいをつけながら生きて命を全うする——それがいかにして可能になっているのか、そこにはどういう課題（問題、困難、苦難）や支えがあり、それとどうつきあったり、折りあったり、乗り越えたり、生かしたりしていくことができるのか」というふうに表現できると思います。

私たちは、この世に生を受けてから死に至るまでのあいだ、じつに多くの人々とかかわりあいながら生きていきます。同じ時を生きる

問題1 【会話文】中の（あ）にあてはまる国名として最も適切なものを【資料1】の地図のA～Dの中から一つ選び、記号を書きなさい。

問題2 （い）にあてはまる、【資料4】からわかることとして最も適切なものを次のア～エから一つ選び、記号を書きなさい。

ア ドイツの方が日本よりも1㎢あたりの人口が多い

イ ドイツの自動車の輸出額は、日本の機械類の輸出額よりも大きい

ウ ドイツも日本も機械類、自動車、精密機械の輸出額に占める割合を合計すると50％以上になる

エ ドイツも日本も2050年に予測される人口は、2018年の人口よりも10％以上少ない

問題3 【会話文】中の（う）にあてはまるものとして最も適切なものを【資料1】の地図の □ の1～6から一つ選び、番号を書きなさい。

問題4 【会話文】中の（え）にあてはまる言葉として最も適切なものを次のア～エから一つ選び、記号を書きなさい。

ア 日本海　　イ 太平洋　　ウ 大西洋　　エ インド洋

問題5 【会話文】中の（お）にあてはまる言葉として最も適切なものを次のア～エから一つ選び、記号を書きなさい。

ア 北極を中心とした北半球の地図

イ 北極を中心とした世界地図

ウ 南極を中心とした南半球の地図

エ 南極を中心とした世界地図

問題6 【資料9】は、みなみさんがとりかさんの【会話文】で気づいたことと、【資料9】で筆者が述べていることに共通する考え方を三十

これまでのみなみさんとりかさんの【会話文】でみなみさんが気づいた

字以上四十字以内で書きなさい。ただし題名は書かずに一行目、一番上から書くこと。

【資料9】

日本の書店で本を買うと、店員から「紙のカバーをおかけしますか」と必ず聞かれる。紙カバーをかけるだけではなく、ビニール袋にも入れてくれる。

本に紙カバーをかけるのは、なぜだろう。電車の中で何の本を読んでいるかを他の乗客から見られないようにするためだろうか。それとも本の表紙がカバンの中で折れたり、食堂のテーブルの上で汚れたりするのを防ぐためだろうか。いずれにしてもドイツでは本に紙カバーをかけるサービスは存在しない。

ある時、東京のホテル滞在中にズボンのファスナーが壊れたので、フロントに電話して「どこか近くに洋服の修理をしてくれる店はないでしょうか」と尋ねたら、従業員が部屋までズボンを引き取りに来て、その後無料で修理してくれた。とてもありがたかった。

九州のある旅館に泊まったら、「夜中にお腹が空いたら自由にお召し上がりください」と廊下におにぎりが置いてあった。どちらも、ドイツならば絶対にお金を取られるサービスだ。

2017年に沖縄県の小浜島のレストランや喫茶店に電話をすると、泊まっているホテルまで車で送ってくれるサービスだ。この島にはバスなどの公共交通機関がない。小浜島のレストランや喫茶店に電話をすると、泊まっているホテルまで車で迎えに来てくれるほか、食事が終わったらホテルまで車で送ってくれる。店の従業員にとっては大変な手間だと思うが、客にとっては安心して酒も飲めるので便利なサービスである。コーヒーを飲むだけ、ラーメン1杯を食べるだけでも車で送迎し

【資料7】

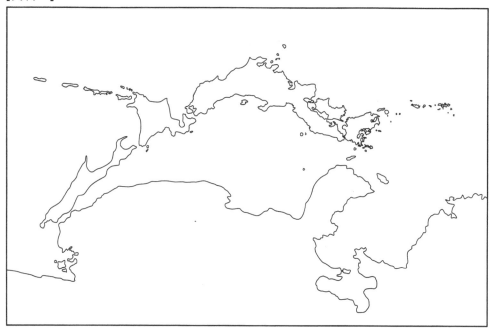

【資料8】

【資料５】

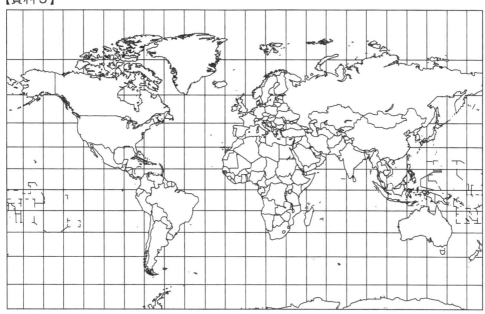

【資料６】

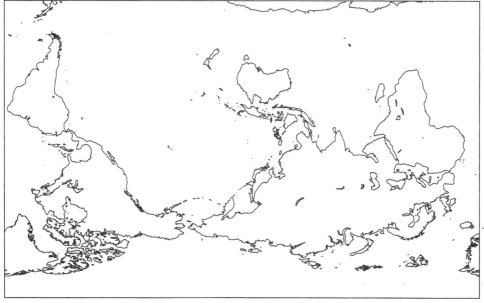

【資料３】

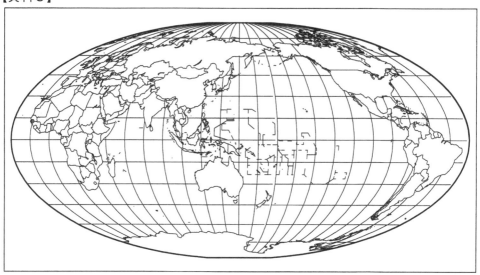

【資料４】 日本とドイツの比較

		日本	ドイツ
面積（千 km²）		378	357
人口（千人）	2018 年	127185	82293
人口予測（千人）	2030 年	121581	82187
	2050 年	108794	79238
輸出額（百万ドル）		644932	1340752
輸入額（百万ドル）		606924	1060672
主要な輸出品 （輸出額に占める割合：%）	機械類	35.0	26.5
	自動車	21.8	17.8
	精密機械	5.1	4.0

（『世界国勢図会（2018/2019）』をもとに作成）

【資料1】

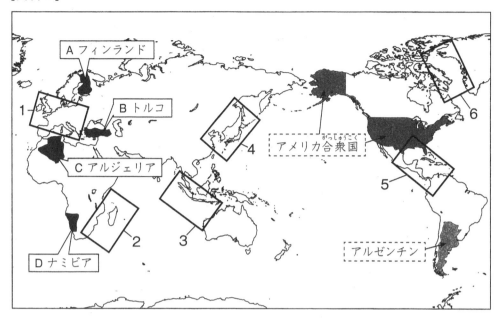

【資料2】

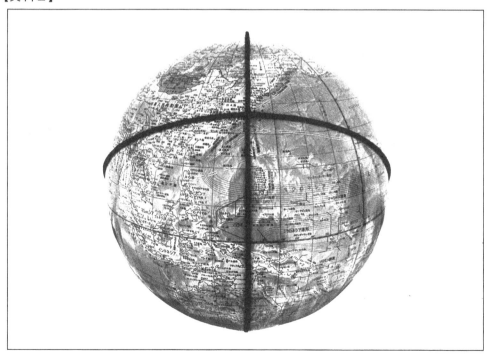

りかさん　【資料5】（25ページ）の地図を見てください。これは、わたしがドイツへ旅行した時に、よく目にしたものです。

みなみさん　ヨーロッパが中心になっている地図ですか。

りかさん　そうです。【資料1】（27ページ）のような日本でよく見る地図とはちがいますね。

みなみさん　はい。【資料5】の地図では、日本が東のはしにあるように感じます。

りかさん　ヨーロッパではこのような地図が広く使われているそうです。

みなみさん　それは知りませんでした。中心が変わると、印象がちがいますね。

りかさん　もう一つ、【資料6】（25ページ）のように南北が逆転している地図も見つけました。

みなみさん　すごいですね。南北が逆転すると、世界が別のものに見えてきますね。

りかさん　みなみさん、【資料7】（24ページ）の地図は、【資料1】の地図の中のある地域を、別の向きから見た地図です。

みなみさん　これは【資料1】の地図の（　う　）の地域を、別の向きから見た地図ですか。

りかさん　そうです。こう見ると、（　え　）が瀬戸内海のような内海に見えてきませんか。

みなみさん　本当ですね。見る向きを変えると、印象が変わりますね。

みなみさん　りかさん、わたしは、地図がえがかれた旗を見つけました。

りかさん　それはどのような旗ですか。

みなみさん　【資料8】（24ページ）の旗です。（　お　）が旗の真ん中にあり、その両わきにオリーブの葉がえがかれています。

りかさん　めずらしい旗ですね。このオリーブの葉にはどのような意味があるのですか。

みなみさん　これは地図と合わせて、世界の平和を表しているそうです。

りかさん　いろいろな地図や資料から多くのことが分かりましたね。

みなみさん　はい。今日は新しい発見が多くできて、楽しかったです。

りかさん　また、地図で見るだけではなく、実際に現地に行って調べるのもいいかもしれませんね。

みなみさん　そうですね。どんどん新しい知識を開拓したいと思います。いっしょにがんばりましょう。

【適性検査Ⅰ】　（四五分）　〈満点：一〇〇点〉

みなみさんとりかさんが社会科資料室で地球儀や世界地図を見ながら話をしています。次の【会話文】を読んで、あとの問題に答えなさい。

【会話文】

りかさん　　球体の地球を、平面の世界地図で正確に表すことはできるのでしょうか。

みなみさん　球体の地球を平面の世界地図で表すと、必ず正確ではないところができてしまいます。

りかさん　　どのようなところが正確ではなくなるのですか。

みなみさん　【資料1】（27ページ）の地図を見てください。【資料1】の地図では、方位は正確に表されていません。

りかさん　　【資料1】（27ページ）の地図を見てください。【資料1】の地図では、方位は正確に表されていません。

みなみさん　方位ですか。

りかさん　　はい。しかし、実際は、東京から見て真東の方向には、アメリカ合衆国がありますね。

みなみさん　と考えられる方向には、アメリカ合衆国がありますね。

りかさん　　そうなのですね。どのようにして調べるのですか。

みなみさん　【資料2】（27ページ）のように、地球儀上の東京を通るように南北にまっすぐひもをはります。その南北にはったひもの東京の位置に、そのひもに対して90度になるように東京から見た東西にまっすぐひもをはります。そうすると東京から見た東西南北の方向が分かります。

りかさん　　その方法で調べると、東京から見て、実際に真西にある国は、（　あ　）だということが分かりますね。つまり【資料1】の地図の方位は正確ではないということですね。

みなみさん　そうです。このように、球体である地球を平面の世界地図に正確に表すことはできません。

りかさん　　世界地図は面積やきょり、方位などの全てを、同時に正確に表すことができないということですね。

みなみさん　では【資料3】（26ページ）の地図を見てください。【資料3】は面積を正確に表した地図です。

りかさん　　これを見ると、【資料1】の地図とはちがった印象を受けますね。

みなみさん　そうですね。【資料3】の地図を見ると、いろいろな国の大きさが比べられますね。では、日本と同じくらいの面積の国はどのような国があるか、統計資料で調べてみましょう。

りかさん　　日本と同じくらいの面積の国には、ドイツがあります。日本とドイツを比べた【資料4】（26ページ）もありました。

みなみさん　【資料4】からはどのようなことが分かりますか。

りかさん　　ドイツと日本を比べると（　い　）ことが分かります。

みなみさん　そうですね。統計資料からもいろいろなことが分かりますね。

大切なことはメモしておこうネ！

2020 年 度

解 答 と 解 説

《2020年度の配点は解答欄に掲載してあります。》

<適性検査Ⅰ解答例>

問題1　D

問題2　イ

問題3　4

問題4　ア

問題5　イ

問題6　物事をいつもと違う目線で見ることで，新しい発見や印象を得るということ。

問題7　筆者の研究のうち，ことばを用いた人と人との関わりについて述べられている。

　　　　日常を構成する活動場面にはそれぞれ特有の談話のパターンがあると筆者は述べる。例えば示された会話を私たちは授業の中での会話だと推論することが出来る。

　　　　これに対し，三段論法で答えを引き出そうとしても「知らないことについてものを言うことは出来ない」という男性とのやりとりが示される。これは三段論法で簡単に答えを推測する私たちにとっては，我が身をふり返るきっかけとなる。

　　　　談話のパターンは歴史的に培われ，無意識に用いられるが，必ずしも固定的なものではない。ひとりひとりが場面ごとの談話パターンについて再考し，その魅力に気付くべきだ。また，私たちは必要ならば談話の形をつくるという役割を担っているのである。

○配点○

問題1・問題2　各20点×2　　　問題3・4　各8点×2　　　問題5　14点

問題6・7　130点　　　計200点

<適性検査Ⅰ解説>

問題1　【資料2】のひもが地球儀のどこを通過するか見ると，中華人民共和国をななめに横切るようにかかっている。この線を【資料1】上で延長すると，Dのナミビアの方向に向かう。また，真東はアルゼンチンであることを参考にして，東京から見て左右対しょうの似た位置にあると考えることもできる。

問題2　ドイツの輸出額は1340752百万ドル，そのうち自動車が占める割合は17.8％。よってドイツの自動車輸出額は，

　　　　1340752×0.178＝238653.8…(百万ドル)

　　　日本の輸出額は644932百万ドル，そのうち機械類が占める割合は35％。よって日本の機械類輸出額は，

　　　　644932×0.35＝225726.2(百万ドル)

　　　したがってドイツの自動車の輸出額は日本の機械類の輸出額よりも大きく，イが正しい答えとなる。

ほか，1k㎡あたりの人口は

    日本　127185÷378＝336.46…(人)

    ドイツ　82293÷357＝230.51…(人)

機械類，自動車，精密機械の輸出額に占める割合の合計は

    日本　35.0＋21.8＋5.1＝61.9(%)

    ドイツ　26.5＋17.8＋4.0＝48.3(%)

2018年の人口に対する2050年の予測人口は，

    日本　108794÷127185＝0.855…

    ドイツ　79238÷82293＝0.962…

となる。計算の手間がかかるので，ある程度答えの見当をつけてから計算する。

基本

問題3　【資料7】の地図の中に上下逆さまになった日本列島が入っていることに注目する。

問題4　瀬戸内海のような内海に見えるということは，陸と陸の間にはさまれている海を指しているということである。この地図が日本列島とユーラシア大陸の東岸を指しているとわかるので，ここで内海のように見えるのは二つの陸にはさまれた日本海である。

問題5　【資料8】の地図には5つの大陸が見えることからこれは世界地図であるとわかり，さらに大陸の形からこれが北半球から見た地図であると判断する。地図の上側から時計まわりにオーストラリア大陸，ユーラシア大陸，アフリカ大陸，南アメリカ大陸，北アメリカ大陸が示されている。南極に近づくほど面積が大きく表されていることに注意する。

問題6　みなみさんは会話文のなかで「中心が変わると，印象がちがいますね。」「南北が逆転すると，世界が別のものに見えてきますね。」「見る向きを変えると，印象が変わりますね。」などの発言をしている。また【資料9】の文章では，筆者が日本で受けるサービスの素晴らしさをつづる一方，最後に「コインに表面と裏面があるように…(中略)…「日本のおもてなしは客にとっては素晴らしいことだが，サービスを提供する側にとっては，過重な負担になっているのではないか」」と意見を述べている。これらの共通点は，ある目線で見たときに受ける印象と，ちがった目線で見たときに受ける印象は大きく異なる，ということである。このことを文字数内でまとめる。

問題7　文章の要点がどこに設定されているのかを読み取る。文章中では大きく二つの例が示されているので，その二つの例が本文の中でどんな意見や事実を述べるために用いられているのかを考える。授業の例，フィールドワークでのやりとりの例から，各文化や場面でのやりとりのパターンの多様性が分かり，その後私たちに日常的な談話パターンの見つめなおしを提案している。これらを文字数以内でまとめる。導入，結論は段落を分け，3〜4段落の構成で書くとよいだろう。

━━**★ワンポイントアドバイス★**━━

設問回答のために，複数の資料や長い文章を読む必要がある。作文にしっかりと時間を配分したいので，それほど難易度の高くない資料問題に関しては素早く正確に処理していこう。作文は，日ごろから筆者がどのような構成で物事を伝えようとしているのか意識して文章を読む力をつけておくと，解きやすくなる。

＜適性検査Ⅱ解答例＞

1 問題1　3.1倍
問題2　4
問題3　3
問題4　4

2 問題1　5
問題2

1	4
6	3

問題3　1
問題4

2	×	×
5	×	1
5	6	1

3 問題1　5
問題2　2　6　7　12
問題3　3
問題4　ＬＥ－７Ａエンジン　4
　　　　ＬＥ－９エンジン　2
問題5　5
問題6　ＬＥ－５エンジン　228.9N
　　　　ＬＥ－７Ａエンジン　2500N

○配点○
1 問題1・問題2　各5点×2　　問題3・問題4　各10点×2
2 問題1・問題3　各5点×2　　問題2・問題4　各10点×2
3 問題1・問題3・問題4・問題5・問題6　各5点×6(問題4は完答)
　問題2　10点　　　　計100点

＜適性検査Ⅱ解説＞

1 （理科：トウモロコシの生育，算数：データの分せき）

問題1　黄色い粒の個数が白い粒の個数の何倍かを求めるためには，黄色い粒の個数を白い粒の個数で割ればよい。482÷158＝3.05…より約3.1倍となる。

問題2　【資料2】を見ると，株を複数列に配置することで受粉しやすくなり，実の粒ぞろいが良くなるという内容が書かれているため，それに一番近い答えを選ぶ。

問題3　南側で育てたトウモロコシに着目するため，【資料3】を参照する。粒の数のデータのはん囲は650～666個であり，可食部の重さのデータのはん囲は210～214gである。グラフの縦軸と横軸の数値に注目すると，あてはまるグラフは3であることがわかる。

問題4　まず1について，【資料3】，【資料4】のデータをもとに一粒あたりの重さを株ごとに求めたものを表にすると以下のようになる。なお，一粒あたりの重さは実の重さを粒の数で割るこ

とによって求められ，小数第三位を四捨五入して小数第二位で表すものとする。

南側で育てたトウモロコシ

株の番号	一粒あたりの重さ（g/個）
1	0.50
2	0.50
3	0.49
4	0.50
5	0.50
6	0.50
7	0.50
平均	0.50

西側で育てたトウモロコシ

株の番号	一粒あたりの重さ（g/個）
1	0.51
2	0.55
3	0.53
4	0.55
5	0.56
6	0.54
7	0.54
平均	0.54

2つの表において，一粒あたりの重さの平均は0.50，0.54であり，その差は0.1ｇ以上ではないので，１は誤りである。

次に２について考える。７つの株の実の重さ，粒の個数，可食部の重さの平均を算出し，南側と西側で比較した表を以下にまとめる。実の重さの平均は，７つの株の実の重さの値をすべて足し合わせて７で割ることで求められ，粒の個数の平均と可食部の重さの平均についても同じように粒の個数，可食部の重さの値を使うことで求められる。また，南側で育てたトウモロコシの値を65％にしたものは，南側のそれぞれの平均に0.65をかけたものとなる。数値は小数第三位を四捨五入して小数第二位で表すものとする。

	南側	西側	南側の値の65％
実の重さの平均	328.00	231.00	213.20
粒の個数の平均	657.14	426.00	427.14
可食部の重さの平均	211.43	132.43	137.43

実の重さの平均に関しては，南側で育てたトウモロコシの値を65％にしたものの方が西側で育てたトウモロコシの値よりも小さくなっているので，２も誤りである。

３について，実の重さに対する可食部の重さの割合を株ごとに求めたものを表にすると以下のようになる。この割合は可食部の重さを実の重さで割ることによって求められる。数値は小数第三位を四捨五入して小数第二位で表すものとする。

南側で育てたトウモロコシ

株の番号	実の重さに対する可食部の重さの割合(-)
1	0.65
2	0.64
3	0.65
4	0.64
5	0.64
6	0.64
7	0.64
平均	0.64

西側で育てたトウモロコシ

株の番号	実の重さに対する可食部の重さの割合(-)
1	0.54
2	0.60
3	0.53
4	0.61
5	0.58
6	0.55
7	0.60
平均	0.57

平均の値は南側より西側の方が低くなっているので，**3**も誤りである。

やや難 **2** （算数：見取図，さいころ）

問題1 【図2】のさいころ体を左の矢印から見ると，2段目（だんめ）のさいころは左から見た図の右上の位置にあり，そのとなりにはさいころはないので，左から見た図の左上は×である。また，左から見た図の右上のさいころの面は，【図2】を見ると3の目の裏側（うらがわ）の面になるので，向かい合う面のさいころの和が7であることを考えると4となっているはずである。

問題2 【図6】と，使ったさいころが5個であることからさいころ体は右図のようになっていると考えられる。接している面の目が同じであること，向かい合う面のさいころの和が7であることをををふまえると①の面は2，②は4，③は2，④は3，⑤は5，⑥は1，⑦は6，⑧は5となる。そして全て【図1】のさいころを使ったことをふまえて右から見た図の目を決定していく。

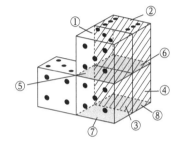

問題3 1のさいころを組み立てると，下の図の一番左のさいころのようになる。向かい合う面のさいころの和が7であることをふまえ，上の面のさいころの目を1のままにして見る方向を変えると下の図の真ん中のさいころのようになる。上の面のさいころの目が2になるようにさいころの向きを変えると，下の図の一番右のさいころのように【図7】のさいころと同じになる。

$$\boxed{\begin{array}{c}1\\4\quad 5\end{array}} = \boxed{\begin{array}{c}1\\3\quad 2\end{array}} = \boxed{\begin{array}{c}2\\1\quad 3\end{array}}$$

問題4 【図8】のさいころ体に，前から見た図と上から見た図のさいころの目を書きこむと右の図のようになる。

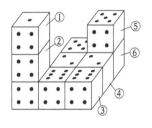

　図の①～⑥のさいころの右から見た図について考える。まず①について，【図1】のさいころの3の面の向かい合う面の目は4であるため，1の面を上，4の面を正面にしたときの4の面の右どなりの面の目は2となり，右から見た図において①のさいころの面の目は2ということになる。②も①と同じ【図1】のさいころを使っている。接している面の目が同じということから②の上の面は，①の下の面と同じ目になり，①の上の面の目は1であるので，向かい合う面の目の和が7であることから①の下の面すなわち②の上の面の目は6となる。②のさいころは①のさいころの上下左右が反転したものになるから，右から見た図の②のさいころの面は5である。③のさいころも【図1】のさいころを使っていて，6の面が上で4の面が正面になっているため，②と同じように右から見た図の③のさいころの目は5となる。接している面の目が同じであるため，④の正面の目は，③のおくの面の目と同じものになり，③の正面の目が4であることから3となる。④のさいころは【図7】のさいころであり，2の面が上，3の面が正面であるときの3の面の右どなりの面の目は6となり，右から見た図の④のさいころの目は6ということになる。⑤のさいころは【図1】のさいころで，5の面が上，4の面が正面であるとき4の面の右どなりの面の目は1となり，右から見た図において⑤のさいころの面の目は1である。⑥のさいころは，④や⑤と接している面の目がそれぞれで同じになる

ため，上の面の目が2，正面の目が4となる。このとき4の面の右どなりの面の目は1となり，右から見た図の⑥のさいころの目は1であるとわかる。

3 （理科：ロケットのしくみと開発の歴史）

問題1　球体から蒸気が噴き出したときの反動による力が発生するので，容器を熱すると球体が回転する。

問題2　【資料2】の最後から2行目の式に基づいて考えると，左辺の「ロケットの速度」の値を大きくするには右辺の値を大きくする必要がある。右辺はかけ算になっているので，「噴き出した燃焼ガスの質量」「噴き出した燃焼ガスの速度」の値をともに大きくすると「ロケットの速度」の値がさらに大きくなる。

問題3　【資料3】ではロケットの速度を増すための工夫として比推力を大きくすること，質量比を小さくすることが挙げられている。【資料4】で多段式ロケットは推進剤タンクなどを切り離すことで質量を小さくしていることがわかり，このことによってロケットの速度を上げていると考えられる。また，クラスターロケットは開発にかかる経費や時間を減らして性能の確定しているロケットを使用しているため，開発費や安全の面において利点があると考えられる。

問題4　【資料6】の表を見ると，2にある「推力が最大となる」エンジンはＬＥ－9エンジンとわかる。また，4はＬＥ－5より推力が大きく，ＬＥ－9より比推力が大きいＬＥ－7Ａエンジンの説明としてあてはまることがわかる。

問題5　【資料4】において，スウィングバイの利点としてロケットの軌道や速度を変えられることが挙げられていることから考える。

問題6　【資料3】の比推力を求める式から，1秒間に消費する推進剤の重さは推力を比推力で割ることによって求められることがわかる。1秒間に消費する推進剤の重さを計算すると，ＬＥ－5エンジンについては103(kN)×1000÷450(秒)＝228.88…より228.9(N)，ＬＥ－7Ａエンジンは1100(kN)×1000÷440(秒)＝2500(N)となる。

─**★ワンポイントアドバイス★**─

図やグラフなどを読み取る問題が多数出題され，資料から素早く必要な情報を選ぶ力が問われる。問題数も多いため，解ける問題を素早く見極めることが重要となる。

2019年度
★★★★★★★★★★★★★★★★★★★★★★
入 試 問 題

2019年度

横浜市立横浜サイエンスフロンティア高等学校
附属中学校入試問題

【適性検査Ⅰ】 （27ページから始まります。）
【適性検査Ⅱ】 （45分）　　＜満点：100点＞

1　はなこさんは，水でぬれてしまった計算プリントをみて，プリントの黒い文字はにじまないのに，丸付けをした赤色のインクだけがにじむことを不思議に思いました。そこで，【資料1】のような実験を行いました。その後，いろいろなインクについて調べ，その結果を【資料2】～【資料4】にまとめました。【資料1】～【資料4】（2～4ページにあります。）をみて，あとの問題に答えなさい。

【資料1】 ２種類のインクに水を落とす実験

実験1
　　用意したもの　○直径11cmの円形のろ紙を2枚
　　　　　　　　　○水とスポイト
　　　　　　　　　○赤色のインクA，B
　　ろ紙の真ん中に，2種類の赤色のインクA，Bでそれぞれ直径1cmの円をかき，よく乾燥させた後，その上にスポイトで水を6滴落とした。
　　その結果を結果1のように簡単な図で表した。

結果1
　　　　　インクA　　　　　　　　　　　インクB

　　　インクがにじみ広がった。　　　　インクがにじまず広がらなかった。

　　　　　　　　　　　　　　実験前

　　　　　　　　　　　　　　実験後

考察1
　　結果1では，赤色のインクAはにじんで広がったことから，インクAは（　あ　）インクであると考えました。また，赤色のインクBはにじまず広がらなかったことから，インクBは（　い　）インクであると考えました。

問題1　【資料1】の（あ），（い）に当てはまる最も適切な語句を，次の1～6から一つずつ選び，番号を書きなさい。

1　うすい　　　　2　乾きやすい　　　3　水に溶けやすい

4　こい　　　　　5　乾きにくい　　　6　水に溶けにくい

【はなこさんの考え1】

　　結果1で，赤色のインクAがにじんで広がると，その中にピンク色や黄色がみられました。このことから赤色のインクは1つの色だけでなく，様々な色が混ざってできているのではないかと考えました。そこで，実験方法を調べると次のような資料をみつけました。

【資料2】ペーパークロマトグラフィー

①正方形のろ紙の下から2cmのところに，鉛筆で線を引きその線上にインク（※1試料）をしみ込ませ，よく乾燥させる。

②密閉できるガラス容器に液体を少量入れ，ふたをして密閉してから数分間待つ。その後，①のろ紙の端を液体に浸ける。この液体を展開液という。

③液体がろ紙にしみ込みながら上がっていき，液体が上がるとともにインクに含まれている色素が移動していく様子が観察できる。このことを展開という。

　　色素が移動する速さは，その色素の展開液への溶けやすさによって変化する。また，展開液のろ紙へのしみ込みやすさによっても変化する。この方法で色素の種類を調べたり，混ざっている色素を分離したりすることができる。このような実験方法をペーパークロマトグラフィーという。

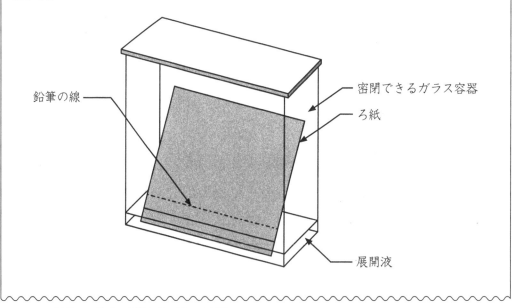

※1　試料……検査，実験などで用いる材料。

実験2

用意したもの ○正方形のろ紙10cm×10cmを2枚

○展開液：水，エタノール

○試料：**実験1**で使用した**インクA**，**B**と，新たに加えた赤色の**インクC**

それぞれ**インクA**～**C**の展開を6分間ずつ行った後，よく乾燥させ観察した。

その結果を**結果2**のように簡単な図で表した。

点線（---------）は，下から2cmのところに鉛筆で線を引いた位置，太線（━━━）は展開液が上がった位置を表している。

結果2

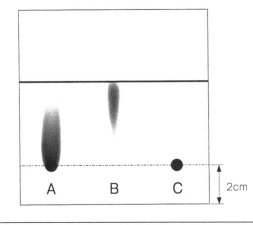

展開液：液体ア

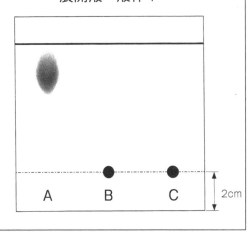

展開液：液体イ

問題2 はなこさんは【資料1】【資料2】をみて，**実験2**で展開液として用いた**液体ア，イ**についてまとめました。次の ☐ 中の（**う**），（**え**），（**お**）に当てはまる適切な語句として，**ア**または**イ**を書きなさい。

> 液体（ **う** ）は水であり，液体（ **え** ）は液体（ **お** ）に比べてろ紙にしみ込みにくいと考えました。

【はなこさんの考え2】

実験2を終えて，さらに別の赤いインクで実験をしようと思い探していると，ホワイトボード用マーカーをみつけました。マーカーのラベルに書かれてある「アルコール系インキ」が，どのような性質のインクなのか，**実験2**と同じ手順で実験を行い，調べてみようと考えました。

【資料3】ペーパークロマトグラフィーを用いた追加実験

実験3

ホワイトボード用マーカーの赤色の**インクD**を試料とし，**実験2**と同じ展開液を用いて実験し，観察した。

その結果を，次のページの**結果3**のように簡単な図で表した。

結果3

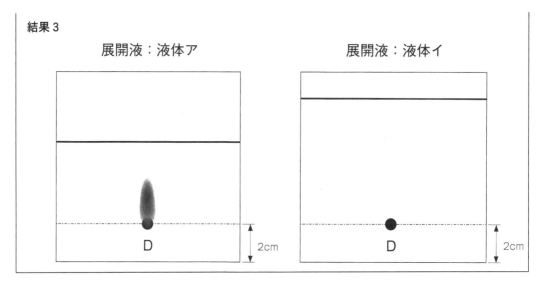

展開液：液体ア

展開液：液体イ

D 　2cm

D 　2cm

問題3　はなこさんは【資料3】をみて，**インクD**にはどのような性質があると考えられるかまとめました。次の　□　中の文章で，**適当ではない語句を5文字で抜き出し**なさい。

> 水には溶けにくい性質であり，エタノールには溶けやすい性質があると考えました。

【はなこさんの考え3】

　結果2をみたところ，実験2で行った展開だけでは，まだ色素が分離できず，混ざっているところがありました。そこで，色素を分離するための実験方法を調べると，実験2のような展開方法を一次元展開法ということがわかりました。また，次のような二次元展開法と呼ばれる展開法をみつけました。

【資料4】二次元展開法によるペーパークロマトグラフィー

①正方形のろ紙の下から2cm，右から2cmのところに鉛筆で線を引きその交点上にインク（試料）をしみ込ませ，よく乾燥させる。

②密閉できるガラス容器に展開液を少量入れ，ろ紙の端を浸ける。一次元展開を行い，このとき用いる展開液を展開液①とする。

③展開後，ろ紙をよく乾燥させる。

④ろ紙を時計まわりに90°回転させ，展開液を別の液体に変え，二次元展開を行う。このとき用いる展開液を展開液②とする。

⑤展開後，ろ紙をよく乾燥させる。

　✕は試料をしみ込ませた位置，点線は鉛筆で線を引いた位置を表している。白矢印（⇨）は一次元の展開方向を，黒矢印（➡）は二次元の展開方向を表している。

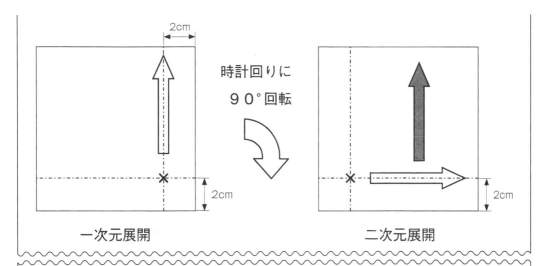

一次元展開　　　　　　　　　　　　　　　　二次元展開

実験4

　用意したもの　　○正方形のろ紙10cm×10cmを3枚
　　　　　　　　　○展開液①：エタノール，展開液②：水
　　　　　　　　　○試料：3色（黄緑色，紫色，茶色）のインク

　一次元展開した後，乾燥させ90°時計回りに回転させた。

　二次元展開した後，再度乾燥させて元の位置に戻して観察した。

　その結果を結果4のように簡単な図で表した。

結果4

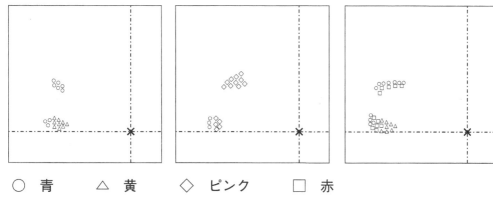

試料：黄緑色のインク　　　試料：紫色のインク　　　試料：茶色のインク

○　青　　　△　黄　　　◇　ピンク　　　□　赤

問題4　【資料4】をみて，試料黄緑色，茶色のインクのみに共通して含まれる色素として適切な
ものを，次の1〜7から一つ選び，番号を書きなさい。

　また，試料黄緑色，紫色，茶色のインクに含まれる色素のうち，エタノールに最も溶けやすい
色素として適切なものを，次の1〜7から一つ選び，番号を書きなさい。

1　青　　　2　黄　　　3　ピンク　　　4　赤

5　黄緑　　6　紫　　　7　茶

【はなこさんの考え4】

　これまでの実験でみたように，色素によって展開液に対する溶けやすさが異なることが分かりました。そこで図に表すだけでなく，展開のしやすさを数値で表して比較してみようと考えました。

　問題5　結果4をみて，試料紫色のインクに含まれる色素のうち，青色とピンク色の水に対する展開のしやすさを割合で表したい。

　　エタノールで展開したところを始点とし，そこからそれぞれの色素が水で展開した先端までの距離を測ると，青色は6.7cmで，ピンク色は6.2cmであった。ピンク色の展開のしやすさは，青色の何%か書きなさい。答えは小数第三位を四捨五入して，小数第二位まで答えなさい。

2　たろうさんは街を歩いているときに，すべての面が同じ大きさの正三角形でできている立体があることに気付き，【図1】のような見取図をかきました。このような立体について，あとの問題に答えなさい。

【図1】　たろうさんがかいた見取図

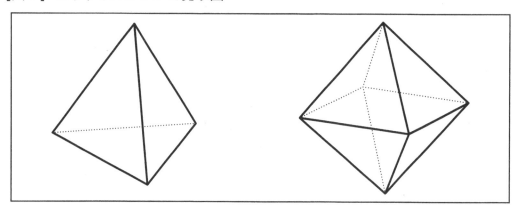

　問題1　たろうさんは，【図1】のように，すべての面が同じ大きさの正三角形でできている立体にはどのようなものがあるのか考えるために，いくつかつくってみました。その結果，5種類の立体をつくることができました。

　　【図2】（あ）〜（お）はたろうさんがつくった立体の見取図です。

　　【図2】（あ）を見ると，この立体は4つの面でできていることが分かります。【図2】（う）（え）（お）はそれぞれいくつの面でできているか答えなさい。

【図2】　すべての面が同じ大きさの正三角形でできている立体の見取図

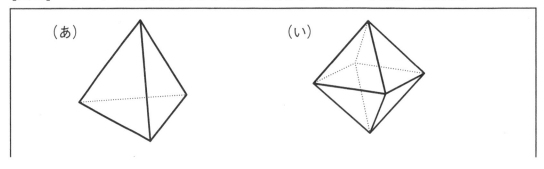

（あ）　　　　　　　　　　　　（い）

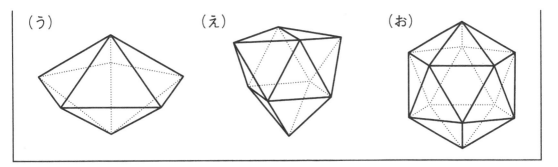

（う）　（え）　（お）

問題2　たろうさんは【図3】のように，前のページの【図2】（あ）の立体が安定するよう，平らな台に置きました。台と平行な面でこの立体を切ると，切り口は【図4】で色をつけた部分のように，正三角形になりました。同じように【図2】（い）の立体が安定するよう，平らな台に置き，台と平行な面で切るとき，**切り口になることがある図形**はどれですか。最も適切なものをあとの1～6から一つ選び，番号を書きなさい。

【図3】

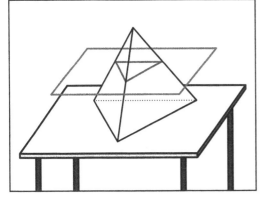

【図4】

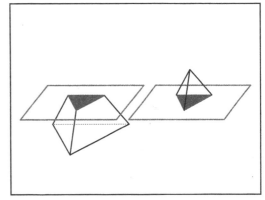

1	正方形	2	長方形	3	平行四辺形
4	ひし形	5	正六角形	6	正八角形

問題3　たろうさんは，すべての面が同じ大きさの正三角形でできている立体を他にもつくってみようと考えました。すべての面が同じ大きさの正三角形でできている立体で最も面の数が少ないものは，正三角形の面4つでできています。この立体を【図5】のように2辺を切り開き，開いたところを2つの正三角形の面でうめることで，【図2】の中にはない立体【図6】をつくることができます。2辺を切り開き，開いたところを2つの正三角形でうめる作業をくり返すことで【図2】でつくったもののほかに，何種類かの立体をつくることができました。また【図7】のように，へこんだところがふくまれる立体もいくつかできましたが，どの面もへこんでいない立体は【図2】のものと合わせて8種類つくることができました。（図5～図7は次のページにあります。）

【図5】 【図2】（あ）から【図6】をつくる作業

① 【図2】（あ）の
　2辺を選ぶ。

② 選んだ2辺を
　切り開く。

③ 開いたところを2個の
　正三角形でうめると
　【図6】ができる。

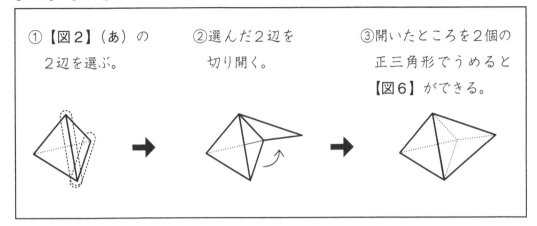

【図6】 【図5】でつくった立体

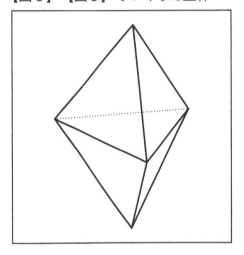

【図7】 正三角形の面5つがへこんだ立体

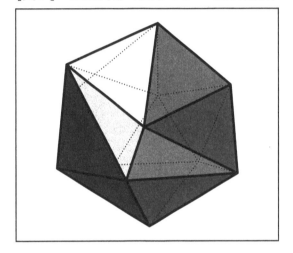

　今度は，すべての面が同じ大きさの正方形でできている立体をつくってみようと思い，【たろうさんが考えたこと】のようにまとめました。【たろうさんが考えたこと】の中の ［ A ］ ～ ［ C ］ にあてはまる最も適切な言葉をあとの1～12から一つずつ選び，番号を書きなさい。

【たろうさんが考えたこと】

　正三角形のときと同じように，正方形についても考えてみました。
　すべての面が同じ大きさの正方形でできている立体で最も面の数が少ないものは ［ A ］ で，正方形の面6つでできています。1つの面が1辺だけでつながるように3辺を切り開き，開いたところを同じ大きさの正方形でうめるためには，正方形の面が少なくとも ［ B ］ 必要です。できあがった立体を見てみると，面と面がつながった部分が平らになったところがありました。できあがった立体の面のうち，4つの面は ［ C ］ になっていることが分かりました。これではすべての面が同じ大きさの正方形とはいえません。以上のことからすべての面が

同じ大きさの正方形でできている立体は，【図7】のようなへこみがあるものを除けば1種類であると考えられます。

1 直方体	2 立方体	3 三角柱	4 円柱	5 正方形	6 長方形
7 ひし形	8 平行四辺形	9 2つ	10 3つ	11 4つ	12 5つ

3 たろうさんは，飛行機に興味をもち，そのしくみと開発の歴史について調べ，【資料1】～【資料5】，【表1】，【表2】（10～15ページにあります。）にまとめました。あとの問題に答えなさい。

【資料1】翼に上向きの力が生じるしくみ

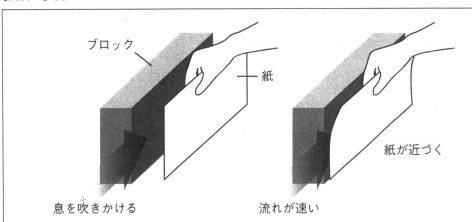

ブロックの近くに紙を置き，ブロックと紙のすき間に強く息を吹きかけると，紙がブロックの方に押しつけられることが確かめられた。

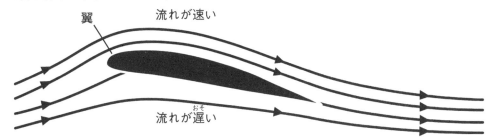

翼が空気から受ける力は，空気の流れを考えることで説明できる。飛行機の翼の上面では空気の流れが速く，翼の下面で空気の流れが遅い。空気の流れが速いと翼の面を押す力は（　　あ　　）が生じる。この力を揚力という。

（高森安雄　編著「飛行機のテクノロジー」をもとに作成）

問題1　【資料1】の（あ）に最もよくあてはまることばについて，次の語群からことばを選んで意味の通る順番に並べ，それらの番号を順番通りに書きなさい。

語群　　1　変わらないため　　　　2　強くなるため　　　　3　弱くなるため
　　　　4　上面と下面を押す力　　5　前と後ろの端を押す力　6　の差によって
　　　　7　が強め合って　　　　　8　翼に下向きの力　　　　9　翼に上向きの力
　　　　10　翼に前向きの力　　　11　翼に後ろ向きの力

　たろうさんは，ライト兄弟がエンジンのついた飛行機を初めて飛ばすまでに，さまざまな研究があったことを知り，その取り組みを【表1】と【資料2】，【資料3】にまとめました。

【表1】主な飛行機の研究を行っていた人々の取り組み

年	研究した人	できたこと・わかったこと	残った課題
1889	オットー・リリエンタール	最初の有人グライダー飛行 「航空技術の基礎としての鳥の飛翔」を出版 【資料2】の実験で平らな板状の翼よりもキャンバーをつけて曲がった翼の方が揚力が大きくなることを確かめた	安定飛行と操縦技術の両立
1894	サミュエル・ラングレー	「空気力学実験」を出版 風に対する翼の角度が小さいときはアスペクト比の大きな平板の方が揚力が大きくなることを確かめた	
1896		無人模型飛行機エアロドローム5号機で蒸気動力による90秒間の飛行に成功した	有人機用に強度を増す
1900	ウィルバー・ライトとオービル・ライト（ライト兄弟）	翼のアスペクト比3.5 キャンバー比 $\frac{1}{12}$ 総翼面積15.3m²のグライダーを作成	予想した揚力が出なかった
1901		翼のアスペクト比3.3 キャンバー比　最大 $\frac{1}{12}$ 総翼面積27m²のグライダーを作成	予想した揚力が出なかった
1901		グライダー実験終了後、自転車リム天秤実験と※風洞実験で揚力と空気抵抗についての実験を繰り返した【資料3】	
1902		主翼ひとつの翼の弦の長さ　約1.52m 主翼ひとつの翼の高さ最大　約0.06m 主翼ひとつの翼の幅　約9.75m 総翼面積28.3m²のグライダーを作成 操縦装置の改良	軽量高出力のエンジンが開発されていなかった
1903		エンジンとプロペラを開発 人類初の有人動力飛行	

（NASAウェブページをもとに作成）

※風洞……空気の一様な流れを人工的に作る装置のこと。

【資料２】 リリエンタールの実験と翼のキャンバー比やアスペクト比

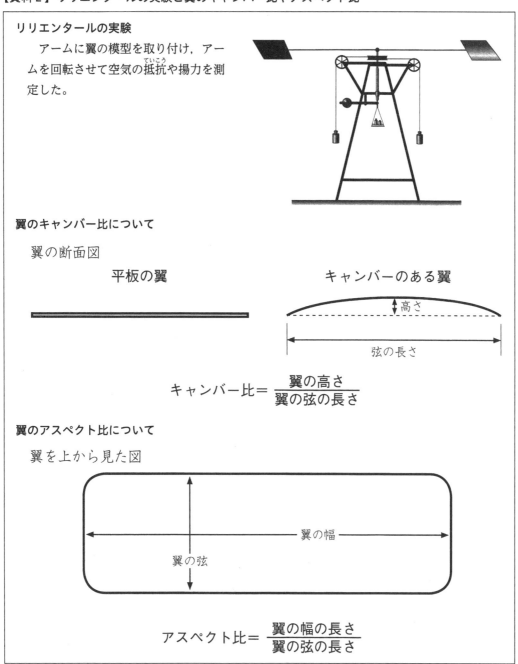

リリエンタールの実験

　アームに翼の模型を取り付け，アームを回転させて空気の抵抗や揚力を測定した。

翼のキャンバー比について

　翼の断面図

平板の翼　　　　　　　　　　　　キャンバーのある翼

高さ

弦の長さ

$$キャンバー比 ＝ \frac{翼の高さ}{翼の弦の長さ}$$

翼のアスペクト比について

　翼を上から見た図

翼の幅

翼の弦

$$アスペクト比 ＝ \frac{翼の幅の長さ}{翼の弦の長さ}$$

（ジョン・Ｄ・アンダーソンJr.「空気力学の歴史」をもとに作成）

【資料３】 ライト兄弟の行った実験

自転車リム天秤装置による実験

　自転車の前輪に取り付けた自由に動く車輪の枠であるリムに翼の模型を取り付け，自転車を走らせることで風を当て，翼の模型が空気から受ける力を測定した。

風洞実験装置による実験

　工作機械の動力を使い，装置の中で一定の風を送り続ける風洞実験装置を製作して，風の中で翼の模型が受ける力を正確に測定する実験を繰り返した。

後に造られた複製品の様子

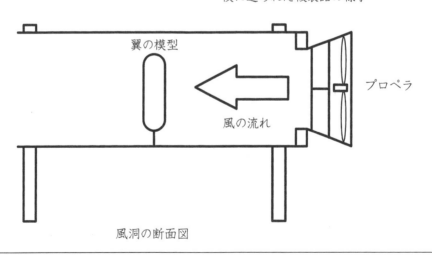

風洞の断面図

（ＮＡＳＡウェブページをもとに作成）

問題２　ライト兄弟は風洞実験を繰り返した結果，総翼面積が大きいだけでなく，どのような翼の飛行機がよいとわかったのか。最も適切なものを，次の１～８から一つ選び，番号を書きなさい。

　１　アスペクト比が大きい翼の飛行機
　２　アスペクト比が小さい翼の飛行機

3　キャンバー比が大きい翼の飛行機

4　キャンバー比が小さい翼の飛行機

5　アスペクト比が大きくキャンバー比が小さい翼の飛行機

6　アスペクト比が小さくキャンバー比が大きい翼の飛行機

7　アスペクト比が小さくキャンバー比が小さい翼の飛行機

8　アスペクト比が大きくキャンバー比が大きい翼の飛行機

　たろうさんは，旅客機が滑走路から離陸する様子をくわしく調べようと空港で写真を撮影しました。そして，旅客機が離陸したときの速さを考えてみることにしました。【資料4】はそのときのメモの一部です。

【資料4】たろうさんが旅客機の速さを求めたメモの一部

　旅客機が滑走路の端で停止した後，滑走を始めて離陸するのに50秒間かかり，2150m滑走したことがわかりました。【図1】はこの様子を表したものです。

【図1】

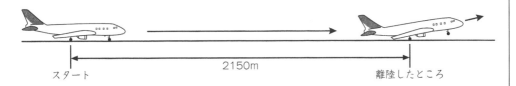

スタート　　　　　　　　　　2150m　　　　　　　　離陸したところ

そこで，旅客機が離陸したときの速さを次の手順で計算することにしました。

①一定の速さで移動する物体の速さと時間の関係をグラフに表すと次のようになります。

スタートからの時間と速さの関係

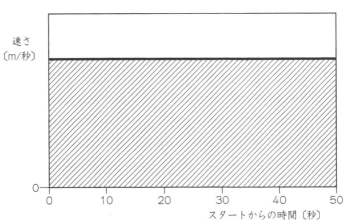

この物体がある時間で移動する距離は，

　　（距離）＝（速さ）×（時間）で求められます。

グラフの斜線部分の面積が物体が移動した距離を表していることになります。

②一定の割合で加速していく物体が移動するときは，速さと時間の関係をグラフに表すと次のようになり，グラフの斜線部分の面積が物体の移動した距離を表していると考えられます。

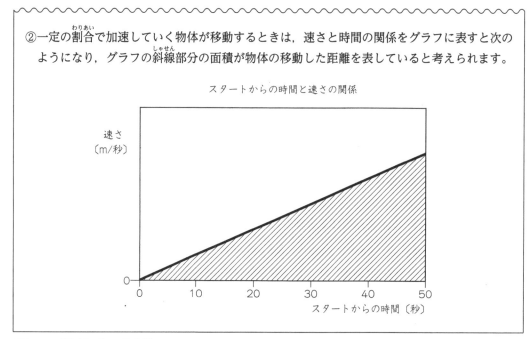

スタートからの時間と速さの関係

問題3 【資料4】の旅客機がスタートしてから一定の割合で加速して離陸したとするとき，離陸時の速さは毎秒何mか，答えなさい。

　たろうさんは，現在の飛行機のエンジンの種類を【表2】にまとめ，エンジンの種類と燃料使用量の関係について【資料5】といろいろな燃料をエンジンで使用したときの二酸化炭素発生量について【資料6】を見つけました。

【表2】エンジンの種類と特徴

エンジンの種類		特徴
ピストンエンジン：燃料の燃焼によってピストンを動かし、プロペラを回転させる。	1 4サイクル・エンジン	空気と燃料を吸い込み、圧縮して点火、燃焼、ピストンを押して排気という4つの働きを繰り返す。ライト兄弟の作成したエンジンと同じ仕組み。
	2 ディーゼル・エンジン	4サイクルエンジンと同じ働きだが、ジェット燃料を用いて高い圧縮による自然発火で燃焼を起こさせる。この仕組みによって回転する力が強い。
ガスタービンエンジン：タービンという	3 ターボプロップ・エンジン	燃焼によりできたジェット噴流でタービンを回し、プロペラを回転させる。
	4	圧縮タービン前につけたファンで空気を

羽根車を用いて、連続して空気圧縮、燃料燃焼を行い、燃焼後の気体を後方に押し出すジェット推進によって前に進む力を得る。	低※1バイパスターボファン・エンジン	後ろに押し出すこととジェット推進の両方で推力を得る。
	5 高バイパスターボファン・エンジン	より高い※2バイパス比でファン排気量を多くしたターボファン・エンジン。
	6 ターボジェット・エンジン	ガスタービンエンジンの原型となったエンジンで、ジェット推進だけで前に進む力を得る。

（飯野　明「これだけ！　航空工学」をもとに作成）

※1　バイパス……この場合，ファンで押し出されたあとエンジン内部に入らず外に出るファン排気ガスの流れのこと。

※2　バイパス比……タービン排気ガスの量をもとにしたファン排気ガスの比のこと。

【資料5】音の速さを1としたときの飛行機の速さと1時間あたりの燃料使用量の関係

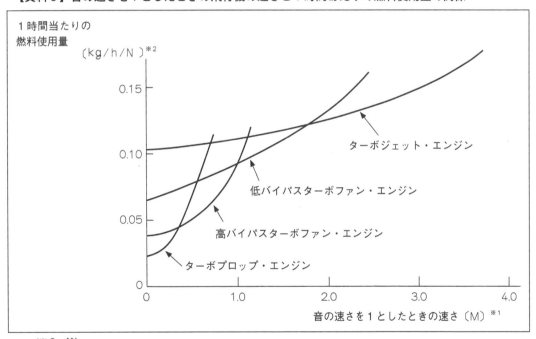

（飯野　明「これだけ！　航空工学」をもとに作成）

※1　M……音の速さを1としたときのそのものの速さを表す単位。

※2　kg／h／N……一定の力を出すのに1時間あたり何kgの燃料を消費するかを表した単位。

【資料6】燃料別の二酸化炭素排出量の例

燃料の種類の例	燃料1Lあたりの二酸化炭素排出量
ガソリン	2.322kg
ジェット燃料	2.463kg

（環境省ウェブページをもとに作成）

問題4 ある飛行機が上空を一定の速度で飛行するとき，その速度が音の速さの約85％である場合は1時間あたりの燃料使用量から考えてどのエンジンを使用するのがよいか。最もよくあてはまるエンジンの種類を【表2】の1～6から一つ選び，また，そのエンジンがよい理由について次の7～10から一つ選びそれぞれ答えなさい。

　7　単純な構造で製作しやすく，飛行機の価格を抑えることできるため。

　8　ジェットエンジンと同じ燃料で使用できるので利用しやすいため。

　9　飛行機を飛ばす費用を抑えて，二酸化炭素の排出量も減らせるため。

　10　最も高速で飛行機を飛ばすことができ，移動時間が節約できるため。

質化の完成と同時に、ことばの新たな多様化の時代がはじまったのである。そして、逆に方言を惜しむ声が各地で出はじめた。

近代的コミュニケーションのために、方言はいわば障害物とされ、切り開くべきジャングルでもあったが、その自然を開拓し征服したとき、人々は、はじめて失ったものの大きいことに気づいたのであった。そして、絶滅の危機に瀕した自然と同じように方言を大切に保存しようという時代になった。方言による暮らしのなかには、人々が自然と共存して暮らしていける知恵がしみこんでいる。その伝統、文化の継承をささえてきたことばを失うことは、自然の貴重な教科書を失うことに等しい、というわけである。

（真田信治『方言は絶滅するのか』より。
　　　　　　一部省略やふりがなをつけるなどの変更があります。）

［注］

※12　均質……ものの、どの部分をとってみてもむらがなくて、同じ性質や状
　　　　　　　態であること。

※13　爛熟……文化などが、極度に発達すること。

ねらう文章は横組みにすると微妙な変化を受ける。

同じ文章でも、組み方が変わり、読み方が変れば、その感じさせるスタイルにも差が生じる。だとすれば、スタイルは文章に内存しているばかりでなくて、読み方いかんにも関係があるわけで、表現形式の意味として注目しよう。

縦に読んでいたことばを、横にして読むとするならば、縦でも横でも同じであるということには決してならない。文学に関心のあるものにとって、ことに、日本語が横書きされ、横に読まれるとき、どの程度に、どういう性質の文体的影響があるのか、それは縦書き、縦読みのときと、どのようにちがうかということは大きな問題でなければならない。

また、一般の読書人は、元来が縦に書き、縦に読むことばとして発達して来た日本の文字を、横に並べて、横に読むということが、実は、固有の性質を一部分崩すほどの力を文字に対して加えているという事実に着目する必要がある。

それは決して縦のものを横にするだけのことではない。質的変化を伴う。

日本語とその文字の固有の性質を考えると、縦から横への移行はかならずしも「合理化」の一環とはならないことを認めなくてはならない。なんでもないようで、日本語の横組み、横読みは、新かな遣い、※10当用漢字、あるいは※11常用漢字以上に根本的な国語の改編を意味するのである。

（外山滋比古『ものの見方、考え方』より。一部省略やふりがなをつけるなどの変更があります。）

[注]

※1 滔々たる……たくさんの水がいきおいよく流れるさま。また、そのようなようす。

※2 機微……人の心や人間関係などのおくにひそむ微妙な動き。

※3 吟味……こまかいところまで、念入りにしらべること。

※4 端的に……はっきりしているようす。 ※5 刺戟……「刺激」に同じ。

※6 緊密……ものごとのむすびつきがしっかりしていて、くいちがいがないようす。

※7 弁別……それぞれの特徴のちがいを見きわめて、区別すること。

※8 排他的……自分の仲間以外の人や、ちがう考えかたを受け入れようとしないようす。

※9 イメージ……「イメージ」に同じ。

※10 当用漢字……国民が日常使用するとして示された漢字。

※11 常用漢字……当用漢字にかわって、一般の社会生活における使用の目安として定められている漢字。

問題8 次の【資料7】はりかさんが見つけた本の一部分です。【資料7】と【資料6】を読み比べて、二つの資料に共通する考え方を読み取って四十字以上五十字以内で書きなさい。ただし題名は書かずに一行目、一番上から書くこと。

【資料7】

近年、方言の消滅を惜しみ、これを尊重し保護しようとする運動が盛んになってきた。明治以降、日本語はひたすら※12均質化される方向に進んできたのであった。この均質化は1980年代におけるテレビメディア※13爛熟期に、ほぼ完成の域に達したといっていい。しかし、均

ということが、どういう結果をもたらすか。読む側のことだけを言っても、その転換によって生ずる、生理的、心理的負担の増大は明らかである。一二三というような文字を横に並べて読めば、視線の走る方向と文字の線は平行をなすから、眼の受ける抵抗感がすくなすぎて、読みにくい。それが心理的な負担増大ということの意味である。眼の走る方向に交叉する線が多ければ多いほど、文字を読みとるのに要するエネルギーはすくなくてすむ。

このように、リーディングの慣習と文字の関係は想像以上に ※6 緊密であると言ってよく、縦読みのことばとして発達して来た文字を急に横読み用に変えるということは、文字に対する一種の破壊的行為であり、他方ではまた、読みの作業がいちじるしく負担の大きなものになることを認識すべきである。

日本の文字は上から下へ読まれるものとして発達して来た。文字を組み立てているのも、縦より横の線が優勢である。文字の ※7 弁別は上から下への視線がはたらかなくてはならない。

そういう文字が横に並んでいると、読者はこれをなだらかに横に読んで行くことができないので、一字一字を、ホウチョウでものを切るように垂直に読みながら横にすすむ。それが横組みの日本語の読みづらさとして感じられる。

このホウチョウ刻み式の読み方だと、読んでも、ことばに流れが生じにくい。別なことばで言えば、一字一字が切れ切れになりすぎてほどよい結合をつくらないのである。また、漢字や仮名は上と下は他のものと結合しようとする接着力が強いけれども、字体の左右の部分は

どちらかと言うと、 ※8 排他的な力を蔵しているように思われる。そういう日本字を横に並べると、前の字の右と後の字の左とが反撥し合う。その反撥が字と字をバラバラにさせ、ことばの流れを失わせる。

流れがないから、ますますホウチョウ読みを助長することになり、ホウチョウ読みだと、字と字の左右はいっそうくっつきにくくなって、ことばの自然な群化ができにくい。

漢字、仮名は、長い間、縦読みされてきたために、字の両側が視線に洗われることにならされている。それが横読みをされると、その大切な両側は行の中にかくされて、左右の弁別の要素が隣同士で相殺されてしまい、それに代わって、縦読みではつよくは視線にさらされることのなかった上と下の部分が強調されることになる。

このように考えてみると、読み方が変れば、ことばの性質自体が変ってくることが了解されるはずである。

そのことは、同じ文章を、縦組みと横組みとで読み比べてみるとよくわかる。縦組みか横組みかで同じ文章のスタイルがちがって感じられるのである。

俳句などは、それがもっともはっきりする。俳句はことばの響き合いの詩で、前のことばは次のことば、前の句は下の句へと、 ※9 イメジを重ねて全体的雰囲気を出す。そういう俳句が横組みになると、やはりイメジのつながり方に変化があらわれて、句の感じも変る。俳句は横組みを嫌う。逆に、横組みの日本語の中からは、おそらく俳句のような詩は生れないであろう。生れるとすればおそらくそれは別種の詩になる。

俳句ばかりでなく、和歌も横組みには弱い。一般に、芸術的効果を

人間の眼は左右に並んでいるから、横に読む方が自然であるという説が一部にはあるが、この筆法で行くと、世の中のすべての縦のものは不自然なものだということになりかねない。読むのがいかなる文字であるかも※3吟味しないで、縦がよい、横がよいと言ってみてもしかたがない。

横がよいか、縦がよいかを決める前に、まず、リーディングと文字の構造との関係について考えなくてはならない。

横組みに印刷されたことばを読むとき、一つ一つの文字の識別にあたって、もっとも大切なのは、活字の上の方と、下の方へつき出している縦線である。まん中の部分はもっとも無性格で、字の個性をあらわす度合いが低い。

他方、縦に書かれることばの場合から推しても、横のことばの読みにあたっては、左右に突出した部分によって、文字の区別がなされていると想像される。多くの漢字が、左の突出部である扁と、右への張り出し部である「つくり」から成っていることは、縦読みにおいては、そういう左右の分化、複雑化が自然に進んだであろうことを思わせるもので、英語で上と下の出入りが大切であったように、縦書きのことばでは左右が大切である。

日本語のように古来、縦読みをしている言語では、左右の文様によって字の区別が行われており、文字の構造では縦よりも横の線が主力をなしている。英語とはちょうど九十度だけ向きが変っている。これは、文字の構造が、読まれ方に対して、ある共通の原理の上に立っていることを暗示する。

英語のような横のことばと、日本語のような縦のことばの両者の文字としての性格を※4端的に示しているものに、数字がある。横のことばの数字は I II III のように縦線を並べることを基本にしている。一方の縦のことばでは、一二三と横の線を並べてあらわす。横に読んで行くときには、眼の進行方向に対して直角に交わる線が多い方が効果的である。文字は元来視覚に与える※5刺戟として認識されるもので、視覚に有効な抵抗感を与える字は読みやすいのである。横読みには垂直の縦の線がもっとも有効な抵抗を与える。 I II III がそうであり、 m n u v i l などを見れば、アルファベットの一つが、いかに縦の線に依存しているかがよくわかる。

それに対して、一二三という数字をもつ漢字を横に並べると実に読みにくい。その読みにくさの理由は、すでに述べたように、眼の動きに平行する線は充分な抵抗を与え得ないからである。十木本未末来日月目など、いずれも横線の基調をはっきりさせている。こういう漢字を横に並べて横から読ませることが、読みの能率上からも決して得策ではないことは明らかである。

読むには、眼に充分強い刺激を感じさせる線があった方がよいから、文字は、読むときの視線の流れに対して直角に交わる線を軸にして発達すると考えてよい。縦か横のどちらかの読み方がある程度固まってから、それに適合するように文字は進化したと想像される。そして、読み方によく適合した文字の形が定まる。今日見られる多くの言語における文字は、その言語の読みの慣習に対して、安定した構造を確立させていると考えられる。

日本語の文字を急に九十度方向転換して横に並べて書き、かつ読む

問題7 言葉について興味をもったみなみさんは、【資料6】を見つけました。【資料6】を読んで、三百字以上三百五十字以内で【資料6】が伝えていることを複数の段落をつくってまとめなさい。ただし題名は書かずに一行目、一マス下げたところから、原稿用紙の適切な使い方にしたがって書くこと。

【資料6】

近年、日本語の横書きが目立つようになった。印刷されたはがきの案内状などでも横組みはそれほどめずらしくないし、普通のはがきを横書きにしている人もある。国文学の学生にも卒業論文の横書きが増えているそうである。横書きや横組みの印刷は、事務合理化の一環として、よく考えることもなく採用しているところが多い。そのせいか、横書きの方が何か高級のような感じを一般に与えていることは見のがすことができない。

すこし楽天的な人は、これからの世の中は、もう横書き、横組みでなくてはだめだときめてしまっているようで、こういう ※1 滔々たる天下の勢いを向うにまわして、横書き慎重論を述べるのはこっけいかもしれない。しかし、横組みや横書きが、一般に信じられているように果して「合理的」なものかどうか、という点を文字の構造と関係づけて考えてみることは、必ずしも無意味なことではあるまい。

日本語の印刷では、このように容易に縦のものを横に寝させることができるが、手で書くときはどうであろうか。

横書きは書きにくいと言う人もないではない。原稿を横書きにすると、自分の文章のような気がしない、思ったことがすらすら書けないという文筆家もある。ところが、一般には、自分の書く文章について、そういうスタイルの ※2 機微にふれる意識がはじめからないためか、横書きが縦書きとちがうという感じがあまりないようである。縦に書くのも横に書くのとのちがいがわからないと思っている人は意外に多い。結果的に言えば、筆記の場合も印刷の場合と同じように、縦と横の転換ができるように漠然と考えられている。

それでは、読む者の側から見て、横組みの文章と縦組みと、どちら

れは日本語の活字の特色で、便利といえば便利なところである。しかし、一方では、この便利さのために、印刷上の抵抗を受けずに、かんたんに横組みへの移行がはじまったとも言えるのである。

英語だと、こういう縦横自在ということはとうてい考えられない。英語の活字は一本一本で幅が違う。もっとも幅のひろいのが全角で、これは日本語活字とおなじく、正方形である。そしてたとえば、nの字はmの活字の半分の幅しかない。さらにiはその半分、つまり、mの字の四分の一である。こういうように一本一本、字によって活字の幅がちがっている。そういう活字で縦組みをしようとすると、一行の幅が不揃いに出入りしてたいへんおかしいものになる。だから、英語の縦組み印刷は実行不可能である。活字を根本的に改造でもしない限り、英語の縦組みは考えることもできない。

英語の活字は一本一本で幅が違う。もっとも幅のひろいのが全角で、

日本語の活字は、もともと、すべて全角の大きさだからである。すなわち、一本一本の活字の占める面は正方形であるから、縦に並べていたものを横に並べても、寸法にくるいがない。すなわち、筆記の場合も印刷の場合と同じように、縦と横の転換ができるように漠然と考えられている。活字を替える必要なしに縦組みを横組みに変えることができるが、こ

それでは、読む者の側から見て、横組みの文章と縦組みと、どちらが合理的であろうか。

エ

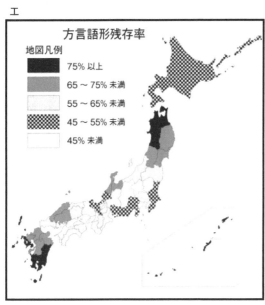

ウ

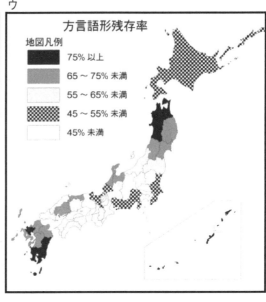

問題4 【会話文】中の（い）にあてはまる県名をひらがなで書きなさい。

問題5 【会話文】中の A ～ C にあてはまるものとして最も適切なものを、次のア～カからそれぞれ一つ選び、記号を書きなさい。

ア 京都や奈良周辺の地域には「でんでんむし」「かたつむり」「かさつむり」など、長野や富山周辺の地域や四国の太平洋側には「でんでんむし」「かたつむり」「かさつむり」など、青森県北部や熊本や宮崎周辺には「なめくじ」「まめくじ」などというように、京都や奈良などを中心としていろいろな表現が周りに分布していっている

イ 岐阜（ぎふ）周辺の地域には「でんでんむし」など、秋田や山形周辺の地域や四国の太平洋側には「かたつむり」「かさつむり」など、青森県北部や熊本や宮崎周辺の地域には「なめくじ」「まめくじ」などというように、岐阜を中心としていろいろな表現が周りに分布していっている

ウ 山地に「ゆきやけ」などが、平地に「しもやけ」などが多く分布していて、山地と平地とで表現が異なっている

エ 日本海側に「ゆきやけ」などが、太平洋側に「しもやけ」などが多く分布していて、日本海側と太平洋側とで表現が異なっている

オ 日本の北側に「おる」などが、南側に「いる」などが多く分布していて、北側と南側とで表現が異なっている

カ 日本の東側に「いる」や「える」などが、西側に「おる」などが多く分布していて、東側と西側とで表現が異なっている

問題6 【会話文】中の（う）にあてはまる語句として最も適切なものを、次のア～ウから一つ選び、記号を書きなさい。

ア 「東西分布」　イ 「周圏（しゅうけん）分布」　ウ 「日本海太平洋型分布」

布」「周圏分布」「日本海太平洋型分布」といいます。

「東西分布」は、日本アルプスなどの山々が境界となって、その東西で言葉が変化することによって起こったことだといわれています。「周圏分布」は、文化の中心地に新しい表現が生まれ、それがだんだん周囲に広がったことで生じたものだといわれています。「日本海太平洋型分布」は、日本海側と太平洋側の気候の違いが言葉に影響を及ぼしたものだといわれています。では、【資料5】（24ページ）は、どのパターンにあてはまるでしょうか。

りかさん　その背景や事情によって分布の仕方が異なってくるのですね。

みなみさん　（う）ですね。

先生　何事も「なぜそうなっているんだろう」と興味をもつことが大事ですね。

問題1　【会話文】中の──線①について、この地域の出身で、明治天皇を中心とした新政府をつくった人物として適切なものを次のア～オから二つ選び、記号を書きなさい。

ア　勝海舟　　イ　西郷隆盛　　ウ　陸奥宗光　　エ　大久保利通

オ　木戸孝允

問題2　【会話文】中の（あ）にあてはまる数を書きなさい。

問題3　【会話文】中の──線②として最も適切なものを次のア～エから一つ選び、記号を書きなさい。

イ

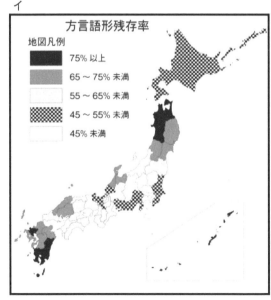

方言語形残存率

地図凡例
75% 以上
65～75% 未満
55～65% 未満
45～55% 未満
45% 未満

ア

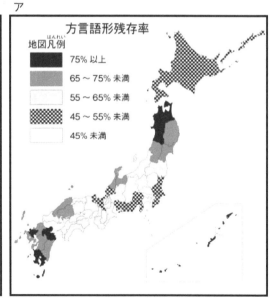

方言語形残存率

地図凡例
75% 以上
65～75% 未満
55～65% 未満
45～55% 未満
45% 未満

【資料４】「しもやけ」の方言分布

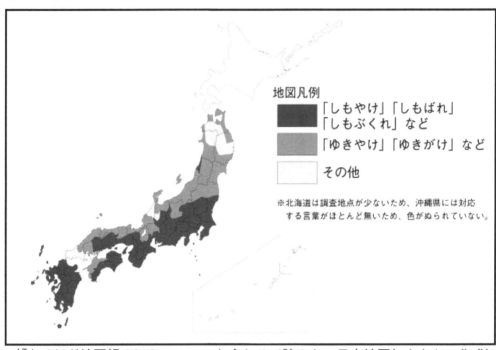

（『なるほど地図帳 2018 ニュースと合わせて読みたい日本地図』をもとに作成）

【資料５】「顔」の方言分布

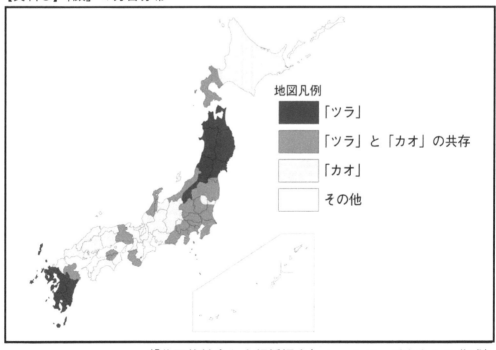

（「共同体社会と人類婚姻史」ホームページをもとに作成）

【資料2】「居る」の方言分布

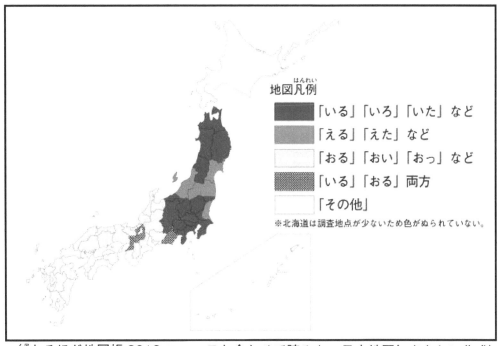

（『なるほど地図帳2018 ニュースと合わせて読みたい日本地図』をもとに作成）

【資料3】「かたつむり」の方言分布

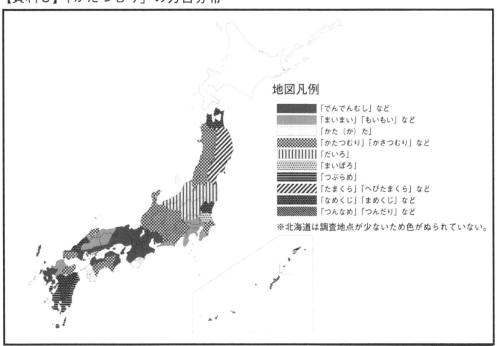

（『なるほど地図帳2018 ニュースと合わせて読みたい日本地図』をもとに作成）

【資料1】 方言語形残存率

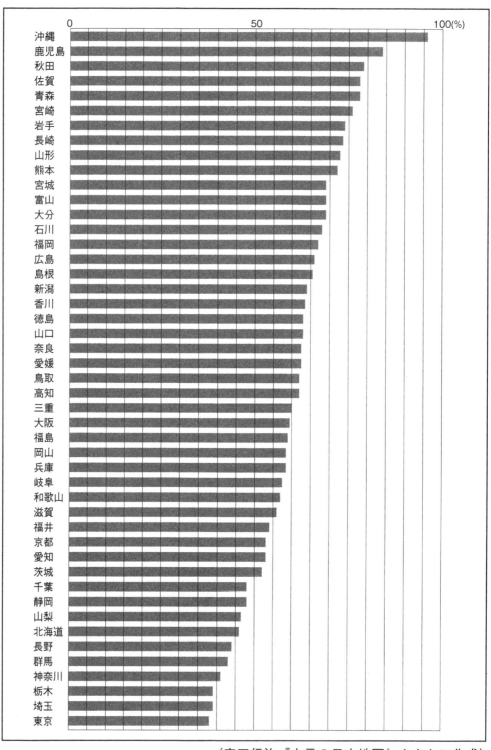

（真田信治『方言の日本地図』をもとに作成）

【適性検査Ⅰ】　（四五分）　〈満点：一〇〇点〉

次の【会話文】を読んで、あとの問題に答えなさい。

【会話文】

みなみさん　冬休みに祖母の家へ行きました。そのとき親戚の人たちが聞きなれない言葉を使っていて興味をもちました。たぶん方言だと思うのですが。

りかさん　おばあさんの家はどこにあるのですか。

みなみさん　①鹿児島県です。

りかさん　今でも鹿児島県には多くの方言の形が残っているのでしょうか。

みなみさん　【資料1】（26ページ）を見てください。これは、都道府県を方言の形が残っている割合の高い順に上から並べたものです。

りかさん　鹿児島県の値は80％を超えていますね。これは全国で（　あ　）番目に高い値だから、鹿児島県には多くの方言の形が残っているといえそうです。鹿児島県以外に沖縄県や秋田県なども方言の形が多く残っているようですが、地域による傾向が何かあるのでしょうか。

みなみさん　この表からは読み取ることが難しいのですが。

先生　②方言の形が残っている割合に応じて、都道府県をぬり分けた地図を作ってみると分かりやすいと思いますよ。

りかさん　作成した地図をみると、関東地方から距離が離れるほど、方言の形が残っている割合が高くなっているようです。

みなみさん　でも、北海道は東北地方と比べて方言の形が残っていないようです。東北地方より北海道の方が関東地方から離れているのになぜでしょうか。

先生　北海道は、明治以降に開拓のため日本の各地から人々が移り住んだことによって、共通語が多く話されるようになったと言われています。

みなみさん　歴史と関係があるのですね。

先生　（　い　）県は、長野県に接する都道府県の中で方言の形が残っている割合が最も高くなっています。これは、2つの県の間に高い山脈があることが一因だといわれています。

みなみさん　地形も関係があるのですね。

先生　方言の形が残っている割合にも地域差がありますが、方言の形の分布にも地域差があります。【資料2】（25ページ）～【資料4】（24ページ）を見てください。どのようなことが分かりますか。

りかさん　「居る」は　A　、「かたつむり」は　B　、「しもやけ」は　C　ということがわかります。

先生　そうですね。それぞれの分布のパターンを、「東西分

MEMO

大切なことはメモしておこうネ！

2019 年 度

解 答 と 解 説

《2019年度の配点は解答欄に掲載してあります。》

＜適性検査Ⅰ解答例＞

問題1　イ・エ

問題2　2

問題3　イ

問題4　とやま

問題5　(A)　カ　　(B)　ア　　(C)　エ

問題6　イ

問題7　　近年，日本語の横書きが増えている。日本語の活字はすべて全角の大きさだから，横組みへの移行が容易だ。筆記の場合も同じで，縦と横の転換ができると考えられている。

　　　　しかし，読む者の側からみて，日本語の横書きは合理的とは言えない。文字を読むには，目に充分強い刺激を感じさせる線があった方がよく，多くの言語における文字は，その言語の読みの慣習に対して安定した構造を確立させている。そのため，古来から縦読みをしている日本語を横読みに変えることは文字に対する一種の破壊行為であり，読みの作業がいちじるしく負担の大きなものになる。

　　　　だから，縦に読むことばとして発達して来た日本の文字を横に読むということは，ことばの質的変化を伴い，かならずしも「合理化」の一環とはならないと認めるべきだ。

問題8　合理化や均質化を求めて日本語の持つ特徴や固有の性質を変えることは，失うものが大きいという考え方。

○配点○

問題1　　10点　　　問題2・問題3・問題4・問題6　各5点×4　　　問題5　完答10点

問題7　20点　　　問題8　40点　　　計100点

＜適性検査Ⅰ解説＞

（国語，社会：方言，資料の読み取り，自由作文，文章の読み取り）

基本

問題1　問題文から導き出される答えは，イの西郷隆盛とエの大久保利通である。鹿児島県出身というところから，薩摩藩の人物を2人選べるとよい。アの勝海舟は江戸生まれである。ウの陸奥宗光は第二次伊藤内閣のときに条約改正などに尽力した人物で明治天皇の新政府とはあまり関係がない。オの木戸孝允は長州（現在の山口県）の人である。

問題2　【資料1】をみると，鹿児島県は沖縄県のつぎに割合が高くなっている。よって入る数字は2となる。

問題3　【資料1】と照らしあわせながら考えよう。ア，イ，ウ，エの地図を見比べて違っている部分を【資料1】で確認し，消去法で答えを選んでいくようにすると早く解くことができる。4つの地図を比べたときに違いがある島根県，佐賀県，宮崎県の3つの県について，【資料1】で確認し

ていく。**ウ**は，【資料1】で65％以上の残存率である島根県が55〜65％未満となっているのであやまり。**エ**は，【資料1】で75％以上の残存率である佐賀県が65〜75％未満となっているのであやまり。**ア**は，【資料1】で75％以上の残存率である宮崎県が65〜75％未満となっているのであやまり。よって，答えは**イ**。

問題4　問題3の地図**イ**をみて解いていく。長野県に接する都道府県は，群馬県，埼玉県，新潟県，富山県，山梨県，岐阜県，愛知県，静岡県の8つの県である。その中で方言が残っている割合が最も高くなっている県は富山県なので，答えはとやまとなる。ひらがなで書くという指示があることに気をつけて解答する。

問題5　まず選択しを読み，表からどんなことを読み取ればいいのか理解できると，解答時間がぐっと短くなる。

- （A）　本州を長野県のあたりで東側と西側にわけて考えると，東側に「いる」や「える」などが，西側に「おる」などが分布しているといえる。よって，答えは**カ**。
- （B）　【資料3】から，「でんでんむし」などが主に分布しているのは近畿地方である。よって答えは**ア**。
- （C）　【資料4】をみると，日本海側に「ゆきやけ」が，太平洋側に「しもやけ」が多く分布しているといえる。よって，答えは**エ**。

問題6　（う）の前にある先生の説明をよく読んで解答する。【資料5】の分布の仕方は東西には分けにくく，太平洋側と日本海側で分かれているともいいにくい。よって，答えは**イ**。

問題7　「日本語の横書きは合理的ではない」という筆者の主張を読み取り，文章中にあげられた根拠をまとめながら文字数以内におさめるようにする。また，複数の段落をつくってまとめるとあるので，段落ごとのテーマをもってまとめていく。

問題8　共通する考え方を読み取るために，それぞれの**資料**で筆者の考えが述べられた部分に線を引くなどして，よく読み比べることができるようにしていくとよい。

───　★ワンポイントアドバイス★　───

45分という短い時間で作文を含む問題を解く必要がある。いかに作文に時間をかけられるかがポイントになるだろう。資料問題は決して難しくないので，正確に・速く解くようにしよう。作文も，日ごろから書く練習をしておいたほうがよい。

＜適性検査Ⅱ解答例＞

1　問題1　あ　3　い　6
　　問題2　う　イ　え　ア　お　イ
　　問題3　適当ではない語句　溶けやすい
　　問題4　試料黄緑色，茶色のインクのみに共通して含まれる色素　2
　　　　　　エタノールに最も溶けやすい色素　3
　　問題5　（約）92.54（％）
2　問題1　（う）　10（個の面）
　　　　　　（え）　14（個の面）

　　　　　　　　（お）　　20（個の面）
　　　問題2　5
　　　問題3　A　2　　B　11　　C　6
3　問題1　3　4　6　9
　　　問題2　5
　　　問題3　（毎秒）86（m）
　　　問題4　エンジンの種類　5
　　　　　　　よい理由　9

○配点○
1　問題1・問題2　各完答5点×2　　　問題3　5点　　　問題4　完答10点　　　問題5　10点
2　問題1・問題3　各完答10点×2　　　問題2　10点
3　問題1・問題4　各完答10点×2　　　問題2　5点　　　問題3　10点　　　　　計100点

＜適性検査Ⅱ解説＞

1　（理科：インクのにじみ方）

問題1　水に溶けやすいインクは，スポイトから落とした水とともにろ紙ににじみ広がる。水に溶けにくいインクの上から水を落としても，インクは水になじまないためともににじみ広がることはない。

問題2　実験1においてBのインクは水で広がらなかったことから，展開液：液体イが水であることが分かる。ろ紙に浸み込みやすいかどうかは，太線（————）の展開液が上がった位置から判断する。より高くまで上がる展開液：液体イのほうがしみ込みやすいと読み取れる。

問題3　結果2を参照する。展開液：液体イは水であり，インクAは水に溶けやすい物質である。水に溶けやすいと表現する場合，インクDはインクをしみ込ませた位置から離れ，太線の付近まで上がる。しかし，結果3の展開液：液体アの図を見ると，インクはあまり上がっていない。水に溶けるとは表現できるが，溶けやすいというには不十分である。

問題4　結果4より，黄緑色のインクに含まれる色素は○と△，紫色のインクに含まれる色素は○と◇，茶色のインクに含まれる色素は○と△と□である。このうち，試料黄緑色，茶色のインクにのみ共通して含まれているのは△黄色。
　　　また，エタノールに溶けやすい色素ほど一次元展開でより色が上に進む。結果4より○，◇，□が一次元展開で多く上に進んでいるが，試料：紫色のインクの図を見ると○より先に◇が上に進んだことが分かる。

問題5　6.2÷6.7＝0.92537…より，92.537…％となり，小数第三位を四捨五入して，92.54％となる。

2　（算数：見取図，立体の切り口，展開図）

問題1　【図2】を見て，1つずつ数えていく。わかりづらい場合は，図に数字を書きこんでいくとよい。

問題2　いずれかの正三角形を下にして台の上に置く。台と平行
　　　な面で切ろうとするとき，切断する面は6本の辺を横切る。辺
　　　を切ったところは切断面の頂点になるので，選択しの中から
　　　頂点を6つもった正六角形を選ぶ。

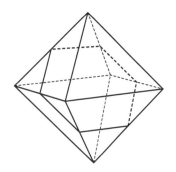

問題3　正方形の面6つでできた立方体は，すべての面が垂直である。1つの
　　　面を切り開いたとき，開いたところを正方形で埋めようとすると，同じく
　　　垂直に張り合わせていく必要があり，このとき完成する立体は右の図のよ
　　　うな直方体になる。このとき，①が切り開かれた面，太線部分が切り開い
　　　た辺，色のついた部分が新しく加えた正方形の面である。4面はもとから
　　　ある立方体の面を延長するようにはり合わせられるので，新しくできる直
　　　方体では4つの面が正方形を2つ並べた長方形となる。

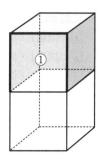

やや難 ③　（理科：飛行機のしくみと開発の歴史）
　問題1　【資料1】のブロックと紙による実験の例から，紙は空気の流れがより速いブロック側に引
　　　き寄せられていることが分かる。この原理は【資料1】の下の図で説明されている。この図におい
　　　て，翼の上面が紙のブロック側の面に当たり，翼の下面が紙のブロック側と反対の面に対応し
　　　ている。紙の動き方から，空気の流れが遅(おそ)い面の方が紙(翼)を押す力がより強くなっていること
　　　が分かる。設問の「空気の流れが速いと翼の面を押す力は～」に続く言葉は，これより「弱
　　　くなるため」「上面と下面を押す力」「の差によって」であると考えられる。また，（あ）の次の文
　　　に「この力を揚力という」とあることから，（あ）の最後は「～力」となり，選択しのうち正し
　　　いと考えられるのは「翼に上向きの力」である。選択しに前向きの力，後ろ向きの力というも
　　　のも含まれているが，前に進むためにはたらく力は揚力ではなく推進力という。今回問題から
　　　は前後に力がかかると読み取ることはできない。
　問題2　【表1】の1900年，1901年，1902年の結果を比べる。1902年の結果はアスペクト比，キ
　　　ャンバー比を計算しなければならない。まずキャンバー比について，主翼ひとつの翼の弦の長
　　　さが約1.52m，主翼ひとつの翼の高さ最大が約0.06mである。ここからキャンバー比を計算す
　　　ると，$\dfrac{0.06}{1.52}=\dfrac{3}{76}$となる。1900年，1901年のデータと比較するために通分すると，1900年，

　　　1901年は$\dfrac{1}{12}=\dfrac{19}{228}$，1902年は$\dfrac{3}{76}=\dfrac{9}{228}$となる。次に，アスペクト比について，

　　　$\dfrac{翼の幅の長さ}{翼の弦の長さ}$より，$\dfrac{9.75}{1.52}=6.41\cdots$となり，約6.4となる。

これらをまとめると右の表のようになる。

1902年のデータを見ると，キャンバー比は小さくなっているが，アスペクト比は大きくなっている。よって，正解の選択しは「アスペクト比が大きくキャンバー比が小さい翼の飛行機」となる。

	アスペクト比	キャンバー比
1900	3.5	$\dfrac{19}{228}$
1901	3.3	最大$\dfrac{19}{228}$
1902	6.4	$\dfrac{9}{228}$

問題3　問題文に「グラフの斜線部分の面積が物体の移動した距離を表している」とある。【図1】②を見ると，斜線部分が三角形になっており，この部分の面積が2150であると考える。今求めたいのは三角形の高さである。面積と底辺の長さはすでに分かっているので，求める値を□とすると，三角形の面積の公式にあてはめると$\dfrac{1}{2}×50×□＝2150$より，□＝86となる。

問題4　問題文に音の速さの85％で飛行するとあるので，【資料5】のグラフより，0.85Mの値を読み取る。このとき最も1時間あたりの燃料使用量が低くなっているのは高バイパスターボファン・エンジンである。またそれぞれ選択しにおいて，この問いでは燃料使用量つまり燃料費と二酸化炭素排出量に注目しているので，問題と関係のない7，8はあやまり。10についても，問題で飛行機を飛ばす速度が指定されているので，最も高速で飛行機を飛ばすことができるかどうかについて今は議論していないので，あやまり。

　　★ワンポイントアドバイス★

図やグラフなどを読み取る問題が多数出題され，資料から素早く必要な情報を選ぶ力が問われる。問題数も多いため，解ける問題を素早く見極めることが重要となる。

大切なことはメモしておこうネ！

平成30年度

入 試 問 題

平成30年度

横浜市立横浜サイエンスフロンティア高等学校
附属中学校入試問題

【適性検査Ⅰ】 （45分）　　＜満点：100点＞

1　たろうさんとはなこさんは，調べ学習で日本の工業について調べることにしました。【会話1】
を読み，あとの問題に答えなさい。　　　　　　　　（【資料1】，【資料2】は次のページにあります。）

【会話1】

はなこさん：	私は日本の工業について調べるために図書室に行きました。そこで，【資料1】と【資料2】をみつけたので，見てください。私は日本の工業は発展し続けていると思っていたので，これらの資料を見たときに驚きました。
たろうさん：	何に驚いたのですか。
はなこさん：	【資料1】を見てください。（　あ　）ということがわかりますね。次に，私たちの学校の近くにある京浜工業地帯に注目して【資料1】と【資料2】を見てみようと思います。【資料2】を見ると京浜工業地帯で最も盛んな工業は，機械ですね。
たろうさん：	はい。
はなこさん：	しかし，京浜工業地帯の機械の製造品出荷額は，中京工業地帯の機械の製造品出荷額の約3分の1しかないのです。
たろうさん：	なぜ，約3分の1とわかったのですか。京浜工業地帯の機械の製造品出荷額と中京工業地帯の機械の製造品出荷額は，どこにも書いてありません。どのようにしてそれぞれの工業地帯の機械の製造品出荷額を出して，さらに約3分の1を導き出したのですか。
はなこさん：	それは，【資料1】の2014年の製造品出荷額と【資料2】を見て，（　い　）。
たろうさん：	なるほど。そのようにして導き出したのですね。中京工業地帯に比べると京浜工業地帯の機械の製造品出荷額は少なく感じますね。それでは，京浜工業地帯では，食料品や繊維などの軽工業はどうでしょうか。
はなこさん：	【資料2】から，京浜工業地帯の中で軽工業は全体の24.4％を占めていることがわかります。また，【資料1】と【資料2】から，京浜工業地帯の軽工業の製造品出荷額は，【資料1】にある工業地帯や工業地域の中で（　う　）番目に多いことがわかります。
たろうさん：	資料を正確に読みとると，いろいろなことに気づきますね。

【資料１】 工業地帯、工業地域の製造品出荷額の移り変わり（単位　億円）

	１９９０年	２０００年	２０１０年	２０１３年	２０１４年
京浜工業地帯	516000	403000	258000	254000	262000
中京工業地帯	445000	427000	481000	526000	546000
阪神工業地帯	406000	326000	301000	303000	317000
北九州工業地帯	78000	74000	82000	82000	85000
瀬戸内工業地域	267000	242000	293000	295000	310000
関東内陸工業地域	336000	305000	290000	279000	293000
東海工業地域	165000	168000	159000	158000	161000
京葉工業地域	123000	115000	124000	131000	139000
北陸工業地域	132000	128000	118000	121000	128000

（「日本国勢図絵　第７５版」をもとに作成）

【資料２】 工業地帯、工業地域の製造品出荷額の内訳（2014年）

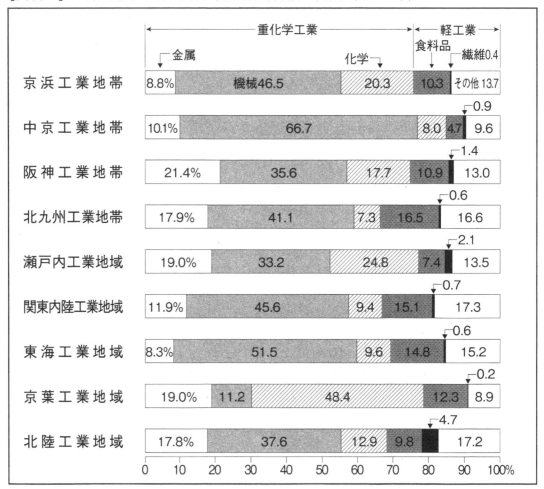

（「日本国勢図絵　第７５版」をもとに作成）

問題1　1ページの【会話1】の内容や前のページの【資料1】【資料2】を参考にして，次の(1)〜(3)の問題に答えなさい。

(1)　【会話1】中の（あ）にあてはまるものとして，最も適切なものを，次の1〜4から一つ選び，番号を書きなさい。

　　1　2014年において関東地方にある工業地帯や工業地域の中で製造品出荷額が最も多いのは，京浜工業地帯である

　　2　1990年から2014年まで，製造品出荷額が増加し続けている工業地帯や工業地域は，一つもない

　　3　全ての工業地帯と工業地域の製造品出荷額を年ごとに合計すると，1990年から2014年まで，その合計額は減少し続けている

　　4　1990年と2014年を比べると，製造品出荷額が増加している工業地帯や工業地域は三つだけで，それ以外は減少している

(2)　【会話1】中の（い）にあてはまることばを次の［条件］にしたがって書きなさい。

　　［条件］

　　○直前の**たろうさん**の質問に答えるように計算のしかたを具体的に説明すること。

　　○前後の会話につながるように書くこと。

(3)　【会話1】中の（う）にあてはまる数字を答えなさい。

2　　たろうさんとはなこさんは，総合的な学習の時間で「**日本の伝統的な建築物**」をテーマにした調べ学習をすることにしました。そのなかで実際に宮大工の**小野さん**にインタビューすることができました。【会話1】を読み，あとの問題に答えなさい。

【会話1】

インタビューの中で，宮大工が使う道具についての説明を聞くことになりました。

小野さん　：宮大工はいろいろな道具を使って寺や神社などの建築や補修をしています。今日はその中でもサシガネについて説明したいと思います。サシガネは，物の長さなどを測る道具で，次のページの【図1】を見てわかるように，ものさしを90度に曲げたような形をしています。

はなこさん：形が変わっていますが，普通のものさしと何が違うのですか。

小野さん　：サシガネは次のページの【図2】のように長い部分の表と裏に，それぞれ長さの違う目盛りが刻んであります。【図2】の右側に見えるのが「表目」で，1寸，2寸と目盛りが刻んであります。1寸の長さは約3cmです。裏にも1寸，2寸と目盛りが刻んでありますが，これは実際の1寸，2寸の長さとは違います。この目盛りを「裏目」と言います。【図2】では左側の目盛りです。「裏目」の1寸は，【図3】のように一辺が「表目」の1寸である正方形の対角線の長さになっています。

たろうさん：「表目」と「裏目」はどのようなときに使うのですか。

小野さん　：例えば，丸太から角材を切り出すとき，その角材の切り口の長さを測るのに使います。それでは実際に使ってみましょう。【図4】のように，直径が「表目」で

　　　　　　　測ると３寸ある円の中にできるだけ大きな正方形を描くとき，その一辺の長さ
　　　　　　　は，約何寸になると思いますか。サシガネを使って調べてみてください。

はなこさん　：わかりました。一辺の長さは約（　**あ**　）寸です。

小野さん　　：そのとおりですね。それでは次に，ある正方形の対角線の長さを知りたいとき，
　　　　　　　サシガネの「表目」と「裏目」を利用すれば対角線を直接測らなくても知ること
　　　　　　　ができます。では，サシガネをどのように使えばよいでしょうか。

たろうさん　：はい。（　**い**　）。その数値が対角線の長さになります。

小野さん　　：そのとおりです。二人ともよく理解できましたね。

　　　　　　　　　　　　　　　　　　　　　（松浦 昭次「宮大工 千年の『手と技』」をもとに作成）

【図１】

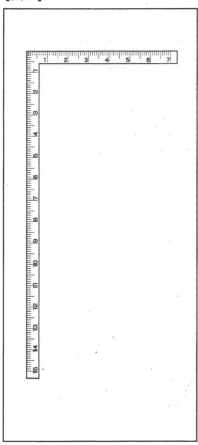

【図２】

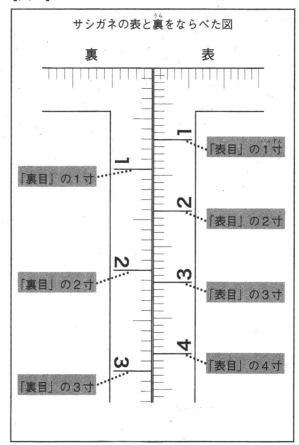

【図３】

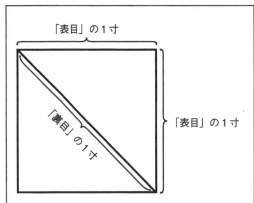

【図４】

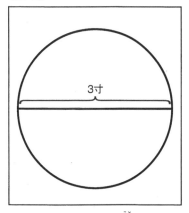

※【図１】～【図４】の長さは実際の長さとは異なります。

問題１　３ページの【会話１】の内容や【図１】～【図４】を参考にして，次の(1)(2)の問題に答え なさい。

(1)　【会話１】の（あ）に当てはまる数値を小数第一位までの数字で答えなさい。

(2)　【会話１】の（い）に当てはまる最も適切なものを，次の１～４から一つ選び，番号を書きなさい。

　１　まず，正方形の一辺の長さを「表目」で測ります。次にサシガネをひっくり返して，「表 目」で測った数値と同じ数値の「裏目」に当たるところを指で押さえます。もう一度サシ ガネをひっくり返して，指で押さえているところの「表目」の数値を読みます

　２　まず，正方形の一辺の長さを「表目」で測り，その位置を指で押さえます。そのままサシ ガネをひっくり返して，指で押さえているところの「裏目」の数値を読みます

　３　まず，正方形の一辺の長さを「裏目」で測ります。次にサシガネをひっくり返して，「裏 目」で測った数値と同じ数値の「表目」に当たるところを指で押さえます。もう一度サシ ガネをひっくり返して，指で押さえているところの「裏目」の数値を読みます

　４　まず，正方形の一辺の長さを「裏目」で測り，その位置を指で押さえます。そのままサシ ガネをひっくり返して，指で押さえているところの「表目」の数値を読みます

問題２　たろうさんは，「日本の伝統的な建築物」に関して，詳しく調べてみようと思いました。そ して，【資料１】を見つけました。【資料１】を読み，あとの(1)(2)の問題に答えなさい。

【資料１】「日本の伝統的な木造建築物」に関して書かれた文章

※問題に使用された作品の著作権者が二次使用の許可を出していないため，【資料１】の文章 を掲載しておりません。

(1) たろうさんは、【資料１】で述べられている、**法隆寺などの日本の伝統的な木造建築物にみられる建て方の工夫**の中で、「**木の癖組み**」と「**解体と修理**」について興味深いと感じました。そして、その**工夫**をクラスの人たちに紹介したいと思い、文章を書くことにしました。あなたならどのように書きますか。あとの［条件］と［注意事項］にしたがって書きなさい。

［条件］

○「**木の癖組み**」と「**解体と修理**」についての工夫を述べること。

○複数の段落はつくらずに、一段落で書くこと。

○次の【書き出しの文章】に続くようにして200字〜255字で書くこと。

　ただし、【書き出しの文章】は字数に含めないこと。

【書き出しの文章】

> 　私は「日本の伝統的な建築物」をテーマとして調べ学習を行っていくなかで、法隆寺などの日本の伝統的な木造建築物にみられる建て方の工夫について書かれた文章に出会いました。その工夫を紹介します。

［注意事項］

○解答は横書きで書くこと。

○題名は書かずに、**一マス空けて**書き始めること。

○原稿用紙の適切な書き方にしたがって書くこと。（ただし、解答用紙は、一行二十マスではありません。）

○文字やかなづかいなどに気をつけて、漢字を適切に使い、丁寧に書くこと。

(2) たろうさんは、【資料１】を読んで自分が考えたことをクラスの人に伝えたいと思いました。あなたならどのように書きますか。あとの［条件］と［注意事項］にしたがって書きなさい。

［条件］

○【資料１】を読んで考えたことを、自分の生活やこれまでの学習と結びつけて、具体的に書くこと。

○複数の段落をつくって、文章全体を構成し、250字〜300字で書くこと。

［注意事項］

○解答は横書きで書くこと。

○題名は書かずに、**一マス空けて**書き始めること。

○原稿用紙の適切な書き方にしたがって書くこと。（ただし、解答用紙は、一行二十マスではありません。）

○文字やかなづかいなどに気をつけて、漢字を適切に使い、丁寧に書くこと。

○段落をかえたときの残りのマスは、字数として数えます。

○最後の段落の残りのマスは、字数として数えません。

【適性検査Ⅱ】 （45分）　　＜満点：100点＞

1　はなこさんは，熱を出してたくさんの汗（あせ）をかいたときに，お医者さんから経口補水液（けいこうほすいえき）を飲むようにすすめられ，それを飲んだことで早く回復した経験がありました。後日，経口補水液のラベルを見てみると，【資料１】のように多くの成分が含（ふく）まれていることがわかり，興味をもちました。そこで，いろいろなものが溶けている水について調べ，【資料２】～【実験報告書】【資料４】にまとめました。円周率は3.14として，あとの問題に答えなさい。

（【資料３】は８ページ，【実験報告書】，【資料４】は10ページにあります。）

問題１　【資料１】を参考にして，経口補水液500mLに含まれる塩化ナトリウムの量は何gであり，全体の何％になるか書きなさい。ただし，経口補水液100mLの重さを101.1ｇとし，答えは小数第三位を四捨五入（ししゃごにゅう）して，小数第二位まで答えなさい。

【資料１】　経口補水液のラベルに書かれていた栄養成分表示の一部

たんぱく質０ｇ，脂質０ｇ，炭水化物2.6ｇ，塩化ナトリウム310㎎，その他　　（100mLあたり）

問題２　【資料２】【資料３】を見て，あとの(1)～(3)の問題に答えなさい。

【資料２】　経口補水液（けいこうほすいえき）と半透膜（はんとうまく）

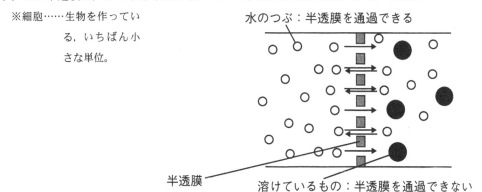

　経口補水液は食塩などが溶けており，大量に汗（あせ）をかいたときなど，体の水分を失ったときに，脱水症（だっすいしょう）状（じょう）を和らげるための飲みものです。

　生物の体は※細胞（さいぼう）が多数集まってできており，細胞は半透膜といわれる膜で覆（おお）われています。この半透膜は，ごく小さな穴（あな）があいていて下の図のように表すことができます。

※細胞……生物を作っている，いちばん小さな単位。

水のつぶ：半透膜を通過できる

半透膜

溶けているもの：半透膜を通過できない

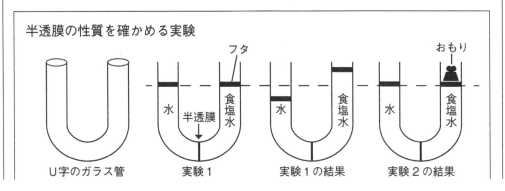

半透膜の性質を確かめる実験

フタ

おもり

水　半透膜　食塩水

水　食塩水

水　食塩水

U字のガラス管　　　実験１　　　実験１の結果　　　実験２の結果

実験1	U字のガラス管の中央を半透膜で仕切り，左側には水，右側には食塩水を入れ，空気が入ったり液体が出たりせず，面積が10cm²の自由に動くフタをする。
実験1の結果	しばらくすると半透膜を通して水は食塩水側にしみこんでいくので，水側のフタが下がり食塩水側のフタが上がった。
実験2	実験1の後，食塩水側のフタの上におもりを置き，水側と食塩水側のフタの高さが同じになるまでおもりの重さを変える。
実験2の結果	適切なおもりを置くと，水がしみこんでフタの面を押し上げる力とおもりがフタの面を押す力を釣り合わせることができた。

　この**実験1**，**実験2**の結果で，水が半透膜を通り，食塩水の方へ移動し，この働きでフタの面を押す力が生まれることがわかりました。このフタの面を押す力を浸透圧といいます。

【資料3】　血液中の細胞の変化

観察　ヒトの血液をこい食塩水，経口補水液，水に入れて，しばらく置いたときの変化を顕微鏡で観察し，スケッチした。

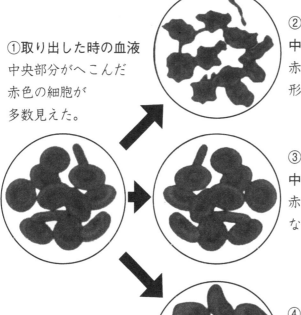

①取り出した時の血液
中央部分がへこんだ
赤色の細胞が
多数見えた。

②赤色の細胞をこい食塩水の中に入れてしばらく置いたもの
赤色の細胞は縮んでいびつな形になっていた。

③赤色の細胞を経口補水液の中に入れてしばらく置いたもの
赤色の細胞はほとんど変化しなかった。

④赤色の細胞を水の中に入れてしばらく置いたもの
赤色の細胞は膨らんでやぶれてしまったものがあった。

(1) うすい食塩水を7ページの【資料2】のU字のガラス管の食塩水側に入れて，釣り合うおもりの重さを量ってみると750gでした。どの部分も内側の直径が4cmのU字のガラス管で同じ実験を行うと，フタの上にのせてちょうど釣り合うおもりは何gになるか，書きなさい。

(2) 【資料2】の半透膜の性質を確かめる実験では，なぜ浸透圧が生じるのか。最も適切なものを，次の1〜6から一つ選び，番号を書きなさい。

　1　半透膜では水や溶けているものも自由に通り抜けることができるので，水が食塩水側へ移動するから。

　2　溶けているものは半透膜を通り抜けることはできないが，水は小さなつぶなので半透膜を自由に通り抜けて，食塩水側へ移動するから。

　3　半透膜は水を全く通さないので，半透膜の面でおもりがフタの面を押す力を支えることができるから。

　4　水は大きなつぶなので，半透膜を通ることはできないため，半透膜の面でおもりがフタの面を押す力を支えることができるから。

　5　半透膜は浸透圧には関係がないので，水が自由に通り抜けることができるから。

　6　半透膜は浸透圧には関係がないので，物質が自由に通り抜けることができるから。

(3) 経口補水液について説明した，次の　　　中の（あ）にあてはまることばを下の［条件］にしたがって答えなさい。

　　| 経口補水液とは浸透圧が（　あ　）飲みもの |

　［条件］

　○句読点を含め，15〜20字で書くこと。

　○「浸透圧が」という語に続き，ことばの終わりを「飲みもの」として，適切につながるようにすること。また，「浸透圧が」と「飲みもの」は，字数に含めないこと。

問題3　7，8ページの【資料2】【資料3】を見て，経口補水液と体内の水分バランス調節について最も適切なものを，次の1〜5から一つ選び，番号を書きなさい。

　1　体内の水分が失われているときは，体の細胞の中の液体よりもこい液体を飲むと，水と比べて水分が吸収されやすいが，体の細胞の形が変化してしまうことがある。

　2　経口補水液を飲むと，水と比べて体の細胞の形を変化させることなく水分を吸収することができる。

　3　経口補水液は体の水分が極端に失われた状態で飲むと，水と比べて吸収されにくい。

　4　体内の水分が失われているときは，水を大量に飲むと，水分が吸収され，体の細胞に与える影響も少ない。

　5　経口補水液を飲み続けていると，溶けていた物質が体内にたまり，血液がこくなる心配がある。

問題4　はなこさんは，海水にどのくらいの塩分があるのかということに興味をもちました。そこで，海水を加熱して水を蒸発させ，塩分を取り出す実験を行い，次のページのような【実験報告書】【資料4】を書きました。あとの(1)(2)の問題に答えなさい。

【実験報告書】

実験　海水の塩分を求める。

目的　海水から水を蒸発させて，含まれている塩分をできるだけ正確に求める。

準備　ろ紙でろ過した海水，蒸発皿（大）10枚，ガスバーナー，三脚，セラミック付き金網，100mLメスシリンダー，電子天秤（0.01gまで量れるもの），乾燥剤入りガラスケース

手順　①海水50mLをメスシリンダーで量り取り，電子天秤で重さを量っておいた蒸発皿に移した。

　　　②三脚の上にセラミック付き金網を乗せ，この上に海水の入った蒸発皿を置いてガスバーナーでゆっくり加熱した。

　　　③水が蒸発して液体の体積が5分の1程度に減ったら，ガスバーナーの火力をさらに弱めて加熱を続けた。

　　　④水分がほぼ蒸発したところで，乾燥剤を入れたガラスケースに移しました。これを蒸発皿No.1とした。

　　　⑤十分に冷え，乾燥したところで重さを量り，蒸発皿の重さを除いて得られた塩分の重さを求めた。

　　　⑥できるだけ正確な測定値を求めるために10回実験を繰り返し，蒸発皿No.10まで重さを量った。

　　　⑦結果から海水1L中に含まれる塩分を求めた。

結果

【資料4】実験ノートの一部

蒸発皿No.	塩分の重さ(g)	実験中に気づいたこと
1	1.73	
2	1.74	
3	1.76	
4	1.72	
5	1.79	
6	1.75	
7	1.78	
8	1.10	塩の結晶がはじけて蒸発皿から飛び出した。
9	1.70	
10	1.69	

(1) 　**【資料4】**を見て，実験結果の扱い方について最も適切なものを，次の1〜6から一つ選び，番号を書きなさい。

　1　それぞれの実験結果には意味があるので，全ての結果を使って計算する。

2　　1番目の実験結果は実験に慣れていないので，計算には入れないで計算する。

3　　10番目の実験が最も確実に操作ができたと考えられるので，この値だけを結果とする。

4　　正確さが疑わしい出来事のあった実験結果を除き，残りの結果で計算する。

5　　結果が同じ値になっている回数が最も多いものを，実験結果とする。

6　　10回の実験中のNo.5とNo.6の結果だけから計算する。

⑵　前のページの【資料4】から海水1L中に含まれる塩分の重さは何gか書きなさい。

2　　たろうさんは白と黒の画用紙で同じ辺の長さの黒い正五角形と白い正六角形をすきまなく貼りあわせて【図1】のようなサッカーボールの模型を作りました。あとの問題に答えなさい。

【図1】

問題1　【図2】は【図1】のサッカーボールの模型の展開図です。【図1】の正六角形の「◎」が書いてある面と向かい合う面はどれですか。【図2】のア〜コから一つ選び，記号を書きなさい。

【図2】

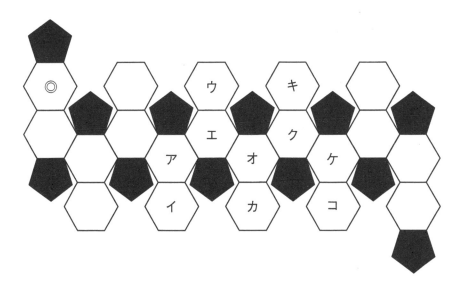

問題2 たろうさんは白の画用紙で同じ辺の長さの正五角形
と正六角形をすきまなく貼（は）りあわせ，【図3】のような白の
サッカーボールの模型（もけい）を作り，辺で接する面同士を異なる
色で塗（ぬ）る（以後「塗り分け」という）ことを考えました。
ただし，回転して形も色もぴったり重なるときは同じ塗り
分け方とします。

　例えば【図4】のような白の立方体を，青・黄・黒・緑・
赤・茶の6色をすべて使って塗り分けることを考えた場合，
【図5】の2つの立方体の塗り分け方は1通りとします。
あとの(1)(2)の問題に答えなさい。

【図3】

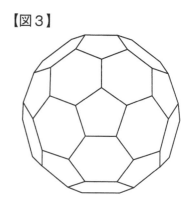

【図4】　　　　　【図5】

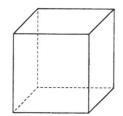　　

(1) 【図4】の白の立方体を，青・黄・黒・緑・赤・茶の6色をすべて使って塗り分けるとき，
【図5】を含めて塗り分け方は全部で何通りありますか。ただし，回転して形も色もぴったり重
なるときは同じ塗り分け方とします。

(2) 【図6】は青を1，黄を2，黒を3，緑を4とし，4色をすべて使って塗り分けたときの白の
サッカーボールの模型（もけい）の展開図（てんかいず）です。【図6】の残りの面に1～3の数字を書きなさい。

【図6】

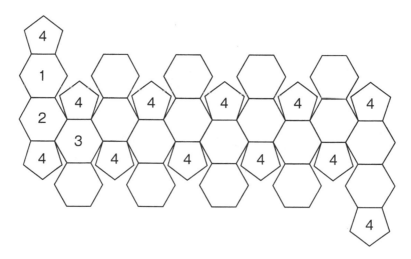

3　たろうさんは，博物館で見た手回し計算機に興味をもちました。そこで，計算の技術が手回し計算機からコンピューターへと進歩し，さらに，人工知能として活用されていることを調べ，【資料1】〜【資料7】を見つけました。あとの問題に答えなさい。

（【資料2】は16ページ，【資料3】は17ページ，【資料4】，【資料5】は19ページ
【資料6】，【資料7】は20ページにあります。）

【資料1】　手回し計算機の使用法

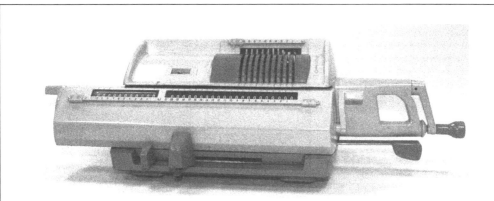

実物の手回し計算機の写真

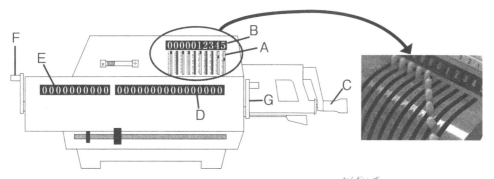

手回し計算機の各部分とＡ、Ｂの部分の拡大図

　Ａのレバーを上下させて，Ｂの窓に入力した数を表示させます。初めから計算するときは，ＦのハンドルでＥの窓に，ＧのハンドルでＤの窓に表示されている数を0にします。

たし算の場合

(1)　2018＋3654 を計算する時は，Ａのレバーを上下させて，Ｂの窓に2018を表示させ，ハンドルＣを（＋）の方向に1回転させ，Ｄの窓に2018を表示させます。

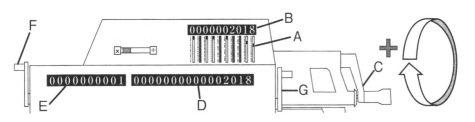

(2)　Bの窓に3654を表示させ，ハンドルCを（＋）の方向へ1回転させます。この結果が Dの窓に表示されます。

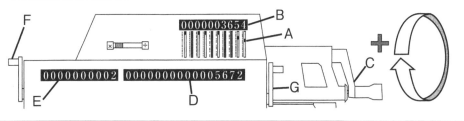

ひき算の場合

(3)　512－128 を計算する時は，Bの窓に512を表示させ，ハンドルCを（＋）の方向に1 回転させ，Dの窓に表示させます。

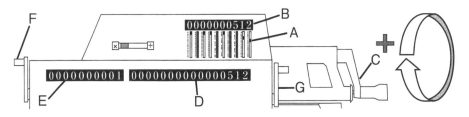

(4)　Bの窓に128を表示させ，ハンドルCを（－）の方向へ1回転させます。この結果がD の窓に表示されます。

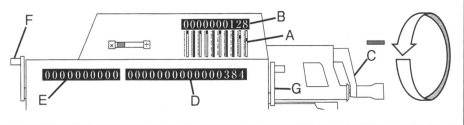

かけ算の場合

(5)　145×5 を計算する時は，Bの窓に145を表示させ，ハンドルCを（＋）の方向へ5回 転します。すると，Eの窓に5が表示され，この結果がDの窓に表示されます。

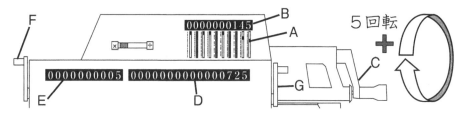

わり算の場合

⑹　36÷12 を計算する時は，Bの窓に36を表示させ，ハンドルCを（＋）の方向に１回転させ，Dの窓に表示させます。

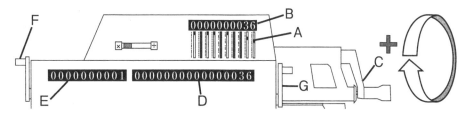

⑺　Eの窓に表示されている数をFのハンドルで０に戻（もど）し，Bの窓にわる数の12を表示させます。

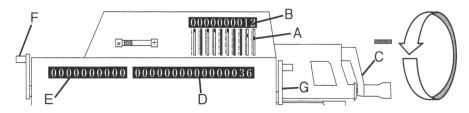

⑻　ハンドルCを（－）の方向に回転させていくと，Eの窓に回転した数が表示されていき，（－）の方向に回転を繰（く）り返（かえ）すと４回目にベルが鳴ります。これは，ひきすぎたということを表すベルです。

　そこで，ハンドルCを１回（＋）の方向に戻すと再びベルが鳴り，Dの窓の表示は割り切れて０となり，Eの窓に３が表示されています。２回目のベルは，Dの窓のひきすぎを訂正（ていせい）できたという合図です。

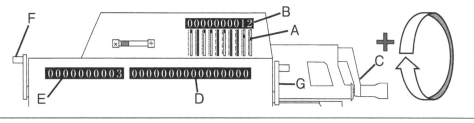

問題１　13ページの【資料１】の手回し計算機を使って（480－256）×４÷128 を次の①〜④の順に計算しました。

> ①480－256
>
> ②（①の答え）をBの窓に表示させてから，Dの窓に表示されている数を０にする。
>
> ③（①の答え）×４
>
> ④（③の答え）÷128
>
> 　このとき，③の答えが，すでにDの窓に表示されています。改めて③の答えを表示させる

ためのハンドルＣを回転させる必要はありません。すぐに，Ｂの窓にわる数の128を表示して計算します。

①～④の順に計算したとき，ハンドルＣを（－）の方向に回転させた回数から（＋）の方向に回転させた回数をひいた数を書きなさい。

【資料２】 タイルが縦と横で同じ数だけ並んでいるときの一辺のタイルの枚数を手回し計算機で求める方法

小さなタイルが縦と横に同じ数だけ並んでいるとき，そのタイルの枚数を下の表にまとめました。

【小さなタイルを「縦横同じ数に」並べたときのタイルの枚数や増えた枚数】

タイルを並べた様子		□	⊞	⊞⊞
縦の数	0	1	2	3
横の数	0	1	2	3
タイルの枚数	0	1	4	9
増えたタイルの枚数		1	3	5

縦と横の数を一つ増やすと，増えたタイルの枚数は，
（一辺のタイルの枚数）×２－１　であり，必ず奇数になっている。
①タイルが縦と横で同じ数だけ並んでいるときの一辺のタイルの枚数（以後，①の下線部の数を「アの数」という。）を手回し計算機では，次のような方法を用いることで計算できる。

484枚のタイルを縦と横で同じ数だけ並べたとき，アの数を手回し計算機で求める
484を400と84に分けて，400はさらに，４×100 と考えて，ここで，４の部分についてだけアの数を求めると
まず，最初の奇数である１をひき，　　4－1＝3
続いて，残った３から，１の次の奇数である３をひき，　　3－3＝0
となったので終わりであり，２回の計算で終わったので４のアの数は２となる。
484の先頭の４のアの数と84のアの数を組み合わせても484のアの数にはならない。
ここで計算した４は「400について考えていた。」ということであり，４のアの数は２なので，「縦横に20枚ずつ，合計で400枚のものが並んでいた。」ということになる。
これは，484－1－3－5－…＝84 となるまでに，20回分の奇数をひき算したことになる。次の21回目のひき算をするときの数は21を２倍して42となる。そこから１をひくと41となる。
残っている84は，20回目に当たる計算の答えなので，
21回目は 84－41＝43　　　22回目は 43－43＝0
答えが０になったので484のアの数は22となる。

問題2 92416枚のタイルを縦と横で同じ数だけ並べたとき，次の(1)(2)の問題に答えなさい。

(1) 前のページの【資料2】を見て，**アの数**を求めるやり方として適切であり，かつハンドルを回す回数がより少なくてすむものを次の1～4から一つ選び，番号を書きなさい。

　1　92416を90000と2416に分けて考え，90000の**アの数**を求めて，残りの2416から次の奇数をひき算をしていき，0になるまでひいた回数を数える。

　2　92416を92000と416に分けて考え，92000の**アの数**を求めて，残りの416から次の奇数をひき算をしていき，0になるまでひいた回数を数える。

　3　92416を92400と16に分けて考え，92400の**アの数**を求めて，残りの16から次の奇数をひき算をしていき，0になるまでひいた回数を数える。

　4　92416を分けずに，1から順に奇数をひき算をしていき，0になるまでひいた回数を数える。

(2) 92416を分けずに，1から順に奇数を手回し計算機でひき算をしていく方法で**アの数**を求めます。92416をDの窓に表示させたあと，Cのハンドルを（－）の方向に11回転したときと，Cのハンドルを（－）の方向に30回転したときのDの窓の表示はいくつになるか書きなさい。

【資料3】　コンピューターの原理

> 　手回し計算機からコンピューターへと計算機技術は進歩していきました。
>
> 　コンピューターの基本となるものは，電子部品から構成された計算をするための※素子です。
> これには，NOT（ノット）素子とOR（オア）素子とAND（アンド）素子などがあります。
> 素子のAやBに1や0を入力すると，OUT（アウト）に1や0が出力されます。
>
> 　NOT素子
>
>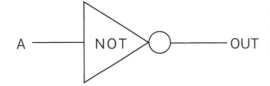
>
> | A | OUT |
> |---|-----|
> | 0 | 1 |
> | 1 | 0 |
>
> 　OR素子
>
>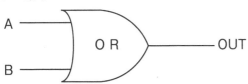
>
> | A | B | OUT |
> |---|---|-----|
> | 1 | 1 | 1 |
> | 1 | 0 | 1 |
> | 0 | 1 | 1 |
> | 0 | 0 | 0 |
>
> 　AND素子
>
>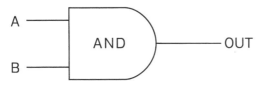
>
> | A | B | OUT |
> |---|---|-----|
> | 1 | 1 | 1 |
> | 1 | 0 | 0 |
> | 0 | 1 | 0 |
> | 0 | 0 | 0 |
>
> ※素子……全体の機能に重要な役割をもつ個々の部品。

問題3 それぞれの素子が次の【図1】【図2】のように組み合わさっています。あとの(1)(2)の問題に答えなさい。

【図1】

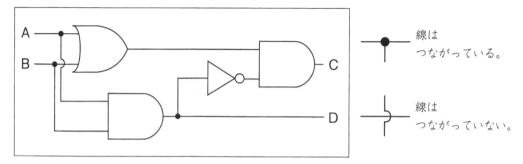

(1) 【図1】でAとBに1を入力したとき，C，Dの出力はそれぞれどうなっていますか。0または1を書きなさい。

(2) 【図2】でEに1を入力し，F，Gに0を入力したとき，H，Iの出力はそれぞれどうなっていますか。0または1を書きなさい。

【図2】

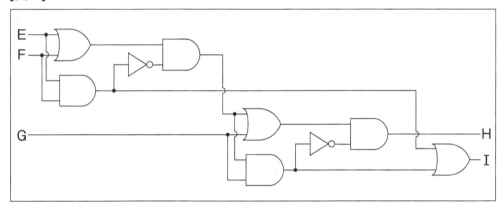

問題4 たろうさんは，コンピューター技術が進んだことで実現に近づいている自動運転技術について，調べたことを【資料4】～【資料7】にまとめました。あとの問題に答えなさい。

（【資料4】，【資料5】は次のページ，【資料6】，【資料7】は20ページにあります。）

【資料4】 年代による人工知能（ＡＩ）研究の変化

年　　代	ブーム	内　　　容
１９５０年代後半 〜１９６０年代	第１次ＡＩ ブーム	※1すいろん※2たんさく 「推論・探索」をすることで特定の問題を解く研究が進む
１９８０年代	第２次ＡＩ ブーム	コンピューターに「知識」を入れて答えを導き出す実用的なシステムがつくられた
１９９０年代後半〜	第３次ＡＩ ブーム	自動的にデータから学習して答えを出すための手法を見つける「ディープラーニング」などの機械学習がすすむ

（松尾　豊「人工知能は人間を超えるか」をもとに作成）

※１　推論……わかっていることをもとにして，まだわかっていないことを考え，説明すること。

※２　探索……さぐったりさがしたりして調べること。

【資料5】 自動運転技術の進歩に関わる出来事

年	出　来　事
２００４	米国防総省国防高等研究計画が，砂漠で自動運転技術を競う「グランドチャレンジ」を開催
２００７	「グランドチャレンジ」の市街地開催
２００９	大手ＩＴ企業が参入、カリフォルニア州で１００万マイル（約１６１万km）に及ぶ自動運転走行試験
２０１４	大手ＩＴ企業が自社開発した自動運転自動車を公開
２０１５	各国政府が実現に向けた戦略を発表。G7交通大臣会合で国際標準化※1の推進、セキュリティ対策に取り組むことで合意
２０１６	日本では２０２０年の東京五輪での無人走行によるサービス、高速道路での高度自動運転の実現を目標に掲げる「官民ＩＴＳ構想・ロードマップ２０１６」を発表※2
２０１７	「官民ＩＴＳ構想・ロードマップ２０１７」を発表

（朝日新聞記事、内閣ＩＴ総合戦略本部の資料「官民ＩＴＳ構想・ロードマップ２０１７」をもとに作成）

※１　G7……先進７ヶ国首脳会議

※２　官民ＩＴＳ構想……高度道路交通システムについて多くの府省庁や民間企業などにおいて，今後の方向性などの共有がなされた考え。

【資料６】 自動運転技術レベルと主な内容

レ　ベ　ル	主　な　内　容	運転の責任主体
レベル１ 運転支援	システムが前後・左右いずれかの移動で運転支援を行う	運転者
レベル２ 部分運転自動化	システムが前後・左右の両方の移動で運転支援を行う	運転者
レベル３ 条件付運転自動化	限られた範囲内でシステムが全ての運転を行う。作動継続が困難な場合、運転者はシステムの要求に対して、応答して運転に戻ることが期待される	システム （作動継続が困難な場合は運転者）
レベル４ 高度運転自動化	限られた範囲内でシステムが全ての運転を行う。作動継続が困難な場合でも利用者が運転することはない	システム
レベル５ 完全運転自動化	限られた範囲ではなくシステムが全ての運転を行う。作動継続が困難な場合でも利用者が運転することはない	システム

（内閣ＩＴ総合戦略本部の資料「官民ＩＴＳ構想・ロードマップ２０１７」をもとに作成）

【資料７】 自動運転システムによって期待できる変化

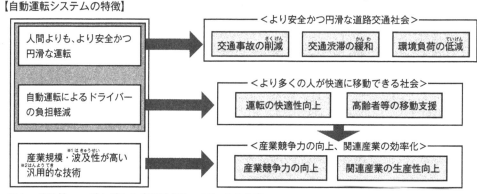

※１　波及性……だんだんと広がり伝わっていくようす。

※２　汎用的……一つのものをいろいろなことにつかえるようす。

（内閣ＩＴ総合戦略本部の資料「官民ＩＴＳ構想・ロードマップ2017」をもとに作成）

　これらの資料からわかることとして適切なものを，次の１～５から**すべて**選び，番号を書きなさい。

１　1990年代後半からの第３次ＡＩブームでは，人間が「知識」を入れてコンピューターが答えを導き出す「ディープラーニング」が大きく進歩した。

２　2004年にグランドチャレンジがあり，2015年にはＧ７交通大臣会合で，国際標準化の推進，

セキュリティ対策に取り組むことが合意された。

3 自動運転技術レベル3の条件付運転自動化では，運転の責任主体は運転者であり，システム作動継続が困難な場合は，運転者は運転に戻ることがある。

4 自動運転技術レベル4の高度運転自動化では，運転の責任主体はシステムであり，システム作動継続が困難な場合でも，利用者は運転することはない。

5 自動運転システムによって，より安全で円滑な道路交通社会やより多くの人が快適に移動できる社会となることがみこまれ，産業競争力の向上や関連産業の効率化が期待できる。

大切なことはメモしておこうネ！

平 成 30 年 度

解 答 と 解 説

《平成30年度の配点は解答欄に掲載してあります。》

＜適性検査Ⅰ解答例＞

1 問題1

(1) 2

(2) 中京工業地帯と京浜工業地帯のそれぞれの製造品出荷額にそれぞれの工業地帯の機械のわり合をかけて工業地帯ごとの機械の製造品出荷額をだし，京浜工業地帯の機械の製造品出荷額を中京工業地帯の機械の製造品出荷額でわりました。

(3) 5

2 問題1

(1) 約2.1寸

(2) 1

問題2

(1) (解答例)法隆寺の柱は木の一本一本の異なる性質である「癖」を用いて建てられています。木のねじれの方向をじょうずに組み合わせることを「木の癖組み」と言い，たがいの癖を補い合いながら建物をしっかりと維持する工夫がされているのです。また，日本の伝統的木造建築は丸ごと解体して修理することができ，悪い部分を取り替え補修し，取り替えたものもなるべくほかの部署で再利用しています。さらに，解体しやすく湿度の変化にも対応する木のくさびで占め，先端が腐りやすい軒先の垂木は長めの材料を使うなど，材料を大事に使い切るくふうがされています。

(2) (解答例)私は資料1を読んで，ものを大切に使い続けたいという気もちが心を豊かにするのだと思いました。

伝統的な木造建築では，木材を最後まで使い続けるように工夫されています。そのため，お金や手間がかかっても，未だに人々からの大切な信頼を得ています。

私は一年生の時，姉から手作りの人形をもらいました。その人形が好きで，破けても何度もぬいなおしてもらい，大事に持ち続けています。時間がたっても新しい人形を買ってもらっても一番大切なものです。

今の社会は効率性を求めることで物質的には豊かになっています。ですが私たちの心が豊かであるためには，一つ一つのものを大切に思って使い続ける気もちが必要だと考えます。

○配点○

1 問題1 (1) 5点 他 各10点×2

2 問題1 15点 問題2 各30点×2 計100点

＜適性検査Ⅰ解説＞

① （社会，算数：工業地域と工業地帯，わり合の計算）

問題1　(1)　1は正しくない。【資料1】のうち，関東地方にある工業地帯，工業地域は京浜工業地帯，関東内陸工業地域，京葉工業地域の3つであり，その中で関東内陸工業地帯の製造品出荷額が最大である。2は正しい。3は正しくない。2010年から2014年までは，製造品出荷額の合計は増加している。4も正しくない。中京工業地帯，北九州工業地帯，瀬戸内工業地域，京葉工業地域の四つの製造品出荷額は増加している。

(2)　【資料2】が各工業地帯，工業地域の製造品出荷額合計の中のわり合であることに気が付けば解ける問題だ。字数制限はないので，具体的に，わかりやすく説明しよう。

(3)　食料品，繊維，その他のわり合をそれぞれ合計して，2014年のそれぞれの製造品出荷額にかけて求めよう。

やや難 ② （算数，社会，国語：サシガネ，伝統技術，作文）

問題1　(1)　円の直径部分を対角線に持つ正方形を考えればよい。表目の3寸は【図2】より，裏目では約2.1寸である。

(2)　測りたい長さは実際の長さである。選択し1の手順の場合，最後に指で押さえている表の長さは「裏目」の実際の長さである。

問題2　(1)　「木の癖組み」や「解体と修理」について書かれている場所を本文から探し出し，それらの内容をまとめればよい。このような工夫がなんのためにされているのかを考えよう。

(2)　条件や注意事項に気をつけて，本文の主旨である「ものを大切にすること」に関わる経験を含めて書こう。

★ワンポイントアドバイス★

45分という短い時間で2つの作文を含む問題を解く必要がある。いかに作文に時間をかけられるかがポイントになるだろう。資料問題は決して難しくないので，正確に・速く解くようにしよう。作文も，日ごろから書く練習をしておいた方がよい。

＜適性検査Ⅱ解答例＞

① 問題1　1.55g，0.31%

問題2　(1)　942g

(2)　2

(3)　(浸透圧が)からだの細ぼうの中の液体と同じである(飲みもの)

問題3　2

問題4　(1)　4

(2)　34.8g

② 問題1　カ

問題2　(1)　30通り

(2)

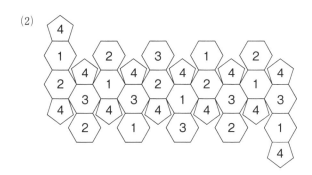

3 問題1　3

　　問題2　(1)　1

　　　　　(2)　11回転　92295

　　　　　　　30回転　91516

　　問題3　(1)　C　0　　D　1

　　　　　(2)　H　1　　I　0

　　問題4　2　4　5

○配点○

1　問題1・2(1)(2)・問題3・4　各5点×6　　　問題2　(3)　10点

2　問題1　5点　　　問題2　各10点×2

3　問題1・2・3　各5点×5　　　問題4　10点　　　計100点

＜適性検査Ⅱ解説＞

 1　(理科：濃度，浸透圧)

　問題1　1000mg＝1gであることを覚えておく。塩化ナトリウムは経口補水液100mLあたり310mg
　　含まれているので，500mLに含まれている塩化ナトリウムの量は，310÷100×500＝1550mg＝
　　1.55gである。また，経口補水液は100mLあたり重さに換算して101.1gなので，500mLの重さは
　　101.1÷100×500＝505.5(g)である。よって全体の重さのうち塩化ナトリウムが占める割合は，
　　1.55÷505.5＝0.00306…となり，0.306％を四捨五入して0.31％が答えとなる。

　問題2　(1)　内側の直径が4cmのU字のガラス管のフタの面積は，2×2×3.14＝12.56(cm²)。1 cm²
　　　　あたりを押す力がはじめの実験と同じになればつり合う。はじめの実験での1 cm²あたりを押
　　　　す力は，750÷10＝75(g)だから，あとの実験でのおもりの重さは，75×12.56＝942(g)となる。

　　　(2)　【資料2】の図をよく見て答える。図には「水のつぶ：半透膜を通過できる」「溶けているも
　　　　の：半透膜を通過できない」とある。

　　　(3)　体の水分が足りなくなっているとき，体の中の液体の濃度は高くなっている。そのため，
　　　　濃度の低い水を補給することで，浸透圧を使って体に水を取り込ませることができる。しか
　　　　し，真水のように濃度の低すぎる液体を大量に取り込ませてしまうと，【資料3】で示されてい
　　　　るように血液中の細胞の形を変えてしまうことが予想できる。そのため，本来の体の細胞の
　　　　中の水と同じ濃さの液体を飲むことで，細胞の形を変えることなく，本来あるべき量まで水
　　　　を取り込むことができる。

　問題4　(1)　【資料4】の中では，8番目の結果以外に大きく外れている値はない。また，8番目だけ
　　　　は測定結果に異常が出てしまうことの偶発的な原因もわかっている。このように，実験内容

に明らかな誤りが含まれている値は除外したほうが，正確な結果と考察を得ることができる。

(2) 蒸発皿8の結果を除いた9回分の実験結果の平均は1.74である。実験は海水50mLに含まれる塩分の重さを調べたものなので，1Lに含まれる塩分の量は，$1.74 \div 50 \times 1000 = 34.8$(g)となる。

やや難 ② （算数：多面体，順列）

問題1　サッカーボールは，実は正二十面体の頂点をけずりとったような形をしている。黒い五角形の部分がちょうど頂点だった場所にあたる。そのことをふまえて考えてみると想像がしやすい。右の**図1**のように，一部の面について新たに①から⑤まで番号を振った。①，②，③，ア，エ，オ，ク，ケ，④，⑤の10の面がちょうどサッカーボールの円周を取り囲むように存在していることが想像できる。す

図1

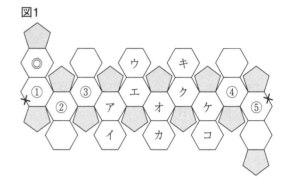

ると，◎の1つ下にある①の面と向かい合う面がオだということがわかる。よって◎の面に向かい合うのは対称な位置にあるカである。

問題2　(1)　回転してぴったり重なる塗り方が重複しないように，立方体の一番上の面が青色であると固定して考える。上面が青色であるとき，それに向かい合う底面は残りの5色から選ぶことができる。また，側面の4つの面について残りの4色で塗り分けるが，このとき立方体は上面と底面を通るような線を軸として回転させることができる。よって，どの面を始まりとするかによって4つ重複ができてしまうので，側面の塗り方のパターンは$4 \times 3 \times 2 \times 1 \div 4 = 6$である。よって，すべての塗り方は，$5 \times 6 = 30$(通り)となる。

図2

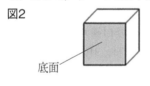

底面

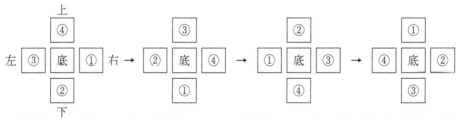

(2)　解答は1つではない。どの面が接するのかを確認し，とにかく手を動かしてみるのがよい。

③ （算数：級数，ほか）

問題1　①において，480をDの窓に表示させるために(＋)の方向に1回，そこから256を引くために(−)の方向に1回ハンドルCを回す。

②では，Dの窓を0にするために回すのはハンドルGであるためカウントされない。

③で×4をするので，ハンドルCを(＋)の方向に4回回す。ここまでで，計算結果は$(480 - 256) \times 4 = 896$であり，Dの窓には896と表示されている。

④は，$896 \div 128 = 7$であることをふまえて考える。④を実際に手回し計算機で実行すると，

（−）の方向に8回回した時点で，ひきすぎを表すベルが鳴る。そこで（＋）の方向に1回戻すと
もう一度ベルが鳴り，ひきすぎを訂正できる。

　　以上から，（−）の方向には9回，（＋）の方向に6回ハンドルを回すので，求める数は3である。

問題2　(1)　4のようにすべて手作業で計算してしまうのは膨大な時間がかかるので，例のように
　　　数をパーツに分けて考えるのがよい。しかし，2や3のように分けてしまうと，92000も92400
　　　もアの数をうまく求めることができない。1のような分け方をして，90000について9×10000
　　　とすれば，9のアの数が3であることがすぐわかる。

　　　(2)　11番目までの奇数を足した数は121，30番目までの奇数を足した数は900である。

問題3　(1)　A，Bの入力が分岐し，一方がOR素子にたどり着いたとき，1と1が入力されれば出力
　　　されるのは1である。また，初めの分岐のもう一方の先でAND素子に1と1が入力されると，1
　　　が出力される。はじめのAND素子の次の分岐の一方はそのままDにたどり着くので，Dの出力
　　　は1である。もう一方の分岐はNOT素子につながっており，1が入力されたので出力されるの
　　　は0である。2番目のAND素子には，OR素子から出力された1とNOT素子から出力された0が入
　　　力されるので，Cには0が出力される。

　　　(2)　同様に，入力と出力について図に書き込み，整理しつつ考えるとよい。

問題4　1では「人間が『知識』を入れて」という部分が誤りである。【資料4】より，ディープラ
　　　ーニングではコンピューターが自動的にデータから学習するとある。

　　　3では「運転の責任主体は運転者」という部分が誤りである。【資料6】を見ると，レベル3では
　　　作動継続が困難な場合をのぞいて責任主体はシステムとなっている。

─　★ワンポイントアドバイス★　─

　　小学校の指導要領の内容を超えて理数系に特化した独特な問題が多数出題される。
　　見慣れない問題に焦ることなく，解ける問題を見極め，時間配分の戦略を立てる
　　ことが必要とされる。

大切なことはメモしておこうネ！

平成29年度

入 試 問 題

29
年
度

平成29年度

横浜市立横浜サイエンスフロンティア高等学校 附属中学校入試問題

【適性検査Ⅰ】 （45分）　　＜満点：100点＞

1　はなこさんとたろうさんは，総合的な学習の時間で「科学技術の発展と私たちの生活」をテーマとして調べ学習をし，わかったことや考えたことをクラスに発表することにしました。

問題1　はなこさんとたろうさんが学校の図書室で資料を見ながら話をしています。【会話1】〜【会話4】を読み，あとの問題に答えなさい。

【会話1】

はなこさん：科学技術の発展によって私たちの生活が，どれだけ便利になったかを知るために，江戸時代の人々の生活に関する資料を探してきました。

たろうさん：それは，どのような資料ですか。

はなこさん：最初の資料は，江戸時代の時刻の決め方についてです。現代とは違う方法で時刻を決めていました。【資料1】を見てください。

【資料1】　江戸時代の時刻の決め方

> 　江戸時代に広く使われていた時刻の決め方は不定時法というものでした。時刻の基準となるのは，日の出の約30分前の「明六ツ」と日の入りの約30分後の「暮六ツ」でした。そして「明六ツ」と「暮六ツ」の間を昼と夜それぞれ6等分して「一刻」とし，「明六ツ」の次が「五ツ」「四ツ」と減り，次に正午の「九ツ」となり，さらに「八ツ」「七ツ」と減って，「暮六ツ」となりました。この後が夜の時刻で，昼間と同じように「五ツ」「四ツ」と減り，真夜中の「九ツ」というように数えました。日の出，日の入りの時刻は毎日変わるため「明六ツ」と「暮六ツ」の時刻も毎日変わってしまうことになりますが，実際には半月ごとに切り替えていました。

（石川英輔「大江戸しあわせ指南」をもとに作成）

たろうさん：【資料1】を見て気がついたのですが，半月ごとに「明六ツ」「暮六ツ」の時刻を切り替えるということは，「一刻」の長さも変わることになります。そうすると①夏至と冬至では，「一刻」の長さが大きく違ってしまうことになりますね。

はなこさん：そうですね。今は科学技術が発展し，時計によって一年を通じて同じ時刻で生活していますが，江戸時代はそうではなかったのですね。

(1)　【会話1】中の＿＿＿線①について，現在の時間で表した場合，夏至と冬至を比べると昼の「一刻」の長さは，夏至の方が約何分長いでしょうか。【会話1】中の【資料1】と次のページの【図1】【表1】を参考に計算しなさい。ただし，答えが小数になった場合は，小数第一位を四捨五入して，整数で答えなさい。

【図１】

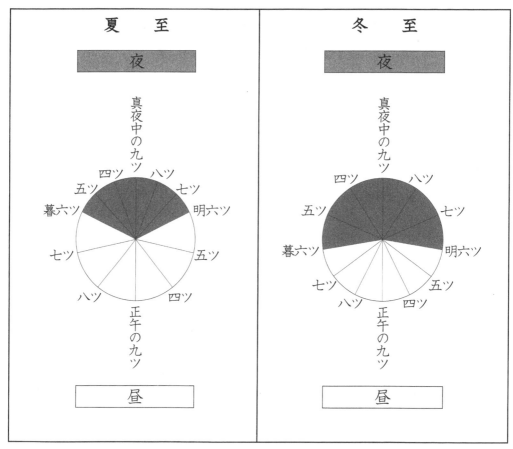

（石川英輔「大江戸しあわせ指南」をもとに作成）

【表１】

	「明六ツ」の時刻	「暮六ツ」の時刻
夏　至	午前４時００分	午後７時３０分
冬　至	午前６時１５分	午後５時００分

（横浜の夏至、冬至の時刻をもとに作成）

【会話２】

はなこさん：次は江戸（えど）時代の生活用水についてです。

たろうさん：私（わたし）たちはいつもなにげなく水を使っていますが，江戸時代の人たちは，水をどうやって調達していたのでしょうか。

はなこさん：江戸の人たちが住んでいた家の外には井戸（いど）があり，共同で使っていたようです。しかし，江戸の人口がふえてくると，今までの井戸だけでは足りなくなってしまいました。

たろうさん：では，どうしていたのですか。

はなこさん：貯水池や川から水を引く上水<ruby>（じょうすい）</ruby>と呼ばれる水路をつくりました。その上水に関する資料が【資料2】です。

【資料2】　上水に関する資料

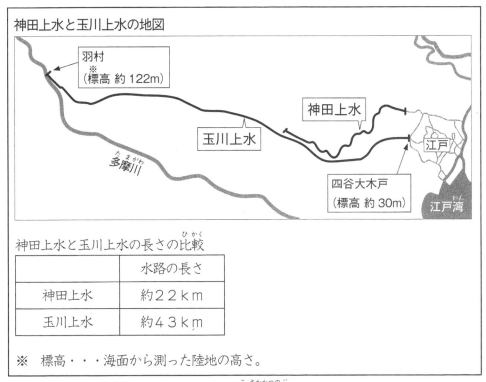

（新宿区ホームページ、小坂克信<ruby>（こさかかつのぶ）</ruby>「玉川上水と分水」をもとに作成）

はなこさん：神田上水は，もともとあった自然の水の流れに手を加え，江戸へ水を引いた程度のものだったと言われています。

たろうさん：玉川上水はどうですか。

はなこさん：玉川上水は，羽村（現在の東京都羽村市）から四谷大木戸（現在の東京都新宿区四谷）までの全長約43kmの区間に地上を流れる人工の河川としてつくられました。とても難<ruby>（むずか）</ruby>しい工事だったと言われています。

たろうさん：どのような点が難しかったのですか。

はなこさん：もちろん全ての区間を人の手でつくるのは大変だったのですが，【資料2】をよく見てください。

たろうさん：なるほど。【資料2】から玉川上水の工事が（　あ　）という点で難しかったことがわかります。

はなこさん：このような難しい工事を，現代あるような技術を使わずに行った江戸時代の人たちは，とても苦労したと思います。

⑵　【資料2】を見て，【会話2】中の（あ）にあてはまる言葉を次のページの［条件］にしたがって答えなさい。

［条件］

○句読点を含め，20字～30字で書くこと。

○終わりを「という点」として，適切につながるようにすること。また，「という点」は，字数に含めないこと。

【会話3】

たろうさん：私たちの生活を便利にする製品は，いつごろから※1普及したのでしょうか。

はなこさん：それがわかるのが【資料3】です。生活を便利にする製品が普及した様子がわかります。

たろうさん：これだけたくさんのものが普及したことを考えると，家で消費するエネルギーの量も相当増えたのではないでしょうか。

はなこさん：次のページの【資料4】を見ると，※2世帯当たりのエネルギー消費量がどのように変化したかということと，その内訳がわかります。

たろうさん：次のページの【資料5】のグラフは，何を表しているのでしょうか。

はなこさん：エアコン，電気冷蔵庫，ブラウン管型と液晶型のテレビのそれぞれについて，その製品の中の代表的な機種が1年間に消費するエネルギー量の変化を表しています。つまり，エネルギー消費量が減ると，それだけその製品の省エネルギー技術が進歩したということになります。

たろうさん：ここにも科学技術の発展が見られますね。

【資料3】　生活を便利にする製品が普及した割合の移り変わり（二人以上の世帯）

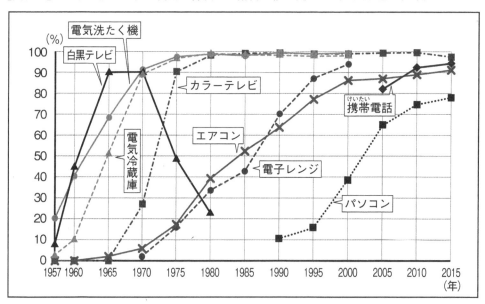

（「内閣府　消費動向調査」をもとに作成）

※1　普及……広く行きわたること。

※2　世帯……同じ家に住んで生活をともにしている人の集まり。

【資料４】 世帯当たりのエネルギー消費量と使いみち別エネルギー消費の移り変わり

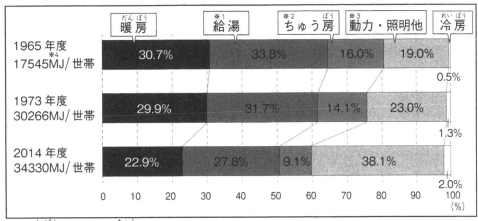

（「資源エネルギー庁　平成２７年度エネルギーに関する年次報告」をもとに作成）

（注）グラフの合計が１００％にならない場合がありますが、このことを考え
　　　に入れる必要はありません。

※１　給湯‥‥ここではお湯をわかすためのエネルギー。

※２　ちゅう房‥‥‥台所、調理場のこと。ここでは煮る、焼くなどの調理をするために使うエネルギー。

※３　動力‥‥‥家庭用電化製品（冷蔵庫、テレビ、洗たく機など）を動かす力。

※４　ＭＪ‥‥‥メガジュール。エネルギーをあらわす単位。

【資料５】 主要電化製品のエネルギー消費量の変化（それぞれの製品の代表的な機種が１年間で
　　　　　消費する量）

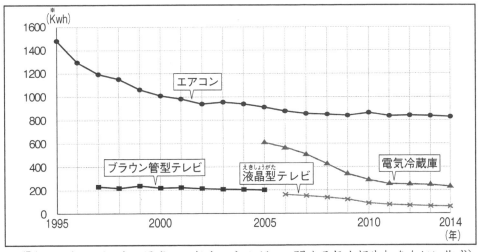

（「資源エネルギー庁　平成２７年度エネルギーに関する年次報告」をもとに作成）

※　Ｋwh‥‥‥キロワットアワー。電気エネルギーをあらわす単位。

⑶　【会話３】中の【資料３】～【資料５】について正しく述べられているものをあとの１～５から
　すべて選び、番号を書きなさい。

1 エアコンが普及した割合は，1995年には80％に近づき，その後も増え続けている。またエアコンのエネルギー消費量が1995年から2014年の期間に減少したこともあり，1973年から2014年の期間で世帯当たりのエネルギー消費量のうち暖房と冷房の消費量が減った。

2 カラーテレビの普及の割合は，1970年から1975年の間に白黒テレビを追い抜き，1980年には100％に近づいた。その後，科学技術が発展し，2014年の液晶型テレビのエネルギー消費量は，2005年のブラウン管型テレビの消費量の半分以下になっている。

3 電気冷蔵庫は電気洗たく機より後に普及し，1980年には，ほぼ全ての世帯に普及した。また，2005年から2014年の期間では，電気冷蔵庫のエネルギー消費量は年々減少しているが，省エネルギー技術はエアコンほど進歩していない。

4 世帯当たりのエネルギー消費量を見てみると，動力・照明他の消費量は1965年から1973年の8年間で約2倍増加している。また，この期間において，電気冷蔵庫やカラーテレビ，電気洗たく機の普及の割合も増加し続けている。

5 世帯当たりのエネルギー消費量は，1965年から1973年の間に約1.7倍に増えたが，1973年から2014年の間では約1.1倍である。また，エアコン，電気冷蔵庫，液晶型テレビについて2006年と2014年を比べると，三つの製品ともエネルギー消費量は半分以下に減っている。

【会話4】

　はなこさんとたろうさんは，「科学技術の発展と私たちの生活」をテーマとした調べ学習をしていくなかで，これまでの学習でわかったことを先生に報告しました。

先　　生：たくさんの資料を使ってよく調べましたね。

はなこさん：江戸時代の資料を探すのは大変でしたが，科学技術の発展のありがたさを知るよいきっかけになりました。

たろうさん：私も，科学技術の発展によって便利なものが増え，私たちは豊かな生活ができているということがよくわかりました。

先　　生：そうですね。私たちは科学技術の発展に支えられた生活を送っていますね。そういえば，2016年は明治・大正時代の小説家である夏目漱石が亡くなって100年，2017年は生誕150年の年にあたります。私はこれを機会に，改めて夏目漱石の作品を読んでいたところです。科学の発展に関して，夏目漱石は「行人」という小説の中で，登場人物に次のように語らせています。

【資料6】

> 人間の不安は科学の発展から来る。進んでとどまることを知らない科学は，かつて我々にとどまることを許してくれたことがない。徒歩から※1俥，俥から馬車，馬車から汽車，汽車から自動車，それから※2航空船，それから飛行機と，どこまで行っても休ませてくれない。どこまでつれて行かれるかわからない。実におそろしい。

（夏目漱石「行人」より引用）

　　※1　俥……人力車のこと。　　※2　航空船……飛行船のこと。

たろうさん：難しい文章ですね。どういうことを言っているのでしょうか。

先　　生：【資料6】から「科学の発展」と「人間」の関係を読み取ってください。

はなこさん：わかりました。【資料６】の内容は（　い　）ということですね。

先　　　生：そうですね。現在，科学技術の発展によって，私たちは便利で豊かな生活ができている一方で，さまざまな問題も起こっています。今，紹介した【資料６】からわかる通り，100年以上も前に，夏目漱石は，すでに科学技術の発展の問題点について考えていたと言われています。あなたたちも科学技術の発展の問題点について考えていけるとよいですね。

⑷　【会話４】中の（い）には，【資料６】の内容を言い表した表現が入ります。（い）に入る最も適切なものを次の１〜５から一つ選び，番号を書きなさい。

１　私たち人間が不安を感じるのは，先が見えないなかで，自分たちの意志とは関係なく，とどまることのない科学の発展に常にうながされながら生活をしているからである

２　科学の発展によって私たちの生活はとどまることなくよくなっているので，私たち人間は，いつ，その発展を止めるような動きが現れてくるのかという不安を感じている

３　私たち人間に不安が生じるのは，自分たちが努力によってどれだけ能力を高めて進歩したとしても，その進歩を追いかけるように科学がすぐに発展していくことに原因がある

４　科学はとどまることなく発展し続けているので，私たち人間は，将来，科学に頼り切った生活しか送れなくなってしまうのではないかという不安をもって生活している

５　私たち人間は，現在，社会の変化によって生活により一層の速さが求められているので，その速さに見合うように科学を発展させられるかどうかという不安を抱えている

問題２　たろうさんは，問題１の【会話４】のあとで，「科学技術の発展の問題点」に関しても調べてみようと思いました。そして，「インターネットの便利さから生じる問題点」について書かれている【資料７】を見つけました。【資料７】を読んで，あとの問題に答えなさい。

【資料７】　脳神経外科医がインターネットの便利さから生じる問題点について書いた文章

　インターネットを使うようになってから思い出す力が低下したように感じる，というお話を，知人や患者さんたちからよく聞きます。実際，私が記事で見た，ある民間の調査会社が10代〜60代の利用歴１年以上の※１ユーザーを対象に行った調査でも，約10パーセントの人が「（インターネットを使うようになってから）物忘れがひどくなった」と答えていましたから，この実感を持っている人は，私が想像している以上に多いのかもしれません。

　ただし，この問題は，記憶を引き出す作業をインターネットに助けられているから思い出す力が低下した，という単純な図式では語りきれないだろうという気もします。

　一つには，インターネットを使うようになってから，※２体内時計を乱している人が増えたことが関係しているのではないでしょうか。前述の調査でも７割もの人が「夜更かしをすることが増えた」と答えていますが，これは明らかに無視できない要素です。このことは24時間営業のお店が増えたことなどとも連動していると思いますが，夜更かしをすれば，時差ボケの状態になりやすくなります。時差ボケの状態になると，脳のパフォーマンスが全体的に低下している時間が増えるので，物忘れもしやすくなる。そういうことがあると思います。

　また，インターネットを使うようになってから，大して興味はないけれど，とりあえずその情報に接したことはある，という程度の知識が増えたのかもしれません。まったく接した

ことのない情報なら物忘れのしようがありませんが、たとえば何気なく※3リンク先を辿っているときなどに目にしたことがあるから、人からその情報を聞いたときに、何となく知っているような気がする。ところが、詳しくは思い出せないので、「あれ？何だっけ」になってしまう。それも思い出す力の低下という自覚につながっているのかもしれません。

そもそもインターネットで得た知識というのは忘れやすいものです。記憶というのは、※4能動的につくった手がかりが多いほど、自分の意志で引き出しやすくなります。たとえば、ある情報を調べるために図書館に行った。そこでは探していた資料が見つからなかったため、大きな書店まで行った。そこで本をパラパラと見ていたら、あるページに詳しく書いてあったので、喜んで買って帰り、家でよく読んだ……。こういう風に状況の変化が並んでいくと、その記憶は引き出しやすくなります。また、本で調べるだけではなく、詳しい人に電話をして聞いたり、現地まで見に行ったりすれば、もっと引き出しやすくなるでしょう。

こうやってさまざまな選択肢の中から、適切な方法を選び、それを意志的・計画的に並べて情報に近づいていくというのは、まさに※5高次脳機能を使う活動です。

ところが、インターネットではその※6プロセスがあまりにも単純化されている。どんな情報でも、同じ画面の中で同じような操作をすれば調べられます。たとえて言うなら、自分は同じ部屋の同じ椅子に座ったまま、ボタン一つで目の前の人が入れ替わっていくようなもので、状況の変化がない。しかも、後でまた簡単に調べられるという意識があるので、反復したり、※7ファイル化したり、努力して記憶を自分のものにする必要も感じない。そうすると無い無い尽くしで、思い出せるわけがなくなってしまいます。それが良いことなのか悪いことなのかはともかくとして、私たちはインターネットをあまりにも便利に使うことによって、日常生活の中で、知識を得るまでのプロセスに多様性や複雑さをなくし、思い出す手がかりのない記憶をどんどん増やしてしまっているようなところがないでしょうか。そのために「知っている気がするけど思い出せない」ということが増えた。要するに物忘れをする。多くの人が、インターネットを使うようになってから物忘れがひどくなったように感じていることの背景には、そういう面もあると思います。

　≪中略≫

最近、若者たちと接していて、「知っている」ということの※8概念が変わりつつあるのではないかと感じることがあります。知っているというのは、基本的にそのことについて自分なりに理解し、説明ができるということ。少なくとも、人に対して「知っている」と言えるのはそういうことでしょう。ところが、最近の若者たちの間では「ネットで調べればすぐにわかるはず」という程度のことが「知っている」ことの中に含まれている傾向が強くなっている気がします。たとえば先日、20歳の患者さんを※9ヒヤリングしているときに、こういうことがありました。いろいろなお話をしているうちに、

「先生、こういう話があるの知ってる？」

と本人から言い出したので、私の方では「どんな話ですか？」と聞く態勢をとっていました。患者さんを治療していくときには、本人が話し慣れていないお話を長くしてもらうということが有効な場合があります。もちろん、本人がまったく知らないことを聞いても仕方がありませんから、自分から言い出した話題の中から「このお話は普段あまりしていないだろ

うな」と思われるものを見つけ，患者さんの気持ちを乗せながら※10フォーカスさせていくわけです。そうすると，たいていの患者さんは苦しみながらも少しずつ言葉を組み立てていきます。ところが，その彼は，

　「いや，説明するのは無理」

　「難しい？」

　「いや，ネットで○○というキーワードで調べればすぐわかるよ」

　それで終わってしまいました。話し慣れていないから説明できないというのではなく，おそらく「何で説明できる必要があるの？」と思っている。私の方では「知っていることなら何かしらの説明ができるはず」と思っているので，そこにズレを感じたわけです。

　こういうやりとりは，メールや※11チャットの世界で常識化したのかもしれません。私自身もやりますが，メールを送るときに，本文をあまり長くしたくないので，代わりに参考になるページのアドレスを※12添付して「詳しくはこの記事を見てください」という風にする。自分で説明する代わりに人の言葉を借りているわけです。メールを受け取った側も，その記事をすぐに見られるはずですから，そこに共通の了解が生まれる。インターネットを介したやりとりならではの合理的な方法ですが，それはあくまでネットの中の世界で通用する話です。先ほどの彼は，同じことを思わず現実の会話でもやってしまっているのかもしれません。

　もちろん，これは私の推測にすぎませんし，少ない例を取り上げて「若者の知のレベルが下がった」などと※13針小棒大に言うつもりもありませんが，インターネットが普及して，これだけ知識を得やすくなったのだから博学の人が増えたのかというと，決してそうではないわけで，知のあり方がいつの間にか変わっているのは確かだと思います。

　少し突っ込んだ言い方をすれば，「知識は覚えるものだ」という意識が※14希薄になり，「その場で消費するものだ」という意識がより強くなっている。その覚えるという部分を人類共通の外部記憶装置であるかのようなインターネットが代行している。そういう時代になっているのではないでしょうか。

　それで記憶力が低下しても，ネットで調べられるのだからいいじゃないかと思われるかもしれませんが，それは甘い考えです。脳の機能は※15階層的になっていて，基礎の部分がしっかりしていて，初めてより高度な活動ができるものです。暗算のできない人が，計算機を使えるからといって，高度な数学的思考ができるわけではないように，記憶力が低下している人が，インターネットを使えば情報が調べられるからといって，面白いアイデアがどんどん湧いてくる，創造的なお仕事ができるということもあり得ません。

　知のあり方の変化を理解して，それにうまく対応していく。インターネットの普及によって便利になったところは※16享受しながら，※17依存しすぎることなく，一方では脳機能を使う機会も意識して補っていく。そういう自己管理が求められている時代だと思います。

　　　　（築山　節「フリーズする脳」より。一部省略やふりがなをつけるなどの変更があります。）

［注］　※1　ユーザー……使う人。

　　　　※2　体内時計……生物の体内に備わっている，時を刻む仕組み。

　　　　※3　リンク……インターネットのホームページ上で別のホームページに連結していること。

※4　能動的……自分から進んで，はたらきかけるようす。

※5　高次脳機能……より高い脳の機能。

※6　プロセス……方法や手順。

※7　ファイル化……整理分類すること。

※8　概念……多くの物ごとから，似たところを取り出して作られる考えのまとまり。

※9　ヒヤリング……相手の話を聞くこと。

※10　フォーカス……しぼりこむこと。

※11　チャット……インターネットなどで，ネットワーク上の相手と文字で会話をすること。

※12　添付……書類などに，ほかのものをそえてつけること。

※13　針小棒大……小さなことを大げさに言うこと。

※14　希薄……少なくてうすいようす。

※15　階層的……層に分かれて上下で重なっているようす。

※16　享受……受け入れて自分のものにすること。

※17　依存……他のものにたよること。

(1)　たろうさんは，【資料7】で述べられている，「インターネットから得た知識と記憶の関係」と「知のあり方の変化と筆者の考え」は，これから私たちがインターネットを活用していくうえで，参考になると考えました。そして，【資料7】から，その内容をまとめて，クラスの人たちに紹介したいと思い，文章を書くことにしました。あなたならどのように書きますか。あとの［条件］と［注意事項］にしたがって書きなさい。

［条件］

〇複数の段落はつくらずに，一段落で書くこと。

〇次の【書き出しの文章】に続くようにして200字〜255字で書くこと。ただし，【書き出しの文章】は字数に含めないこと。

【書き出しの文章】

> 　私は「科学技術の発展と私たちの生活」をテーマとして調べ学習を行っていくなかで，脳神経外科医がインターネットの便利さから生じる問題点について書いた文章に出会いました。そこには，私たちがインターネットを活用していくうえで，参考になることが述べられていました。その内容を短くまとめると次のようになります。

［注意事項］

〇解答は横書きで書くこと。

〇題名は書かずに，一マス空けて書き始めること。

〇原稿用紙の適切な書き方にしたがって書くこと。（ただし，解答用紙は，一行二十マスではありません。）

〇文字やかなづかいなどに気をつけて，漢字を適切に使い，丁寧に書くこと。

(2)　たろうさんは，調べ学習を進めていき，クラスの人たちに「科学技術の発展の問題点」について考えてもらいたいと思いました。そこで，科学技術の発展により，現在，広く使われているも

のを**一つ**取り上げて，自分の考えを書くことにしました。あなたならどのように書きますか。あとの［条件］と［注意事項］にしたがって書きなさい。

［条件］

○科学技術の発展により，現在，広く使われているものを，**適性検査Ⅰの会話や資料で取り上げられているもの**の中から具体的に**一つ**取り上げること。ただし，「インターネット」は取り上げない。

○**【書き出しの文】**を次のようにすること。

【書き出しの文】

> インターネットの他に，科学技術の発展によって，現在，広く使われているものとして，[　　　]があります。

○解答用紙の**【書き出しの文】**の[　　]の中に自分が取り上げたものを書くこと。

○取り上げたものの問題点をこれまでの自分の学習や体験と関連させて具体的に説明すること。

○取り上げたものに関する自分の考えを述べること。

○**複数の段落**をつくって，文章全体を構成し，**250字〜300字**で書くこと。ただし，**【書き出しの文】**は字数に含めないこと。

［注意事項］

○解答は横書きで書くこと。

○題名は書かずに，**一マス空けて**書き始めること。

○原稿用紙の適切な書き方にしたがって書くこと。（ただし，解答用紙は，一行二十マスではありません。）

○文字やかなづかいなどに気をつけて，漢字を適切に使い，丁寧に書くこと。

○段落をかえたときの残りのマスは，字数として数えます。

○最後の段落の残りのマスは，字数として数えません。

【適性検査Ⅱ】 （45分）　＜満点：100点＞

1　たろうさんとはなこさんは，10月中旬（ちゅうじゅん）の昼休みに，アサガオの花について話をしています。次の【会話文】を読み，あとの問題に答えなさい。

【会話文】

たろうさん：アサガオについて詳（くわ）しく調べているそうですね。

はなこさん：はい，そうです。毎日観察していると，いろいろなことがわかってきました。例えば，アサガオは，朝日を浴びて咲（さ）くものだと思っていたけれど，夜中にはもう咲いているのですよ。

たろうさん：では，アサガオは何時ごろ咲いているのですか。

はなこさん：土曜日の日の入りから日曜日の日の出までアサガオをビデオ撮影（さつえい）して，いつ花が咲いたのか確認（かくにん）してみると，午前1時30分にはすっかり花が開いていて，驚（おどろ）かされました。そこで，アサガオの開花時刻について図書館で調べてみると，7月中旬から10月中旬までの開花時刻を調べた資料を見つけました。それらをもとに月ごとの開花時刻についてまとめたものが【資料1】です。

【資料1】　時期によって変わるアサガオの開花時刻

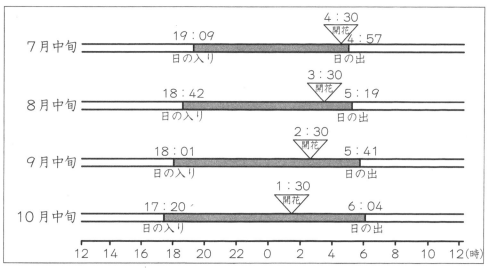

（貝原純子（かいはらすみこ）「アサガオのすいみん時間」，瀧本敦（たきもとあつし）「花ごよみ花時計」，理科年表をもとに作成）

たろうさん：この【資料1】を見ると，アサガオの開花する条件はどの時期でも（　あ　）ということが考えられますね。

はなこさん：しかし，【資料1】を見ると，日の入りから開花までの時間は夏から秋にかけて，少しずつ短くなっていますね。

たろうさん：何が原因になっているのでしょう。

はなこさん：その原因について調べてみると，明け方の気温とアサガオの開花時刻（じこく）との関係を表している次のページ【資料2】が見つかりました。

【資料2】 明け方の気温とアサガオの開花時刻との関係

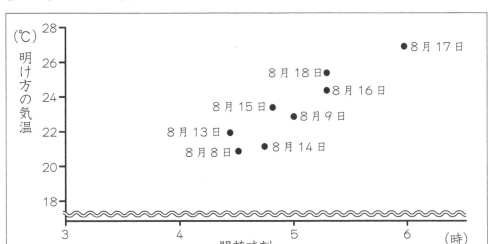

（貝原純子「アサガオのすいみん時間」をもとに作成）

はなこさん：【資料2】の期間の日の入りの時刻は日ごとに大きく変わらないので，【資料2】より，
（ い ）ということがわかりました。

たろうさん：それは面白い関係ですね。

はなこさん：それでは次にアサガオの鉢を五つ用意しました。一つだけ，ほかのものとは違いますよ。わかりますか。

【図1】 アサガオの5鉢

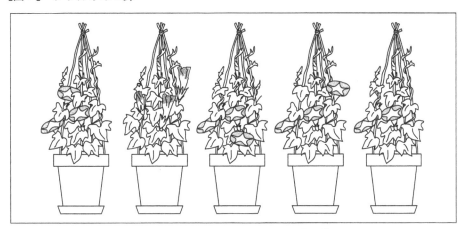

たろうさん：今は昼間なのに，左から2番目の鉢はつぼみが咲き始めていますよ。ほかの鉢の花は完全に開いているのに，どうしてでしょうか。

はなこさん：この五つの鉢のアサガオは，全て同じ種類で，同じ時期に種をまいて育てたものですが，左から2番目の鉢に（ う ）という仕掛けをしたのです。

たろうさん：仕掛けによって開花時刻が変わるというのは，面白いですね。ところで，となりの花壇に咲いている青い花はきれいですね。あれは以前に調べたことのあるソライロアサガオですね。しかし，つぼみやしおれた花は赤紫色で色が変化していますね。どうし

てでしょうか。

はなこさん：咲いている花の花びらを使って**実験A**をして，調べてみましょう。

> **実験A**　花が咲いているソライロアサガオの花びらを4個とり，ガーゼに包む。100mLビーカーに入れた蒸留水（じょうりゅうすい）50mLの中で花をよくもみ，色水をつくり色を調べる。

たろうさん：色水の色はきれいな青い色になると思っていましたが，つぼみやしおれた花のような赤紫色になってしまいましたね。

はなこさん：同様な実験をつぼみやしおれた花で行ってみると，結果は，咲いている花の色水と同じ赤紫色になりました。さらにそれぞれの色水の性質について**実験B**をして，調べてみましょう。

> **実験B**　つぼみ，咲いている花，しおれた花の色水の性質を青色リトマス紙と赤色リトマス紙を用いて調べる。

たろうさん：どの色水も，赤色リトマス紙は変化がなく，青色リトマス紙は赤色に変わりましたね。

はなこさん：どの色水も赤紫色で青色リトマス紙を赤色にしたので，同じ性質であることがわかりましたね。
　　　　　　色が変わるといえば，授業でムラサキキャベツ液の紫色が，酸性やアルカリ性の液体を加えることで変わるのを見ましたね。①花の色が変わることに関係ありそうですね。

たろうさん：つぼみから花，花からしおれた花になるとき，色が変化して，花が咲いているときにだけ青い色になるのはなぜか，実験で確かめてみることにしましょう。

問題1　次の問題に答えなさい。

(1)　【会話文】中の（あ）にあてはまる言葉として最も適切なものを，次の1〜4から一つ選び，番号を書きなさい。

1　開花から日の出までの時間がほぼ一定

2　日の入りから開花までと開花から日の出までの時間がほぼ同じ

3　日の入り後に光を浴びていない時間が一定以上ある

4　前日に朝日を浴びてからの時間がほぼ同じ

(2)　(1)のことを確かめるためには，つぼみのついたアサガオを使って，どのような実験をすればよいですか。次の［条件］にしたがって答えなさい。

［条件］

○句読点（ふく）を含め，10字〜15字で書くこと。

○文の終わりを「花が咲（さ）くかどうか調べる実験」として，適切につながるようにすること。また，「花が咲くかどうか調べる実験」は，字数に含めないこと。

問題2　【会話文】中の（い）にあてはまる言葉として最も適切なものを，次の1〜6から一つ選び，番号を書きなさい。

1　日の入りの気温と咲く時間は関係がない　　2　日の入りの気温が高いほど早く咲く

3　日の入りの気温が高いほど遅（おそ）く咲く　　4　明け方の気温と咲く時間は関係がない

5　明け方の気温が高いほど早く咲く　　6　明け方の気温が高いほど遅く咲く

問題3 13ページの【資料2】を
見て，明け方の気温が21℃と
26℃のときの開花時刻はそれぞ
れ何時頃と考えられるでしょう
か。最も適切な組み合わせを，
右の1〜6から一つ選び，番号
を書きなさい。

	２１℃のとき	２６℃のとき
1	午前４時３０分頃	午前５時３０分頃
2	午前４時３０分頃	午前６時３０分頃
3	午前５時３０分頃	午前５時３０分頃
4	午前５時３０分頃	午前６時３０分頃
5	午前６時３０分頃	午前５時３０分頃
6	午前６時３０分頃	午前６時３０分頃

問題4 【会話文】の（う）は，どのような仕掛けをアサガオにしたのでしょうか。**次の日に咲くと
考えられるつぼみを使ったとして**最も適切なものを，次の1〜4から一つ選び，番号を書きなさい。

1　前日の午前11時頃から光のあたらないところに置いておき，当日の午前11時頃から光を当てる

2　前日の午前5時頃から光のあたらないところに置いておき，当日の午前5時頃から光を当てる

3　前日の午前11時頃から明るいところに置いておき，当日の午前11時頃に暗室に入れる

4　前日の午前5時頃から明るいところに置いておき，当日の午前5時頃に暗室に入れる

問題5 【会話文】中の＿＿＿線①のことから，**たろうさんはソライロアサガオの花の色の変化に酸性や
アルカリ性が関係するのか**を確かめる実験を行い，次のような【実験報告書】を書きました。あと
の問題に答えなさい。

【実験報告書】

　　　　　ソライロアサガオの花の色の変化に酸性やアルカリ性が関係するのかを調べる。

準備するもの

(1) ソライロアサガオの花の色水150mL

(2) 実験器具

　　200mLビーカー　　　　　　　1個

　　100mL用メスシリンダー　　　1個

　　10mL用メスシリンダー　　　　1個

　　スポイト　　　　　　　　　　3本

　　試験管　　　　　　　　　　　7本

(3) 薬品など

　　うすい塩酸50mL，うすいアンモニア水50mL，赤色リトマス紙，青色リトマス紙

実験1　試験管にうすい塩酸4mL入れ，うすいアンモニア水を1mLずつ入れて混ぜ合わせ，赤色
　　　　リトマス紙と青色リトマス紙の反応を確かめる。

実験2　色水を3本の試験管①〜③に4mLずつとり，うすい塩酸を試験管①に1mL，試験管②に
　　　　2mL，試験管③に3mL加え，色の変化を観察する。

実験3　色水を3本の試験管④〜⑥に4mLずつとり，うすいアンモニア水を試験管④に1mL，試

験管⑤に２mL，試験管⑥に３mL加え，色の変化を観察する。

実験４　色水をビーカーに100mLとり，うすいアンモニア水を１mLずつ入れてよくかき混ぜ，赤色リトマス紙と青色リトマス紙をつけて反応を確かめる。そして，赤色リトマス紙と青色リトマス紙のどちらも反応しなくなるうすいアンモニア水の量を調べる。

実験１の結果

うすいアンモニア水の量(mL)	0	1	2	3	4	5
赤色リトマス紙	変化なし	変化なし	変化なし	青色	青色	青色
青色リトマス紙	赤色	赤色	変化なし	変化なし	変化なし	変化なし

実験２の結果

試　験　管	①	②	③
うすい塩酸の量 （mL）	1	2	3
色水の色	赤紫色	赤色	うすい赤色

実験３の結果

試　験　管	④	⑤	⑥
うすいアンモニア水の量 （mL）	1	2	3
色水の色	青色	青緑色	緑色

実験４の結果

うすいアンモニア水の量 （mL）	0	1	2
赤色リトマス紙	変化なし	変化なし	青色
青色リトマス紙	赤色	変化なし	変化なし

(1)　たろうさんは，この実験の結果からわかったこととして，次のようにまとめました。（え）〜（き）にあてはまる最も適切なものを，あとの**ア〜キ**からそれぞれ一つ選び，記号を書きなさい。

実験の結果からわかったこと

> 実験（　え　）の結果より，ソライロアサガオの花の色水は（　お　）性である。
> 実験（　え　）と実験（　か　）の結果より，花の色水が青色を示すのは（　き　）性のときである。

ア 1　**イ** 2　**ウ** 3　**エ** 4　**オ** 酸　**カ** 中　**キ** アルカリ

(2)　たろうさんは，実験が終わった試験管④と同じ青色にするために，実験が終わった試験管③にうすいアンモニア水を少しずつ加えていきました。うすいアンモニア水を何mL加えればよいか書きなさい。

問題６　次の【会話文の続き】を読んで，あとの問題に答えなさい。

【会話文の続き】

たろうさん：アサガオといえば2020年に東京で開かれるオリンピックのエンブレムのデザインの候補にもなりましたね。

はなこさん：そうでしたね。東京オリンピックのエンブレムは市松模様という柄をもとに作られたデザインに決まったそうですが，どのような模様か知っていますか。

たろうさん：調べてみたら，色の違う二種類の正方形または長方形を交互に並べた模様のことだそ

うです。【図2】は白と黒の同じ大きさの正方形を交互に並べた市松模様です。

【図2】

はなこさん：面白い模様ですね。この市松模様を参考に作品を作ってみましょうか。

たろうさん：はい。まず白い紙ねん土と黒い紙ねん土を使って，同じ大きさの白と黒の立方体をたくさん作ってみましょう。

はなこさん：白の立方体と黒の立方体がすべて交互になるように2段に重ねて【図3】のような大きな立方体を作ってみました。

【図3】

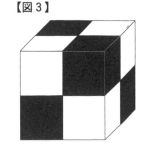

たろうさん：【図3】の大きな立方体を斜めに切ると，切り口はどのような模様になるのでしょうか。

はなこさん：【図4】のように大きな立方体をA，B，Cの三つの点を通る平面で切ると，切り口は【図5】の模様になりました。この場合，白と黒の立方体は合わせて4個切られました。そのうち白の立方体が3個，黒の立方体が1個ですね。

【図4】

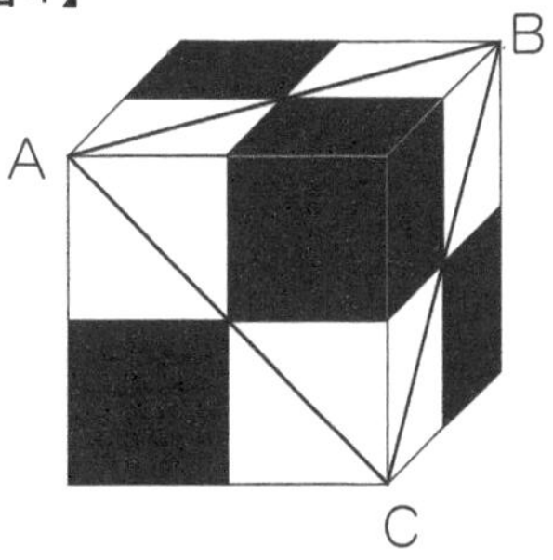

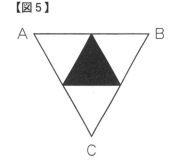

【図5】

たろうさん：そうですね。この切り口も面白いですね。ではその他にも白の立方体と黒の立方体を積み重ねたり，切ったりして色々な作品を作ってみましょう。

(1) **たろうさん**が【図2】の中にある白と黒の同じ大きさの正方形でできる四角形の模様を数えると，【図6】①～④のように全部で4種類ありました。ただし，裏返したり回転したりしてぴったり重なる模様は1種類として数えました。

次に，**たろうさん**は，白と黒の同じ大きさの正方形を交互に並べた【図7】のような市松模様を作りました。【図7】の中にある白と黒の同じ大きさの正方形でできる四角形の模様は【図6】①～④を含めて，全部で何種類ありますか。ただし，裏返したり回転したりしてぴったり重なる模様は1種類として数えます。

【図6】

① 　　② 　　③ 　　④

【図7】

(2) たろうさんは前のページの【図3】のように同じ大きさの白と黒の立方体を交互（こうご）に組み合わせて，【図8】のような縦（たて）3個，横4個，高さ2個の直方体の作品を作りました。

【図8】

(ア) この直方体の作品をD，E，Fの三つの点を通る平面で切ると，白と黒の立方体は合わせて何個切れますか。

(イ) (ア)の中で，黒の立方体は何個ありますか。

2 たろうさんとはなこさんは，新しい技術を使った環境（かんきょう）に負担（ふたん）をかけない自動車について調べています。次の【会話文】を読んで，あとの問題に答えなさい。

【会話文】

たろうさん：新しい技術を使った環境に負担をかけない自動車の開発が進んでいますね。

はなこさん：どのような自動車なのですか。

たろうさん：ガソリンなどの燃料をエンジンで燃焼させて動く今までの自動車とは違（ちが）い，燃料電池という装置（そうち）によって電気を取り出し，モーターで走る自動車のことで，燃料電池自動車というそうです。

はなこさん：燃料電池というのは，どのような装置ですか。

たろうさん：次の【図1】【図2】の装置を組み立て，実験1，実験2をやってみると燃料電池の仕組みがよくわかります。

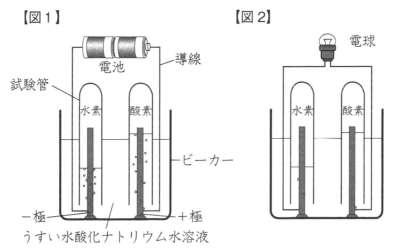

【図1】　　　　　　　　　　　　　　【図2】

実験1　①【図1】の装置で電流を流すと両方の電極から泡(あわ)が発生し，試験管に気体がたまった。

　　　　②－極側にたまった気体にマッチの炎(ほのお)を近づけると音を立てて燃えたことより，この気体は水素であることが確かめられた。

　　　　③＋極側にたまった気体に火のついた線香(せんこう)を入れると，炎を上げて燃えだしたことから，この気体は酸素であることが確かめられた。

実験2　【図1】の装置で，もう一度電流を流し，十分に気体がたまったところで，【図2】のように電池を外し，装置の電極に電球をつなぐと，電球がつくことが確かめられた。

はなこさん：なるほど，燃料電池とは（　あ　）ですね。なぜ，燃料電池自動車が注目されているのでしょう。

たろうさん：そのことに関係する【資料1】～【資料4】を見つけました。

【資料1】　1961～1990年の世界の平均気温を0℃としたときの年ごとの世界の平均気温との差

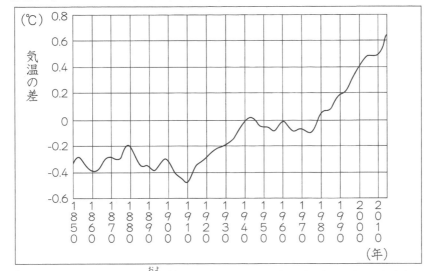

（「英国ハドレー・センター及(およ)び気候研究ユニットによる地上気温データ」をもとに作成）

【資料2】　※1温室効果ガス排出量(はいしゅつ)全体におけるガス別排出量の内訳(うちわけ)（2010年）

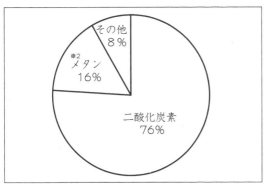

その他
8%

※2メタン
16%

二酸化炭素
76%

（気象庁(きしょうちょう)ホームページをもとに作成）

※1　温室効果ガス……地球の表面から出る赤外線(きゅうしゅう)を吸収し，地球表面が温室の中のように温度を保つはたらきをする気体。

※2　メタン……天然ガスなどに多く含(ふく)まれる，色やにおいのない気体。燃料などによく使われる。

【資料３】　大気中の二酸化炭素濃度

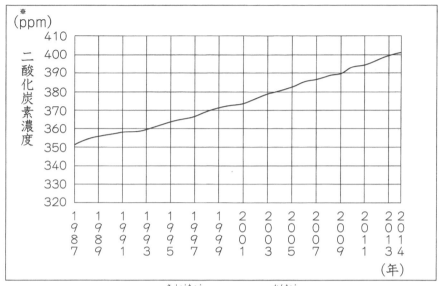

（気象庁「大気・海洋環境観測年報」をもとに作成）

※　ppm……割合や比率を表し，百万分のいくつであるかをしめす単位。

【資料４】　気候※変動の原因と将来の影響について

> **観測された気候変動とその原因について**
> ・気候変動に，人の活動が影響を与えたことは明らかである。
> ・人が発生させた最近の温室効果ガスの排出量は史上最高となっている。
> ・最近の気候変動は，人や自然の仕組みに対して大きな影響を与えている。
>
> **将来の気候変動，危険性及び影響について**
> ・温室効果ガスを出し続けることは，更に温暖化と気候変動を進め，人や生物のつながりに深刻で広範囲な取り返しのつかない影響を生じる可能性が高い。
> ・気候変動の危険性をおさえるには，社会の仕組みを変えながら温室効果ガスの排出を大幅に削減する必要がある。

（「気候変動2014：気候変動に関する政府間パネル第５次報告」をもとに作成）

※　変動……いろいろ動いて変わること。

はなこさん：【資料１】～【資料４】によると，（　い　）ということですね。

たろうさん：自動車会社はこれまでも，環境に負担をかけない車をつくりだしてきましたね。次のページの【資料５】は※1エコカーの比較をした表です。これを見ると，燃料電池自動車が※2ハイブリッド車より優れている点は（　う　）で，電気自動車より優れている点は（　え　）ですね。

【資料5】 エコカーの比較

	燃料電池自動車	ハイブリッド車	電気自動車
動力	電気モーター	エンジンと電気モーター	電気モーター
エネルギー源	水素	ガソリン	電力
排出物	水蒸気（水）	二酸化炭素など	なし
※3 航続距離	約650km	500～700km	約230km
エネルギーの補給方法	水素ステーション	ガソリンスタンド	家庭のコンセントや外部充電施設

（水谷　仁　編著「水素社会の到来　核融合への夢」をもとに作成）

※1　エコカー……自然環境への負担を少なくするように工夫された車。

※2　ハイブリッド車……複数の動力源を持つ自動車。

※3　航続距離……走り続けることができる距離。

はなこさん：【資料6】の2015年3月末の国内エコカー保有台数のうち，燃料電池自動車の台数を見ると，燃料電池自動車が※1普及するのはこれからということですね。

【資料6】 国内エコカー保有台数（2015年3月末）

燃料電池自動車	150台
ハイブリッド車	4717344台
電気自動車	70706台
※2 プラグインハイブリッド車	44012台
合計	4832212台

（一般社団法人次世代自動車振興センターの資料をもとに作成）

※1　普及……広く行きわたること。

※2　プラグインハイブリッド車……電源から充電をして，モーターのみで走る距離をのばす工夫をしたハイブリッド車。

たろうさん：【資料7】【資料8】（次のページ）は資源エネルギー庁の資料です。これによると，第1段階として，燃料電池自動車が普及するには水素利用が※飛躍的に拡大していくことが必要ですね。そのためには（　お　）が課題であって，解決するには（　か　）ですね。

【資料7】 水素社会実現に向けた対応の方向性

段　階	内　　　容	実現時期
第1段階	水素利用の飛躍的拡大	現在～
第2段階	水素を使った発電の本格的導入	2020年～
第3段階	二酸化炭素を出さずに水素を製造し供給する仕組みをつくる	2040年頃

（資源エネルギー庁の資料をもとに作成）

※　飛躍……大きく進歩すること。

【資料8】 燃料電池システムの価格

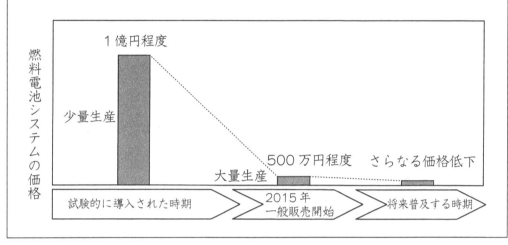

・燃料電池自動車の車両価格に最も大きな影響を与える燃料電池システム（燃料電池本体と周辺装置のことで自動車全体ではない）は，開発初期には1億円を超えていたが，2015年の一般販売が始まったときには，500万円程度に低くおさえられるまで，技術が進歩した。

・政府としても，燃料電池システムのさらなる価格低下に向けて研究開発等を行っている。

（資源エネルギー庁の資料をもとに作成）

たろうさん：また，次のページの【資料9】のように，直接，水素を補給しない方法で動く新しいタイプの燃料電池を使用する，※1 バイオエタノール燃料電池自動車の開発も始まっているようで興味深いですね。

問題1　19ページの【会話文】中の（あ）にあてはまる言葉として最も適切なものを，次の1〜5から一つ選び，番号を書きなさい。

1　酸素から電気を作る装置　　　　　2　水素から電気を作る装置

3　電気で水から水素と酸素を作る装置　　4　水素と酸素から電気を作る装置

5　電気で水素と酸素から水を作る装置

問題2　19ページの【資料1】〜20ページの【資料4】を見て，【会話文】中の（い）にあてはまる言葉として最も適切なものを，次の1〜5から一つ選び，番号を書きなさい。

1　地球の平均気温は1990〜2010年までに約0.3℃上昇していて，2010年の温室効果ガス排出量の中で最も多いのはメタンである

2　1850〜2010年の期間で見たとき，世界の平均気温は約0.8℃上昇していて，1961〜1990年の平均よりも高くなっている

3　二酸化炭素は温室効果ガス排出量のうち最多であるが，1993〜2013年で約40ppm上昇しただけなので，大幅に削減する必要がない

4　温室効果ガスを出し続け，世界の平均気温が約0.9℃上昇したので，メタンや二酸化炭素を燃料とするように社会の仕組みを変化させることが必要である

5　主な温室効果ガスである二酸化炭素の濃度は1987年から2014年の間に約50ppm上昇したので，二酸化炭素の排出を大幅に削減する必要がある

【資料９】　燃料電池自動車とバイオエタノール燃料電池自動車の比較(ひかく)

	燃料電池自動車	バイオエタノール燃料電池自動車
燃料	水素	バイオエタノール１００％またはバイオエタノール４５％と水の混合したもの
燃料タンク	気体を圧縮(あっしゅく)して貯蔵(ちょぞう)できる特別なタンク	液体の燃料を貯蔵するガソリン車と同じようなタンク
水素を燃料電池に送る仕組み	タンクより直接送る	バイオエタノールから改質器※2で水素を取り出して送る　このとき二酸化炭素が発生する
装置内の白金使用量※3	やや多い	なし
安定作動温度※4（℃）	８０℃（室温でも作動可）	７００〜８００℃（温度に達するまでに約１時間が必要）
航続距離(きょり)	６５０km	８００km
発電効率※5	３０〜３５％	６０％
燃料の補給場所	大がかりな水素を流通させる仕組みを備えた水素ステーション（２０１６年６月現在、日本全国で７７カ所）	通常のガソリンスタンドを予定（２０１５年３月現在、日本全国で３２３３３カ所）
開発状況(じょうきょう)	一般販売が開始されている	２０２０年をめどに実用化の予定

（水谷(みずたに)　仁(ひとし)　編著(へんちょ)「水素社会の到来(とうらい)　核融合(かくゆうごう)への夢」、自動車会社ホームページをもとに作成）

※１　バイオエタノール……サトウキビやトウモロコシなどの植物から作り出したアルコール燃料。

※２　改質器……燃料から水素を作り出す装置。

※３　白金……白っぽいつやのある重く高価な金属。

※４　安定作動温度……安定して効率よく燃料電池がはたらく温度。

※５　発電効率……燃料から電気を取り出すことのできる割合(わりあい)。

問題３　２１ページの【資料５】を見て，２０ページの【会話文】中の（う）（え）にあてはまる言葉として最も適切なものを，次の１〜７からそれぞれ一つ選び，番号を書きなさい。

１　動力がエンジンであること　　　　　　　２　航続距離(きょり)が長いこと

３　ガソリンスタンドでエネルギーを補給(ほきゅう)できること　　　４　排出物が水であること

5　各家庭のコンセントでエネルギーを補給できること　　6　排出物がないこと

7　エネルギー源がプランクトンであること

問題4　燃料電池自動車とガソリンエンジンの自動車が130kmの距離を走りました。次の［条件］であるとき，ガソリンエンジンの自動車は，燃料電池自動車よりも二酸化炭素排出量で何kg多いことになるか，答えなさい。

［条件］

○現在，燃料電池の水素をつくる方法は，天然ガスからつくり出すのが主流であり，水素1kgをつくるのに，二酸化炭素が17.5kg生じるのでこれを走行時に生じる二酸化炭素とする。

○この燃料電池自動車は650kmの距離を4kgの水素で走ることができる。

○ガソリンをエンジンで燃焼する際には，1Lあたり，二酸化炭素が2.32kg生じるものとする。

○このガソリンエンジン自動車は728kmの距離を70Lのガソリンで走ることができる。

問題5　21ページの【資料7】，22ページの【資料8】を見て，21ページの【会話文】中の（お）（か）にあてはまる言葉として最も適切なものを，次の1〜5からそれぞれ一つ選び，番号を書きなさい。

（お）

1　燃料電池システムが高い価格であること

2　燃料電池自動車の色やデザインが限られていること

3　燃料電池自動車を国内だけで販売していること

4　燃料電池自動車の技術を公開せずに保護していること

5　燃料電池システムの利用分野が自動車専用に限られていること

（か）

1　魅力的なデザインを生み出す人材を育てること

2　燃料電池の技術開発を進めてさらに大量生産できるようにすること

3　外国へ輸出する際に特別な税金をかける仕組みを作ること

4　水素ステーションの設置費用の一部を燃料代に加えること

5　技術を国際的な競争から守るルールを作ること

問題6　23ページの【資料9】からわかることとして適切なものを，次の1〜6から**すべて**選び，番号を書きなさい。

1　燃料電池自動車は安定作動温度が高いため，すぐに効率よく動かすことができるが，バイオエタノール燃料電池自動車は安定作動温度が低いため，効率よく動かすのに約60分かかる。

2　燃料電池自動車は安定作動温度が低いため，すぐに効率よく動かすことができるが，バイオエタノール燃料電池自動車は安定作動温度が高いため，効率よく動かすのに約60分かかる。

3　燃料電池自動車の発電効率は，バイオエタノール燃料電池自動車の発電効率よりも悪い。

4　燃料電池自動車の発電効率は，バイオエタノール燃料電池自動車の発電効率よりもよい。

5　バイオエタノール燃料電池自動車はガソリン車と同じようなタンクを使用することができるが，燃料の補給を特別な場所で行う必要がある。

6　燃料電池自動車は特別な燃料タンクを使用するが，燃料の補給はガソリンスタンドで行うことができる。

平 成 29 年 度

解 答 と 解 説

《平成29年度の配点は解答欄に掲載してあります。》

＜適性検査Ⅰ解答例＞

1　問題1

(1)　（約）48　（分）

(2)　長いきょりを少ない高低差で水を流さなくてはならなかった　（という点）

(3)　2，4

(4)　1

問題2

(1)　（解答例）現代ではインターネットが普及した結果，知識を理解して覚えるという機会が減ってきました。自分で意志的・計画的に情報を求めることが減り，インターネットから簡単に情報を得ることができるようになりました。また，自分の知識を理解して説明する代わりに，インターネットで他人の言葉を借りて説明してしまうこともできます。それらは確かに便利ですが，インターネットに依存しすぎず，自分で能動的に脳を使う機会も作るように，自己管理することが必要になります。

(2)　（解答例）取り上げたもの「電化製品」

　　現在，電子レンジや掃除機，電気洗たく機など，さまざまな電化製品があります。これらの製品のおかげで，家事の時間が短く，楽になりました。電化製品はとても便利で，私たちの生活にはなくてはならないものだといえます。

　　しかし，電化製品を必要以上に利用することは問題です。なぜなら，電化製品にたよりすぎると，身体機能が弱まってしまうからです。私の友人は，クーラーで温度が一定に保たれた室内にいることに慣れ，夏に電気が停止したとき，すぐに体調を崩してしまいました。

　　このように電化製品にたよりすぎると，何かあったとき，自分の力で対応できなくなるという問題点があります。

○配点○

1　問題1　(1)・(2)・(4)　各10点×3　　(3)　完答10点　　問題2　各30点×2　　　計100点

＜適性検査Ⅰ解説＞

基本 1　問題1　（総合：科学技術の発展と生活）

(1)　昼の一刻の長さを求めるので，「明六ツ」から「暮六ツ」までの長さを現在の時刻に直して計算する。表1から，夏至のときは，午前4時から午後7時30分（19時30分）なので，15時間30分。図1から，6等分されているので，一刻の長さは，15時間30分÷6＝2時間35分。

　　冬至のときは，午前6時15分から午後5時（17時）なので，10時間45分。同様に6等分されているので，10時間45分÷6＝1時間47.5分。したがって，2時間35分－1時間47.5分＝47.5分　小数第一位を四捨五入して，48分。

(2)　資料2を参考に，玉川上水の工事の難しい点について[条件]を守って書く。上水を作る難し

さではなく，玉川上水ならではの難しさであることに気をつける。神田上水と比べてみると特ちょうが読み取れる。玉川は水路の長さが約43kmで神田上水より2倍ほど長い距離を流れる。

神田上水は，自然の水の流れを利用して水路を作っている。標高は書いていないが，水の上から下に流れる性質を考えると，上流と下流に十分な高低差があったと考えられる。それに対し，玉川上水の場合には，羽村から四谷大木戸の標高差は92mほどしかない。そのため，流れるような水路を作ることが難しいと考えられる。

距離と高低差について書かれていればよい。

(3) 1は，エアコンについてである。**資料4**から，1973年から2014年の期間で，暖房のエネルギー消費量の全体消費にしめる割合は減ったが，冷房の消費量は増えているのであやまり。

2は，カラーテレビについてである。エネルギー消費量が減少した原因に科学技術の発展があることは，会話にもでてきている。

3は，電気冷蔵庫についてである。省エネルギー技術がエアコンより進歩していないかどうかは，資料からも会話からも読み取れないため，あやまり。

4は，1965年から1973年の変化についてである。このころ，3C(カラーテレビ，カー，クーラー)の普及が急速に進んだ。ちなみに，1950年ごろには三種の神器(白黒テレビ，冷蔵庫，洗たく機)の普及が進んだ。

5は，エネルギー消費量についてである。エアコンは，2006年から2014年の間のエネルギー消費量がほぼ変化していないため，あやまり。世帯当たりのエネルギー消費量は，**資料4**の年度の下に書かれている数字を見ればよい。

(4) **資料6**では，人間の不安は科学が発展し続けることにあると書かれている。乗り物は技術が進歩している様子を表す具体例であり，技術の進歩も乗り物も私たちを「どこまでもつれて行く」とかけて表現している。

1 「どこまでつれて行かれるかわからない」ということは，ゴールが見えない，つまり「先が見えない」ということを表している。

2 発展を止めるような動きへの不安を感じているのではないため，あやまり。

3 努力によって能力を高めているかどうかは書かれていない。むしろ，「つれて行かれる」という表現から，科学が自分たちの能力より先に進歩していると考えられるので，あやまり。

4 科学にたよりきった生活を送ることへの不安については書かれていないので，あやまり。

5 社会の変化によって，生活により一層の速さが求められていることは資料からは読み取れないので，あやまり。

問題2 （国語：条件作文）

(1) 書き出しの文章から，インターネットを活用するために大切なことが内容としてまとめられている必要がある。**資料7**の脳神経外科医が伝えたいことは，最後の文章でまとめられている。知のあり方の変化を理解し，対応していくこと，インターネットの便利なところを利用しながら，脳機能も意識的に使っていくことが必要であるという内容が骨組みとなる。具体例などを除いて，「知のあり方の変化」，「インターネットの便利なところ」，「脳機能」についての説明と，なぜ脳機能を意識的に使っていくことが必要なのかが書けていればよい。

(2) 適性検査Ⅰの中に出てくる科学技術の発展につながるものなら，何を取り上げてもよい。電化製品のほかに，上水や，乗りものなどがある。

また，電化製品の中でも，「テレビ」など，具体的なものに限定しても構わない。自分が，学

習したことや経験をもとに問題点が書けそうなものを選ぼう。ただし，書き出しの文に「インターネット」がふくまれていて，取り上げられないので，気をつけよう。また，書き出しの文が「ですます調」なので，その後に続く自分の意見も同じ文体にする。

　選んだものがどのように便利なのか，その技術にたよることがなぜ問題なのかがうまくまとまっていればよい。段落の分け方も自由だが，出だし，具体例，まとめの3つで段落を分けるとわかりやすくなる。

　　　　─★ワンポイントアドバイス★─

　　計算や記述も，比較的わかりやすく解きやすい問題が多い。問題2は少々読みにくい文章かもしれないが，あせらずに筆者の考えを正確に読み取ることが重要になる。

＜適性検査Ⅱ解答例＞

1　　問題1　(1)　3
　　　　　　(2)　暗い所に置いてから一定の時間で　（花が咲くかどうか調べる実験）
　　　問題2　6
　　　問題3　1
　　　問題4　4
　　　問題5　(1)　(え)エ　(お)オ　(か)ウ　(き)キ
　　　　　　(2)　2.5(mL)
　　　問題6　(1)　8(種類)
　　　　　　(2)　(ア)12(個)
　　　　　　　　(イ)6(個)

2　　問題1　4
　　　問題2　5
　　　問題3　(う)4　(え)2
　　　問題4　15(kg)
　　　問題5　(お)1　(か)2
　　　問題6　2，3

○配点○
1　問題1　(1)　5点　　(2)　10点　　問題5　(1)　完答5点　　(2)　10点　　問題6　(1)　10点
(2)　(ア)　10点　　(イ)　5点　　その他　各5点×3
2　問題1・2・4　各5点×3　　その他　完答　各5点×3　　計100点

＜適性検査Ⅱ解説＞

やや難　1　（理科・算数：アサガオの観察，立体図形）
　問題1　(1)　【資料1】の内容にあてはまる文章を選ぶ。
　　　　　　　1は，日の入りから開花までの時間が，7月中旬では，開花4：30に対して日の出4：57よ

り，27分である。また，10月中旬（ちゅうじゅん）では，開花1：30に対して日の出6：04より，4時間34分である。したがって，開花から日の出までの時間が7月中旬から10月中旬にかけてだんだん長くなっているためあやまり。

　　2は，7月中旬に注目すると，日の入りから開花までの時間が9時間21分であるのに対して，開花から日の出までの時間は27分であるためあやまり。

　　4は，7月中旬は前日に朝日を浴びてからの時間が23時間33分であるのに対し，10月中旬は19時間26分であるためあやまり。

　　3は，確かに7月中旬から10月中旬まで，すべて日の入りから8時間以上経ってから開花しているためあてはまる。よって答えは3。

(2)　［条件］を満たすように，実験内容を説明する問題である。(1)より，アサガオの開花条件が「日の入り後に光を浴びていない時間」と関係することが示せる実験であればよい。したがって，「日の入り後に光を浴びていない時間」を再現するために「暗い所」に置いて一定の時間で花が咲くかどうかを調べればよい。

問題2　【資料2】から分かることとして，適切なものを選ぶ。【資料2】は，「日の入りの気温」ではなく「明け方の気温」とアサガオの開花時刻の関係を調べているため，選択しは4〜6のいずれかにしぼることができる。その中で【資料2】の内容にあうものは6。

問題3　【資料2】の読み取り問題である。グラフの構造を理解して適切な選択しを選ぼう。明け方の気温が20℃〜22℃のときの開花時刻はおよそ午前4時30分〜午前4時45分の間となっているため，21℃のときは午前4時30分頃（ごろ）と考えることができる。同様に，明け方の気温が26℃に近い日の開花時刻はおよそ午前5時30分頃となっていることが分かる。したがって，それらにあてはまるものは1。

問題4　問題1から，アサガオは光が当たらなくなってから一定時間経った後に開花することが分かっている。選択し1と2は，どちらも開花の条件を満たす一定時間の暗やみ状態に置かれているためあてはまらない。また，問題文中の時間（昼間）につぼみが咲き始めているということは，光の当てられていない状態が一定時間与えられた直後であると考えられる。それらにあてはまる選択しは4である。

問題5　(1)　実験1ではうすい塩酸にうすいアンモニア水を入れてリトマス紙の色の変化を見ている。塩酸の量が多いとき，つまり酸性のときは青色リトマス紙が赤色に変化し，アンモニア水の量が多いとき，つまりアルカリ性のときは赤色リトマス紙が青色に変化していることが分かる。さらに，うすい塩酸4mLに対して，赤と青のリトマス紙が変化しなくなるのは，うすいアンモニア水を2mL加えたときであると分かる。

　　実験2，3では色水にそれぞれうすい塩酸，うすいアンモニア水を入れていき，色水の色の変化を見ている。実験2では色水の色はほとんど変わっていないのに対し，実験3では始め青色だったものが緑色へと変化していることが分かる。

　　実験4では，うすいアンモニア水を入れていないときは青色リトマス紙が赤色に変化し，うすいアンモニア水を増やしていくと赤色リトマス紙が青色に変化していることが分かる。したがって，色水は酸性であることが分かる。以上より，判断のもとになる実験は実験4である。さらに，花の色水が青色を示す場合を知るためには，実験4に加えて，実際に青色となる結果を得た実験3の結果が必要だと分かる。

(2)　実験2が終わった時点で，試験管③には，もとの色水が4mLとうすい塩酸が3mL入っている。一方目指す試験管④には，もとの色水が4mLとうすいアンモニア水が1mL入っている。色水を④と同じ色にするためには，③に加えたうすい塩酸が青色リトマス紙に反応しなくな

るまでうすいアンモニア水を加え，さらに，④にもとの色水から余分に加わっている分のうすいアンモニア水を加えればよい。

　実験1より，4mLのうすい塩酸がリトマス紙に反応しなくなるのに，2mLのうすいアンモニア水が必要なので，3mLのうすい塩酸には，1.5mLのうすいアンモニア水が必要。よって，④と同じ色にするのに必要なアンモニア水は，$1.5 + 1 = 2.5$（mL）

やや難

問題6　(1)　【図6】の①～④以外に，

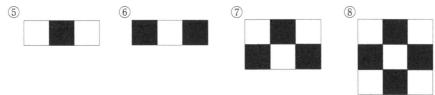

の4種類があるため，全部で8種類ある。③④のように，四角形の模様には，正方形のものや長方形のものがあることや，回転したり，裏返したときに同じになるものは1つとなることに注意して数えよう。

(2)　(ア)【図8】の直方体は高さが2段になっているので，図①のように上段，下段に分けて，それぞれの立方体に図のように記号をつけ考える。断面図は図②のようになる。D，E，Fの三つの点を通る平面で切ったとき，線分DF，EFの上段と下段で分かれる点をそれぞれG，Hとする。ここで，図③より，上段において線分DEが通っている立方体は，（う）（え）（か）（き）（け）（こ）である。線分DG，EHが通っている立方体はそれぞれ（け）（こ）と（え）（く）である。線分GHが通っている立方体は（く）（さ）（し）である。下段において線分GHが通っている立方体は（ク）（サ）（シ）である。線分GF，HFが通っている立方体はそれぞれ（サ）（シ）と（ク）（シ）である。以上より，D，E，Fの三つの点で切ったときに切れる立方体は（う）（え）（か）（き）（く）（け）（こ）（さ）（し）（ク）（サ）（シ）の12個である。

　(イ)図③より，断面図を見ると，黒い立方体は上段に4個，下段に2個あるため，合わせて6個ある。

図①上段

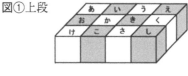

下段

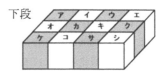

図②

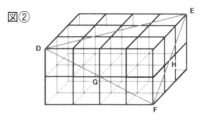

図③

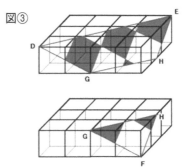

2 (理科・社会：エネルギー，環境問題)

問題1　実験1で電池から水素と酸素を作り出し，実験2で水素と酸素から電気を作り出していることが分かる。燃料電池はあくまで電気を作り出す装置で，水素や酸素どちらか1つだけでは作り出すことができない。よって答えは4。

問題2　1は，【資料2】から温室効果ガスの排出量の中で最も多いのは二酸化炭素であることが分かるためあやまり。

　　　2は，【資料1】が1961～1990年の平均気温を0℃として，それを基準としたグラフであるためあやまり。

　　　3は，【資料2】【資料3】の読み取りは正しいが【資料4】に温室効果ガスは大幅に削減する必要があると書いてあるためあやまり。

　　　4は，【資料4】からメタンや二酸化炭素を燃料とするのではなく，排出量を削減する必要があると読み取れるためあやまり。よって答えは5。

問題3　【資料5】から，比かくの対象となっているものの違いを読み取ろう。このとき，燃料電池自動車の短所ではなく長所を読み取ることに注意。燃料電池自動車とハイブリッド車を比べると，ハイブリッド車の排出物は温室効果ガスの1つである二酸化炭素であるのに対し，燃料電池自動車は水蒸気（水）のみとなっている。よって（う）にあてはまるのは4。また，燃料電池自動車と電気自動車を比べると，電気自動車の航続距離は約230kmなのに対し，燃料電池自動車はその2.8倍以上の約650kmとなっている。よって，（え）にあてはまるものは2。

問題4　燃料電池自動車が1kgの水素で走ることのできる距離は，650（km）÷4（kg）＝162.5（km）。よって，130kmの距離を130（km）÷162.5＝0.8（kg）の水素で走ることができる。水素0.8kgを作るのに，二酸化炭素は17.5（kg）×0.8＝14（kg）必要である。一方，ガソリンエンジン自動車が1Lのガソリンで走ることのできる距離は，728（km）÷70（L）＝10.4（km）。よって，130kmの距離を130（km）÷10.4＝12.5（L）のガソリンで走る。ガソリン12.5Lをエンジンで燃焼する際に，二酸化炭素は2.32（kg）×12.5＝29（kg）必要である。

　　　したがって，ガソリンエンジンの自動車は，燃料電池自動車よりも29－14＝15（kg）二酸化炭素排出量が多い。

問題5　（お）には，燃料電池自動車が普及するための課題，（か）には，その解決策をあてはめる。【資料8】から，燃料電池システムの価格は開発初期に1億円を超えており，非常に高価なものであったことが分かる。さらに，2015年の一般販売が始まった時に500万円程度におさえたが，さらなる価格低下に向けて研究開発を行っているとあるため，現在の課題は燃料電池システムの価格が高いことであると読み取ることができる。よって答えは1。その他の選択しは，【資料7】や【資料8】からは読みとれないので不適。また，この課題を解決するためには燃料電池システムを安価なものにする必要があるので，低価格で大量の燃料電池を生産できるようにするという2があてはまる。その他は，（お）の課題の解決策と合わないので間違い。

問題6　燃料電池自動車の安定作動温度は80℃で，バイオエタノール燃料電池自動車の安定作動温度は700～800℃であるため，燃料電池自動車の方が低い。したがって，1はあやまり。また，バイオエタノール燃料電池自動車が700～800℃に達するまでに約1時間かかるとあるので，2は正しい。

　　　燃料電池自動車の発電効率は30～35％で，バイオエタノール燃料電池自動車の発電効率は60％であるため，燃料電池自動車の方が発電効率は悪い。したがって，3は正しく4はあやまり。また，バイオエタノール燃料電池自動車は燃料の補給を通常のガソリンスタンドで行うとある

ため5はあやまり。燃料電池自動車は燃料の補給をおおがかりな水素を流通させる仕組みを備えた水素ステーションで行うとあるため6はあやまり。よって，答えは2と3。

★ワンポイントアドバイス★

さまざまな資料から，正確に読み取る力が必要となる。グラフや表はタイトルや数値，単位などまで細かく見るようにしよう。

大切なことはメモしておこうネ！

データ対応

収録から外れてしまった年度の
解答解説・解答用紙を弊社ホームページで公開しております。
巻頭ページ＜収録内容＞下方のＱＲコードからアクセス可。

※都合によりホームページでの公開ができない問題については，
　次ページ以降に収録しております。

（試問）

横浜市立横浜サイエンスフロンティア高等学校
附属中学校入試問題

【適性検査Ⅰ】

1 はなこさんとたろうさんは，総合的な学習の時間で「これからの社会」をテーマとして調べ学習をし，調べて分かったことや考えたことをクラスに発表することにしました。2人は学校の図書室に行き，21世紀の社会に関する本を見つけました。その一部の文章【資料1】を読んで，あとの問題に答えなさい。

【資料1】

> ※この文章では，急激（きゅうげき）な社会の変化にともなって，将来（しょうらい），仕事を取り巻（ま）く環境（かんきょう）も大きく変化することが説明され，これからの学び方について述べられています。
>
> **（文章は著作権（ちょさくけん）上の都合により省略しています。）**

問題1 はなこさんとたろうさんは，【資料1】に関連する次のページの【資料2】【資料3】を集めて，話をしています。はなこさんとたろうさんの【会話】を読み，あとの問題に答えなさい。

【会話】

たろうさん：【資料1】に「少子化傾向（けいこう）が収まり，※出生率（しゅっしょうりつ）が急激（きゅうげき）に増えていく可能性は今世紀全般（ぜんぱん）を考えても，とても低いだろうと思われます。」と書いてあるけれど，本当なのかな。

はなこさん：【資料2】を見てみると，0～14歳人口は1980年以降（いこう）減り続けて，これからも減り続けていくみたいね。

たろうさん：そうだね。2010年の0～14歳人口の割合は約13.2％だけど，2060年には，人口の約（　あ　）％になってしまうね。

はなこさん：【資料2】をよく見ると，少子化だけでなく高齢（こうれい）化も深刻（しんこく）な問題ね。

たろうさん：本当だね。（　い　）。日本では少子高齢化が問題になっているけれど，世界と比べてみるとどうなんだろう。

はなこさん：それがわかるのが【資料3】だね。【資料3】を見ると1950年から2010年までは，日本は（　う　）ことがわかるね。今後はどうなるのかな。

　　出生率……全人口に対する，一年間に生まれた子の数の割合（わりあい）

【資料2】 日本の人口構成の移り変わりと見通し（2010年）

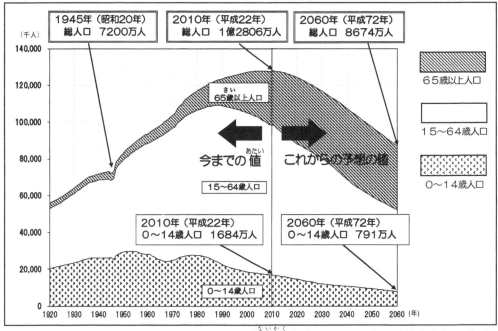

（内閣府ホームページの資料をもとに作成）

【資料3】 日本と世界における人口の割合の移り変わりと見通し
～総人口を年齢ごとに3つのグループに分けたもの～

年	世　界				日　本			
	総　人　口	区分別人口 (%)			総　人　口	区分別人口 (%)		
	単位 （千人）	15歳 未満	15歳～ 64歳	65歳 以上	単位 （千人）	15歳 未満	15歳～ 64歳	65歳 以上
1950	2,525,149	34.3	60.6	5.1	84,115	35.4	59.7	4.9
1960	3,018,344	37.1	57.9	5.0	94,302	30.2	64.1	5.7
1970	3,682,488	37.6	57.1	5.3	104,665	24.0	68.9	7.1
1980	4,439,632	35.4	58.8	5.8	117,060	23.5	67.4	9.1
1990	5,309,668	32.9	61.0	6.1	123,611	18.2	69.7	12.1
2000	6,126,622	30.2	63.0	6.8	126,926	14.6	68.0	17.4
2010	6,929,725	26.7	65.7	7.6	128,057	13.2	63.8	23.0
2020	7,758,157	25.5	65.2	9.3	124,100	11.7	59.2	29.1
2030	8,500,766	23.6	64.7	11.7	116,618	10.3	58.1	31.6
2040	9,157,234	22.1	63.7	14.2	107,276	10.0	53.9	36.1
2050	9,725,148	21.3	62.7	16.0	97,076	9.7	51.5	38.8

（「世界の統計2016」をもとに作成）

(1) 【会話】中の（あ）に当てはまる数字を答えなさい。答えがわりきれないときは小数第二位を四捨五入（ししゃごにゅう）して，小数第一位まで答えなさい。

(2) 【会話】中の（い）に当てはまる最も適切なものを，次の1～5から一つ選び，番号を書きなさい。

1　2060年以降も高齢化が進むことがわかるね

2　1980年代に65歳以上人口が0～14歳人口を上回ったんだね

3　2010年以降を見ると，65歳以上人口の総人口に占める割合が増え続けているね

4　2060年には，65歳以上人口と0～64歳人口の割合が同じぐらいになるんだね

5　2010年以降を見ると，65歳以上人口は増え続けているのが分かるね

(3) 【会話】中の（う）にふさわしい言葉を会話の流れを考えて20字～25字で書きなさい。

問題2　たろうさんは，調べ学習の中で，1ページの【資料1】に関連した【資料4】を見つけ，「これからの社会」についてさらに考えを深めていきました。そして，クラスの人たちに21世紀を生きるうえでの「これからの学び方」について考えてもらいたいと思いました。

そこで，たろうさんは，調べ学習のまとめとして，【資料1】と【資料4】の内容をもとに自分の考えをまとめた文章を書くことにしました。あなたならどのように書きますか。あとの［条件］と［注意事項（じこう）］にしたがって，450字以上500字以内の文章を書きなさい。

【資料4】　日本の平均寿命（じゅみょう）の移り変わりと見通し（2013年）

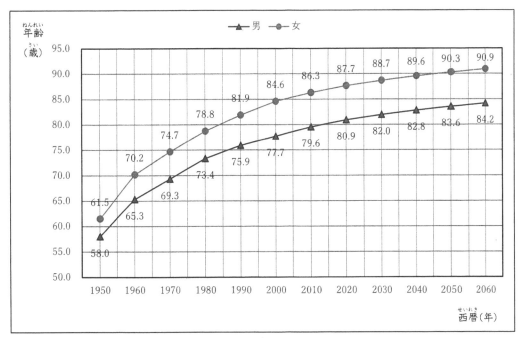

（内閣（ないかく）府ホームページの資料をもとに作成）

［条件］

○全体を三段落（だんらく）の構成とすること。

○一段落では，書き出しを「この文章では，～」として，1ページの【資料1】で述べられている内容を紹介する。

○二段落では，前ページの【資料４】から読み取れることを１ページの【資料１】と関連付けて説明する。

○三段落では，一段落，二段落の内容を受けて，自分の考えを述べる。

[注意事項]

○題名は書きません。一行目，一マス空けたところから書くこと。

○原稿用紙の適切な書き方にしたがって書くこと。（ただし，解答用紙は，一行二十マスではありません。）

○文字やかなづかいなどに気をつけて，漢字を適切に使い，丁寧に書くこと。

○解答は横書きで書くこと。

【適性検査Ⅱ】

1　たろうさんは，最近，夏がとても暑いと感じていたことから，都心部の気温上昇（じょうしょう）について興味を持ち，調べていました。このことについての**先生**と**たろうさん**の【会話】を読み，あとの問題に答えなさい。

【会話】

先　　　生：都心部の気温上昇について，よい資料は見つかりましたか。

たろうさん：はい。私は，最近の気象データがどうなっているか調べたところ，「ヒートアイランド監視（かんし）報告2014　平成27年7月　気象庁（きしょうちょう）」という資料を見つけました。私が調べていることと関係がありそうです。その中にある【資料1】【資料2】が参考になりました。先生，見てください。（【資料2】は次ページにあります。）

先　　　生：とても詳（くわ）しい資料ですね。【資料1】は，東京，横浜と※1都市化の影響（えいきょう）が少ないとみられる※215地点のそれぞれで，※3都市化率と年間や季節で平均した平均気温，1日の最高気温，1日の最低気温について，100年間で上昇すると考えられる温度を示している表ですね。【資料2】は，同じ期間でさまざまな地点の観測結果をもとに，1日の最低気温，平均気温，1日の最高気温のそれぞれについて，100年間で上昇すると考えられる温度と都市化率との関係を示したグラフですね。【資料1】と【資料2】から，どんなことがわかりましたか。

たろうさん：①長期的に見て都市化率が高い都市では，都市化率の低い都市に比べて平均気温が上昇する傾向（けいこう）が見られるということがわかりました。そして，都市化率の高い都市において　　あ　　ということもわかりました。

※1　都市化……都市に人口が集中して，舗装（ほそう）道路や集合住宅（じゅうたく）の増加といった都市特有な生活のあり方が強まって周辺や農村に広がっていくこと。

※2　15地点……都市化の影響が比較（ひかく）的少ないとみられる都市（網走（あばしり），根室，寿都（すっつ），山形，石巻（いしのまき），伏木（ふしき），飯田（いいだ），銚子（ちょうし），境，浜田（はまだ），彦根（ひこね），宮崎（みやざき），多度津（たどつ），名瀬（なぜ），石垣島（いしがきじま））のこと。

※3　都市化率……観測地点を中心とした半径7kmの円内の土地の面積をもとにした人工物でおおわれている面積の割合（わりあい）を百分率であらわしたもの。

【資料1】　都市化率と100年で上昇すると考えられる温度

地点	都市化率（％）	平均気温（℃）					1日の最高気温（℃）					1日の最低気温（℃）				
		年	冬	春	夏	秋	年	冬	春	夏	秋	年	冬	春	夏	秋
東京	92.9	A 3.2	4.4	3.2	2.0	3.4	B 1.6	1.8	1.7	1.1	1.7	C 4.4	6.0	4.5	2.8	4.5
横浜	59.4	2.7	3.5	2.9	1.7	2.9	2.3	2.6	2.7	1.7	2.4	3.5	4.6	3.7	2.2	3.6
15地点の平均	16.2	D 1.5	1.5	1.7	1.1	1.5	E 1.0	1.1	1.4	0.9	0.9	F 1.8	1.8	2.0	1.6	1.9

【資料２】　年間で平均した気温が100年で上昇すると考えられる温度と都市化率の関係

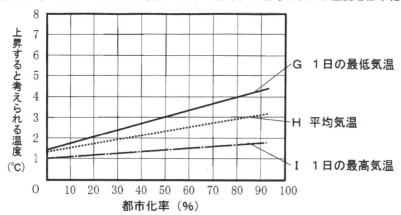

（「ヒートアイランド監視報告２０１４　平成２７年７月　気象庁」をもとに作成）

問題１

(1)　前のページの【会話】でたろうさんが話した下線部①は【資料１】【資料２】中のＡ～Ｉのうち，どれを組み合わせて考えたものですか。最も適切なものを，次の**ア～シ**から一つ選び，記号を書きなさい。

　　ア　Ａ・Ｂ　　イ　Ａ・Ｄ・Ｇ　　ウ　Ａ・Ｄ・Ｈ　　エ　Ａ・Ｄ・Ｉ

　　オ　Ｂ・Ｃ　　カ　Ｂ・Ｅ・Ｇ　　キ　Ｂ・Ｅ・Ｈ　　ク　Ｂ・Ｅ・Ｉ

　　ケ　Ａ・Ｃ　　コ　Ｃ・Ｆ・Ｇ　　サ　Ｃ・Ｆ・Ｈ　　シ　Ｃ・Ｆ・Ｉ

(2)　【会話】の　あ　に当てはまる最も適切なものを，次の**ア～カ**から一つ選び，記号を書きなさい。

　　ア　上昇する温度は１日の最低気温と１日の最高気温で同じくらい大きい

　　イ　上昇する温度は１日の最高気温と平均気温で同じくらい大きい

　　ウ　上昇する温度は１日の最低気温と平均気温で同じくらい大きい

　　エ　上昇する温度が最も大きいのは１日の最低気温である

　　オ　上昇する温度が最も大きいのは１日の最高気温である

　　カ　上昇する温度が最も大きいのは平均気温である

(3)　都市化率と【資料１】から，横浜では観測地点を中心とした半径７㎞の円の中にある土地の面積のうち人工物でおおわれている面積は何㎞²ですか。円周率を3.14として小数第二位を四捨五入して，小数第一位まで答えなさい。

問題２　たろうさんは，【資料１】【資料２】が示す現象から，都市化率が上がり緑地が減少すると地面の温度が上昇し，都市の日中の気温が高い状態になると予想しました。この予想を確かめる実験を行うために，【実験計画書】をまとめました。あとの問題に答えなさい。

【実験計画書】

目　的　緑地が減少すると，地面の温度が上昇することを身近なものを使って確かめる。

準備するもの

　(1)　温度変化をはかるもの

　　　　Ａ　十分に乾いた土

　　　B　湿った土（100ｇの乾いた土に対して15ｇの水を含ませたもの）

　　　C　湿った土と芝草（１cm²あたり５本の高麗芝という芝草が生えていて４cmの長さに切りそ
　　　　ろえられたもの）

　　　D　コンクリートブロックをくだいた小石状のもの

　(2)　容器　　　い　　　４個

　(3)　デジタル温度計　　４台

実験方法

　(1)　**温度変化をはかるものを用意する。**

　　　用意した容器の一つひとつに，日陰で室温になっているＡ～Ｄをいっぱいに入れ，平らになら
　　　しておく。

　(2)　**温度をはかる。**

　　　①　容器に入れたＡ～Ｄに，表面から２cmの深さに温度計の計測部を入れる。はじめの温
　　　　度が同じになっていることを確認する。

　　　②　横からの光が当たらないようにＡ～Ｄを入れた容器の横を段ボールでおおい，これを
　　　　日当たりのよい屋外のテーブルに置く。

　　　③　午前10時から午後３時まで１時間ごとに温度をはかって結果を記録する。

(1)　目的に合った実験をするために，【実験計画書】の　い　にあてはまる最も適切なものを，次の
　　ア～エから一つ選び，記号を書きなさい。

　ア　直径30cm，高さ３cmのガラス皿

　イ　直径30cm，高さ15cmのガラスの水槽

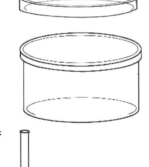

　ウ　直径1.5cm，高さ15cmのガラスの試験管

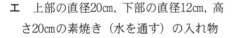

　エ　上部の直径20cm，下部の直径12cm，高
　　さ20cmの素焼き（水を通す）の入れ物

(2)　(1)の容器を選んだ理由について，次の［条件］にしたがって，**25字～35字**で書きなさい。

　　［条件］

　　○一つの文に二つ以上の理由を入れて書くこと。

　　○文の終わりを「から。」として，これは字数に含めないこと。

大切なことはメモしておこうネ！

解答用紙集

〇月×日 △曜日　天気（合格日和）

◆ご利用のみなさまへ

＊解答用紙の公表を行っていない学校につきましては、弊社の責任に
　おいて、解答用紙を制作いたしました。

＊編集上の理由により一部縮小掲載した解答用紙がございます。

＊編集上の理由により一部実物と異なる形式の解答用紙がございます。

人間の最も偉大な力とは、その一番の弱点を克服したところから
生まれてくるものである。──カール・ヒルティ──

東京学参株式会社

※解答欄は実物大です。

1

問題1

問題2

問題3	
672 年	1868 年

問題4

問題5

問題6

その国の言葉を調べるときには

									10
									20

が大切です。

2

問題1

問題2

※解答欄は実物大です。

1

問題1
km²

問題2
g

問題3
kg

問題4	
あ	い

問題5
時間　　　分

問題6

問題7	
（う）	（え）

2

問題1

問題2
cm^2

問題3
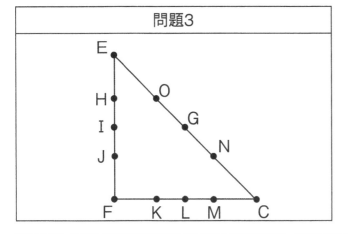

問題4	
あ	い
：	：

問題5	
（う）	（え）

※１５２％に拡大していただくと、解答欄は実物大になります。

1

問題1

問題2

2

問題1

問題2
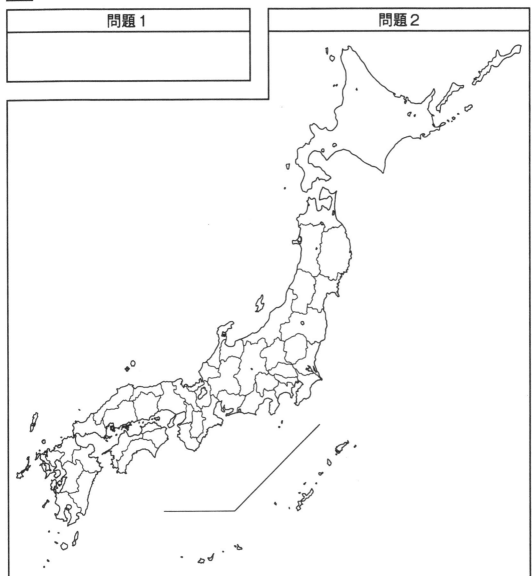

問題3									
									10
									20

た め 。

問題4

問題5			
1	2	3	4

※ 119%に拡大していただくと，解答欄は実物大になります。

1

問題1				
GH	HI	IJ	JK	KL

問題2							
1	2	3	4	5	6	7	8
9	10	11	12	13	14	15	

問題3			
000	001	010	011

2

問題1
回

問題2
ヶ所

問題3

問題4

問題5			
ア	イ	ウ	エ
段目	段目	段目	段目

3

問題1
北緯　　　　度

問題2	
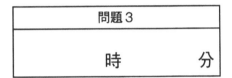ア　　　　km	イ　　　　秒間

問題3
時　　　分

問題4
東経　　　　度

問題5		
ア	イ	ウ

※解答欄は実物大になります。

問題1	
（1）	（2）

問題2

（国土地理院　地理院地図をもとに作成）

問題3

問題4

問題5						
最初の３字				最後の３字		
			～			

問題６

写真①

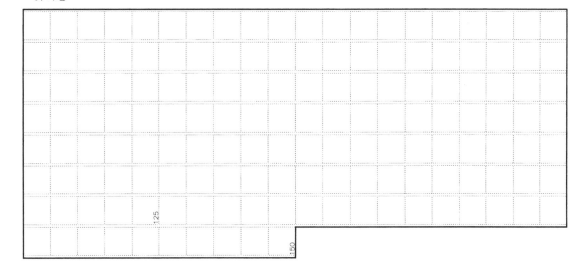

写真②

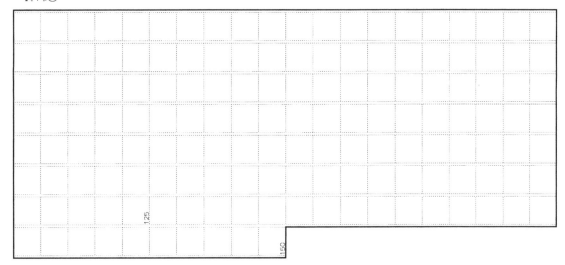

問題７

※ 104％に拡大していただくと，解答欄は実物大になります。

◇適性検査Ⅱ◇

1

問題１

問題２		
１	２	３

問題３

2

問題１

問題２

問題３

問題４		
４０°	４５°	６０°

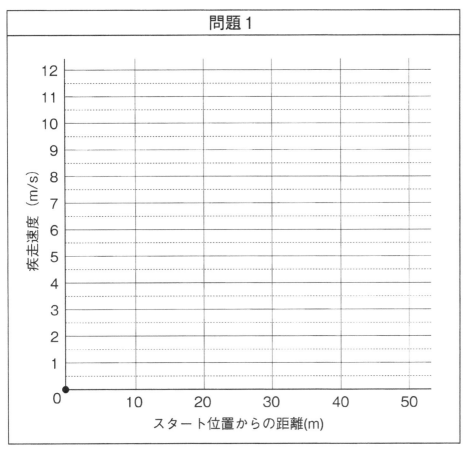

3

問題1

（グラフ）
縦軸：疾走速度（m/s）　0〜12
横軸：スタート位置からの距離(m)　0〜50

問題2

問題3

問題4

1	2	3

1

問題1

問題2

問題3

問題4

問題5

問題6

問題7

2

問題1

問題2

ア

イ

ウ

エ

オ

カ

1 問題8

300

360

※105％に拡大していただくと，解答欄は実物大になります。

1

問題1	
①	②

問題2			

問題3		
え	お	か

2

問題1
・ ・

問題2

問題3	①長方形	②三角形

問題4
cm²

3

問題1
匹

問題2		○、×の記号	理由　ア～オの記号
	1		
	2		

問題3	（あ）	（い）	（う）

問題4

問題5

※この解答用紙は実物大です。

◇適性検査Ⅰ◇

問題5	問題4	問題3	問題1

問題2

30

40

問題7

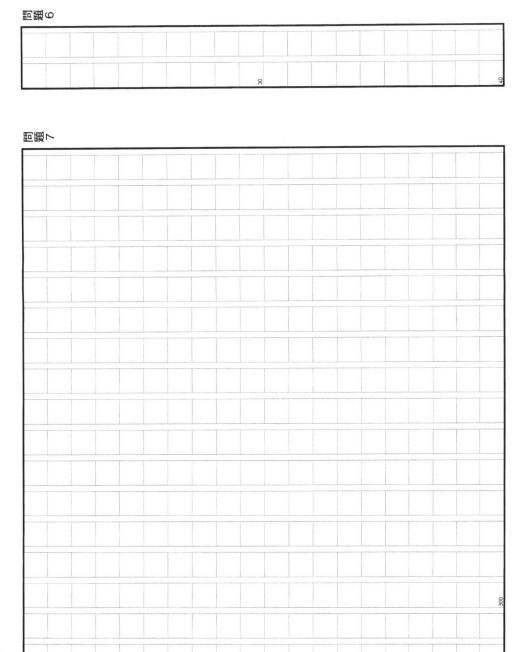

300

350

※ 167%に拡大していただくと、解答欄は実物大になります。

1

問題 1
倍

問題 2

問題 3

問題 4

2

問題 1

問題 2
【右から見た図】

問題 3

問題4
【右から見た図】

3

問題1

問題2

問題3

問題4	LE−7Aエンジン	LE−9エンジン

問題5

問題6	LE−5エンジン	LE−7Aエンジン
	N	N

※この解答用紙は，実物大になります。

問題6

問題5

A

B

C

問題4

問題1

問題2

問題3

問題7

300

350

問題8

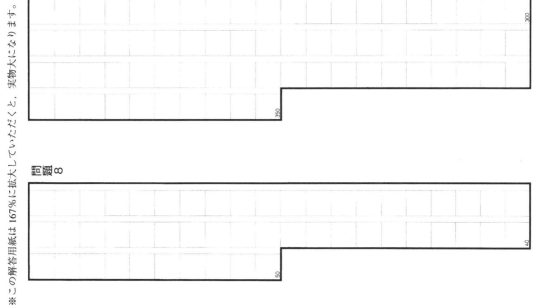

50

40

※この解答用紙は111％に拡大していただくと，実物大になります。

1

	あ	い
問題1		

	う	え	お
問題2			

	適当ではない語句				
問題3					

	試料黄緑色、茶色のインクのみに共通して含まれる色素	エタノールに最も溶けやすい色素
問題4		

問題5
約　　　　　　　　　　　　　％

2

	（う）	（え）	（お）
問題1	個の面	個の面	個の面

問題2

	A	B	C
問題3			

3

問題1

問題2

問題3
毎秒　　　　　　　　　　　　m

	エンジンの種類	よい理由
問題4		

※ この解答用紙は 105％に拡大していただくと，実物大になります。

1

問題1

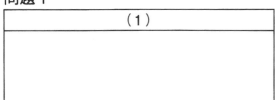

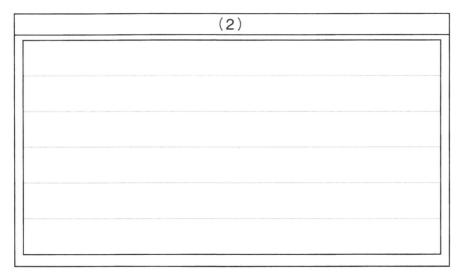

2

問題1

（1）	（2）
約　　　　　寸	

2

問題2
（1）

> 私は「日本の伝統的な建築物」をテーマとして調べ学習を行っていくなかで、法隆寺などの日本の伝統的な木造建築物にみられる建て方の工夫について書かれた文章に出会いました。その工夫を紹介します。

200

255

2

問題2

（2）

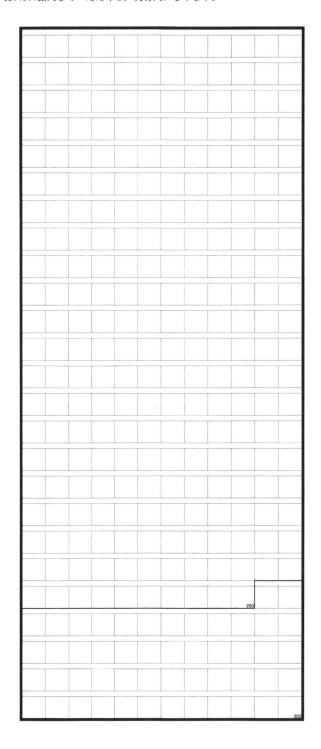

100

1

問題1	
g	％

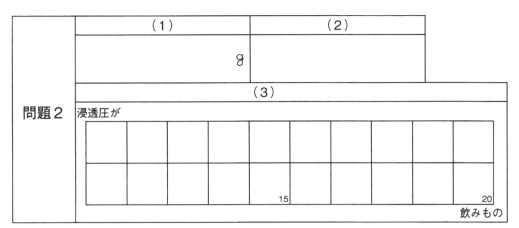

問題2

(1)	(2)
g	

(3)

浸透圧が

15　　　　　　　　　　　　　　　　　　　　20

飲みもの

問題3

問題4	(1)	(2)
		g

2

問題1

問題2	(1)
	通り

2

	(2)
問題2	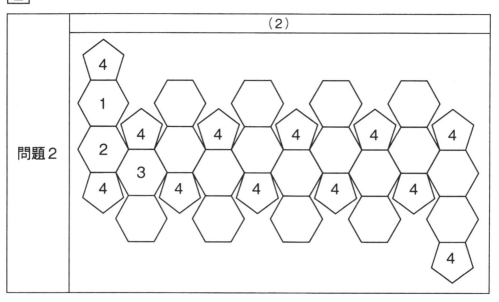

3

問題1

	(1)	(2)	
問題2		11 回転	30 回転

	(1)		(2)	
問題3	C	D	H	I

問題4

100

1

問題1

（1）
約　　　　　　　　　　　分

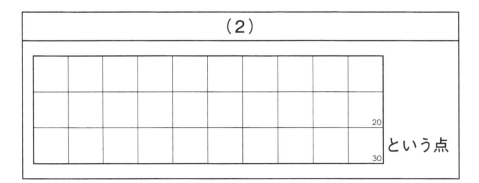

（2）

（3）

（4）

問題2
（1）

　私は「科学技術の発展と私たちの生活」をテーマとして調べ学習を行っていくなかで、脳神経外科医がインターネットの便利さから生じる問題点について書いた文章に出会いました。そこには、私たちがインターネットを活用していくうえで、参考になることが述べられていました。その内容を短くまとめると次のようになります。

（原稿用紙：200、255）

（2）

インターネットの他に、科学技術の発展によって、現在、広く使われているものとして、〔　　　　　〕があります。

※この解答用紙は118％に拡大していただくと，実物大になります。

1

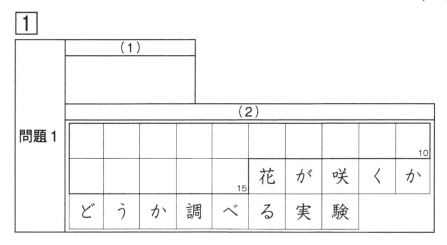

問題1

(1)

(2)

									10
				15	花	が	咲	く	か
ど	う	か	調	べ	る	実	験		

問題2

問題3

問題4

問題5

(1)

え	お	か	き

(2)

mL

問題6

(1)

種類

(2)

(ア)	(イ)
個	個

2

問題1

問題2

問題3	（う）	（え）

問題4		
		kg

問題5	（お）	（か）

問題6

100

大切なことはメモしておこうネ！

公立中高一貫校適性検査対策シリーズ

攻略！ 公立中高一貫校適性検査対策問題集

総合編　※年度版商品

- 実際の出題から良問を精選
- 思考の道筋に重点をおいた詳しい解説（一部動画つき）
- 基礎を学ぶ6つのステップで作文を攻略
- 仕上げテストで実力を確認
- ※毎年春に最新年度版を発行

公立中高一貫校適性検査対策問題集

資料問題編

- 公立中高一貫校適性検査必須の出題形式「資料を使って解く問題」を完全攻略
- 実際の出題から良問を精選し、10パターンに分類
- 例題で考え方・解法を身につけ、豊富な練習問題で実戦力を養う
- 複合問題にも対応できる力を養う

定価：1,320円（本体1,200円＋税10%）／ ISBN：978-4-8080-8600-8　C6037

公立中高一貫校適性検査対策問題集

数と図形編

- 公立中高一貫校適性検査対策に欠かせない数や図形に関する問題を徹底練習
- 実際の出題から良問を精選、10パターンに分類
- 例題で考え方・解法を身につけ、豊富な練習問題で実戦力を養う
- 他教科を含む複合問題にも対応できる力を養う

定価：1,320円（本体1,200円＋税10%）／ ISBN：978-4-8080-4656-9　C6037

公立中高一貫校適性検査対策問題集

生活と科学編

- 理科分野に関する問題を徹底トレーニング！！
- 実際の問題から、多く出題される生活と科学に関する問題を選び、13パターンに分類
- 例題で考え方・解法を身につけ、豊富な練習問題で実戦力を養う
- 理科の基礎知識を確認し、適性検査の問題形式に慣れることができる

定価：1,320円（本体1,200円＋税10%）／ ISBN：978-4-8141-1249-4　C6037

公立中高一貫校適性検査対策問題集

作文問題（書きかた編）

- 出題者、作問者が求めている作文とは！？　採点者目線での書きかたを指導
- 作文の書きかたをまず知り、文章を書くのに慣れるためのトレーニングをする
- 問題文の読み解きかたを身につけ、実際に書く際の手順をマスター
- 保護者の方向けに「サポートのポイント」つき

定価：1,320円（本体1,200円＋税10%）／ ISBN：978-4-8141-2078-9　C6037

公立中高一貫校適性検査対策問題集

作文問題（トレーニング編）

- 公立中高一貫校適性検査に頻出の「文章を読んで書く作文」攻略に向けた問題集
- 6つのテーマ、56の良問…バラエティー豊かな題材と手応えのある問題量で力をつける
- 大問1題あたり小問3〜4問。チャレンジしやすい問題構成
- 解答欄、解答例ともに実戦的な仕様

定価：1,320円（本体1,200円＋税10%）／ ISBN：978-4-8141-2079-6　C6037

東京学参の
中学校別入試過去問題シリーズ

*出版校は一部変更することがあります。一覧にない学校はお問い合わせください。

東京ラインナップ

- **あ** 青山学院中等部(L04)
  麻布中学(K01)
  桜蔭中学(K02)
  お茶の水女子大附属中学(K07)
- **か** 海城中学(K09)
  開成中学(M01)
  学習院中等科(M03)
  慶應義塾中等部(K04)
  啓明学園中学(N29)
  晃華学園中学(N13)
  攻玉社中学(L11)
  国学院大久我山中学
  　（一般・CC）(N22)
  　（ＳＴ）(N23)
  駒場東邦中学(L01)
- **さ** 芝中学(K16)
  芝浦工業大附属中学(M06)
  城北中学(M05)
  女子学院中学(K03)
  巣鴨中学(M02)
  成蹊中学(N06)
  成城中学(K28)
  成城学園中学(L05)
  青稜中学(K23)
  創価中学(N14)★
- **た** 玉川学園中学部(N17)
  中央大附属中学(N08)
  筑波大附属中学(K06)
  筑波大附属駒場中学(L02)
  帝京大学(N16)
  東海大菅生高中等部(N27)
  東京学芸大附属竹早中学(K08)
  東京都市大付属中学(L13)
  桐朋中学(N03)
  東洋英和女学院中学部(K15)
  豊島岡女子学園中学(M12)
- **な** 日本大第一中学(M14)

日本大第三中学(N19)
日本大第二中学(N10)
- **は** 雙葉中学(K05)
  法政大学中学(N11)
  本郷中学(M08)
- **ま** 武蔵中学(N01)
  明治大付属中野中学(N05)
  明治大付属八王子中学(N07)
  明治大付属明治中学(K13)
- **ら** 立教池袋中学(M04)
- **わ** 和光中学(N21)
  早稲田中学(K10)
  早稲田実業学校中等部(K11)
  早稲田大高等学院中学部(N12)

神奈川ラインナップ

- **あ** 浅野中学(O04)
  栄光学園中学(O06)
- **か** 神奈川大附属中学(O08)
  鎌倉女学院中学(O27)
  関東学院六浦中学(O31)
  慶應義塾湘南藤沢中等部(O07)
  慶應義塾普通部(O01)
- **さ** 相模女子大学中学部(O32)
  サレジオ学院中学(O17)
  逗子開成中学(O22)
  聖光学院中学(O11)
  清泉女学院中学(O20)
  洗足学園中学(O18)
  捜真女学校中学部(O29)
- **た** 桐蔭学園中等教育学校(O02)
  東海大付属相模高中等部(O24)
  桐光学園中学(O16)
- **な** 日本大中学(O09)
- **は** フェリス女学院中学(O03)
  法政大第二中学(O19)
- **や** 山手学院中学(O15)
  横浜隼人中学(O26)

千・埼・茨・他ラインナップ

- **あ** 市川中学(P01)
  浦和明の星女子中学(Q06)
- **か** 海陽中等教育学校
  　（入試Ⅰ・Ⅱ）(T01)
  　（特別給費生選抜）(T02)
  久留米大附設中学(Y04)
- **さ** 栄東中学（東大・難関大）(Q09)
  栄東中学（東大特待）(Q10)
  狭山ヶ丘高校付属中学(Q01)
  芝浦工業大柏中学(P14)
  渋谷教育学園幕張中学(P09)
  城北埼玉中学(Q07)
  昭和学院秀英中学(P05)
  清真学園中学(S01)
  西南学院中学(Y02)
  西武学園文理中学(Q03)
  西武台新座中学(Q02)
  専修大松戸中学(P13)
- **た** 筑紫女学園中学(Y03)
  千葉日本大第一中学(P07)
  千葉明徳中学(P12)
  東海大付属浦安高中等部(P06)
  東邦大付属東邦中学(P08)
  東洋大付属牛久中学(S02)
  獨協埼玉中学(Q08)
- **な** 長崎日本大中学(Y01)
  成田高校付属中学(P15)
- **は** 函館ラ・サール中学(X01)
  日出学園中学(P03)
  福岡大附属大濠中学(Y05)
  北嶺中学(X03)
  細田学園中学(Q04)
- **や** 八千代松陰中学(P10)
- **ら** ラ・サール中学(Y07)
  立命館慶祥中学(X02)
  立教新座中学(Q05)
- **わ** 早稲田佐賀中学(Y06)

公立中高一貫校ラインナップ

北海道	市立札幌開成中等教育学校(J22)	
宮城	宮城県仙台二華・古川黎明中学校(J17)	
	市立仙台青陵中等教育学校(J33)	
山形	県立東桜学館・致道館中学校(J27)	
茨城	茨城県立中学・中等教育学校(J09)	
栃木	県立宇都宮東・佐野・矢板東高校附属中学校(J11)	
群馬	県立中央・市立四ツ葉学園中等教育学校・市立太田中学校(J10)	
埼玉	市立浦和中学校(J06)	
	県立伊奈学園中学校(J31)	
	さいたま市立大宮国際中等教育学校(J32)	
	川口市立高等学校附属中学校(J35)	
千葉	県立千葉・東葛飾中学校(J07)	
	市立稲毛国際中等教育学校(J25)	
東京	区立九段中等教育学校(J21)	
	都立大泉高等学校附属中学校(J28)	
	都立両国高等学校附属中学校(J01)	
	都立白鷗高等学校附属中学校(J02)	
	都立富士高等学校附属中学校(J03)	

都立三鷹中等教育学校(J29)
都立南多摩中等教育学校(J30)
都立武蔵高等学校附属中学校(J04)
都立立川国際中等教育学校(J05)
都立小石川中等教育学校(J23)
都立桜修館中等教育学校(J24)

神奈川	川崎市立川崎高等学校附属中学校(J26)
	県立平塚・相模原中等教育学校(J08)
	横浜市立南高等学校附属中学校(J20)
	横浜サイエンスフロンティア高校附属中学校(J34)
広島	県立広島中学校(J16)
	県立三次中学校(J37)
徳島	県立城ノ内中等教育学校・富岡東・川島中学校(J18)
愛媛	県立今治東・松山西中等教育学校(J19)
福岡	福岡県立中学校・中等教育学校(J12)
佐賀	県立香楠・致遠館・唐津東・武雄青陵中学校(J13)
宮崎	県立五ヶ瀬中等教育学校・宮崎西・都城泉ヶ丘高校附属中学校(J15)
長崎	県立長崎東・佐世保北・諫早高校附属中学校(J14)

公立中高一貫校「適性検査対策」問題集シリーズ

総合編　作文問題編　資料問題編　数と図形編　生活と科学編　実力確認テスト編

私立中・高スクールガイド
ザ **THE 私立**
私立中学&高校の学校生活がわかる！

〈ダウンロードコンテンツについて〉

　本問題集のダウンロードコンテンツ、弊社ホームページで配信しております。現在ご利用いただけるのは「2025年度受験用」に対応したもので、**2025年3月末日**までダウンロード可能です。弊社ホームページにアクセスの上、ご利用ください。

※配信期間が終了いたしますと、ご利用いただけませんのでご了承ください。

中学別入試過去問題シリーズ

横浜サイエンスフロンティア高等学校附属中学校　2025年度

ISBN978-4-8141-3136-5

[発行所] 東京学参株式会社
　　　　〒153-0043　東京都目黒区東山2-6-4

書籍の内容についてのお問い合わせは右のQRコードから　⇒　

2024年7月18日　初版